맥으로 읽는
이야기 통성경

성경 통독하기에 좋은 교재

성경은 한 편의 대하소설같이 줄거리와 짜임새가 있다.

맥으로 읽는 이야기 통성경

김효영 지음

이담 Books

책을 펴내면서

분명히 성경은 하나님을 섬기는 모든 성도들에게 편하고 쉽게 다가갈 수 있는 말씀인데, 성도들로부터 "성경이 왜 이렇게 어렵지"라고 하는 말을 참 많이 들었습니다. 근래에도 한 지인으로부터 "책 중에서 가장 어려운 책이 성경책이다"라는 말을 듣게 되었습니다. 이럴 때마다 저는 '왜 성경이 멀고 어렵게 느껴진다는 걸까' 하는 의문이 생겼습니다.

성경을 연구하는 신학도로서 이후 저의 모든 관심사는 어떻게 하면 '누구든지 성경을 쉽게 읽고 이해하게 할 수 있는 방법은 없을까' 하는 것이었습니다. 그러던 중 에스라하우스 성경통독강좌를 소개받아 참석하게 되었고, 강사님의 강의와 그의 저서들을 통해서 신구약성경의 큰 흐름과 맥을 잡을 수 있었습니다.

이때 터득한 자료를 모아 나름대로 요약하고 정리하여 교회에서 청년들을 대상으로 성경통독학교 교재로 사용했습니다. 그 결과 젊은이들에게 의외로 반응이 좋았습니다. 그런데 고충이 있었습니다. 240여 페이지에 달하는 많은 분량을 매번 프린트물로 나누어 주다 보니 번거로움이 있었습니다. 그러던 중 수강생으로부터 책 출판에 대한 권면과 요청이 있어서 이렇게 한 권의 책으로 출판하게 되었습니다.

부족하지만 제가 책을 출판할 수 있었던 것은 무엇보다 에스라하우스 성경통독강좌와 저서, 그리고 『어? 성경이 읽어지네!』란 책이 있었기에 가능했습니다. 저는 이분들의 좋은 자료 위에 제 나름대로 뼈대를 세우고 흐름을 잡고 살을 붙여 보았습니다.

이러한 작업 과정에서 깨닫게 된 것이 있습니다. 신구약성경의 전체 주제는 '하나님 나라'의 역사를 다루고 있었습니다. 성경 속의 하나님 나라는 '언약'으로 엮여 흘러가고 있었는데, 창세기 12장의 아브라함과 맺은 아브라함 언약을 시작으로 시내산 언약(계약), 다윗 언약, 새 언약, 새 언약의 성취 등이 있었습니다. 이 언약의 큰 줄기를 붙잡고 쭉 따라가 보니 성경은 마치 한 편의 대하소설같이 줄거리가 있고 짜임새가 있었습니다.

이러한 시각으로 구약성경의 현장에 깊숙이 들어가 보니 성경 저자의 체취가 느껴지고 하나님의 애틋한 사랑과 눈물을 보았습니다. 이를 통해 새삼 느낀 게 있습니다. 성경 역사의 과거 현장은 현재도 진행되고 있거나 혹은 있을 법한 이야기였습니다. 과거 성경 역사 현장에서 현재의 나를 보니 애통하지 않을 수 없었습니다. 그러다 보니 눈이슬이 앞을 가려, 글을 쓰다가 멈추기를 반복했습니다. 여기서 값진 교훈을 얻었습니다. 현재의 저를 돌아보았으며, 미래에는 어떻게 살아야겠다는 비전을 정립하였습니다. 이것이야말로 저의 일생에서 엄청난 깨달음이었습니다.

이러한 깨달음으로 글을 썼지만, 이 책은 기독교 교리와 신학적인 논리를 다루지 않았습니다. 어느 누구라도 성경을 편하고 쉽게 읽을 수 있도록 도움을 주기 위해 쓴 책입니다. 어떻게 하면 '성경을 재미있게 읽으며 쉽게 이해하게 할 수 있을까' 하는 목적으로 썼습니다. 그냥 제가 이해하고 정리한 성경역사를 편하게 엮어놓은 것입니다. 그러니까 '언약'으로 엮인 '성경 속의 하나님의 나라'의 큰 줄기를 잡고 흘러가는 방향이 되도록 나름대로 정리했습니다. 여기에 제가 느낀 영성신학을 가미하고, 관련된 지식탐구 자료를 첨가하여 정리했습니다.

이 책이 엮이기까지 여러 고마운 분이 계셨습니다. 에스라하우스 노우호 목사님, 경북 산청에 에스라 성경통독강좌에 참석해서 배우다 보니 성경의 큰 줄기를 잡게 해 주었습니다. 그때 배운 강좌 내용을 요약 정리한 부분이 있습니다. 그리고 성경의 큰 뼈대를 잡게 해 준 『어? 성경이 읽어지네!』란 책도 도움이 되었습니다. 『성경의 맥을 잡아라!』란 책은 뼈대에 살을 붙이기에 아주 좋은 자료였습니다. 『에덴에서 가나안으로』는 성경 역사를 내러티브로 다듬어 가는 데 참 좋은 책이었습니다. 이분들 저자들께 지면을 빌려 감사드립니다.

한 권의 책이 엮이기까지 퇴고해 주면서 온갖 뒷일을 챙겨 준 저의 평생 동역자인 사랑하는 아내에게 감사합니다. 이 책을 출판케 해 주신 한국학술정보(주) 대표님께 감사드립니다. 아무쪼록 이 책을 읽는 모든 분에게 하나님의 축복을 기원합니다.

김효영

차 례

제3장 구약성경 맥 잡기-하나님 나라 역사

제1장

성경 속의 하나님 나라 내러티브

바이블 가이드 ①_성경 속의 하나님 나라 개관
바이블 가이드 ②_누가 왕이냐

성경 속의 하나님 나라 개관

바이블 가이드_①

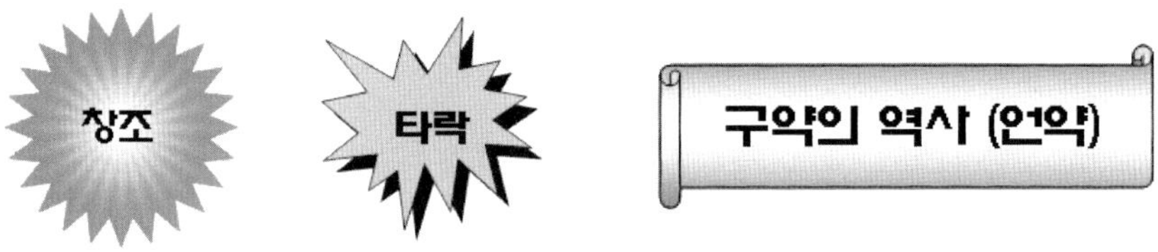

천지창조 ⇒　　인간타락 ⇒　　언약으로 엮인 이스라엘 역사 ⇒

예수님 탄생 ⇒

새 언약/죽음⇒

부활 & 승천 ⇒

재림

◈ 창조와 타락(원역사)

성경은 하나님의 말씀이고 하나님에 의해 쓰였으므로 일관성 있는 중심 사상과 통일성을 지니고 있습니다. 역사 현장에서 하나님의 말씀을 기록한 저자들의 문화와 성격, 시대 상황이 달라도 통일성을 가지고 한 방향으로 흐르고 있습니다. 이것이 바로 하나님의 주권이 세워진 **'하나님 나라'**입니다. 신구약성경은 이렇게

'하나님 나라'라는 큰 줄기를 가지고 흐르고 있습니다.

창세기 1장 1절에 **"하나님이 천지를 창조하시니라"**고 하신 말씀을 시작으로 6일 동안 천지를 창조하셨습니다. 하루가 다르게 만들어져 가는 창조된 만물을 보시고 하나님은 "보시기에 좋았더라"라고 하셨습니다. 6일째에 이르러 모든 만물이 다 완성된 후에는 **"보시기에 심히 좋았더라"(창 1:31)**라고 하셨습니다. 심히 아름다운 세상을 만드신 후 이제 아담에게 축복하셨습니다. "생육하고 번성하여 땅에 충만하라 땅을 정복하라, 바다의 물고기와 하늘의 새와 땅에 움직이는 모든 생물을 다스리라 하시니라"(창 1:28)라고 하셨습니다. 인간은 이처럼 생육하고 번성하는 복과 세상 모든 만물을 다스릴 수 있는 권리를 부여받았습니다.

그와 더불어 창조주 하나님과 피조물인 인간 사이에는 분명한 전제(專制)도 있었습니다. 하나님은 세상을 만드셨기 때문에 하나님이 주권자가 되시어 세상을 통치하시며, 인간은 그 주권 통치에 순종해야만 하는 존재론적 관계입니다. 이것을 분명히 하기 위해 증표로 보이는 것이 선악을 알게 하는 나무, 즉 선악과(善惡果)입니다.

> 창세기 2:16~17절에 "여호와 하나님이 그 사람에게 명하여 이르시되 동산 각종 나무의 열매는 네가 임의로 먹되 선악을 알게 하는 나무의 열매는 먹지 마라. 네가 먹는 날에는 반드시 죽으리라 하시니라"라고 했습니다.

여기 '선악과(善惡果)'란 선(善)과 악(惡)에 대한 지식을 알게 해 주는 '지식의 나무'입니다. 선악과를 통해서 아담이 선과 악이 무엇인지 알게 하는 지식의 나무입니다. 에덴동산 중앙에 있는 선악과를 먹지 않으면 하나님의 통치로 인정하는 선이 되는 것이고 그렇지 않고 먹으면 악을 행하는 것입니다. 이를테면 이것입니다. "내가 이 세상을 만들었어! 아담, 너도 만들었어! 너희들은 나를 왕으로 인정해야 해! 옳지, 이렇게 하자. 우리 이제 저기 선악과로 증표하자." 이것이 선악과입니다. 이렇게 하나님과 인간 사이에는 **암묵적 계약관계**에 있었던 것입니다.

하나님은 선악과를 통해서 인간에게 선이 무엇이고 악이 무엇인지를 명확히 깨닫게 하셨던 것입니다. 하나님이 선악과를 만들어 따 먹지 말라고 하신 목적은 인간이 자유의지(自由意志)를 가지고 자의적(自意的)으로 순종할 수 있도록 하는 데 있었습니다. 그러므로 만일 선악과가 없었다면 인간은 아무런 주체성(主體性)도 없이 하나님의 도움과 사랑만 받는 애완동물, 혹은 하나님의 뜻대로 기계적으로 움직이는 로봇(robot)에 지나지 않았을 것입니다.

하지만 인간은 그러한 성숙의 기회를 타락의 기회로 변질시켜 버렸습니다. 최초의 인간인 아담과 하와는 이 자유의지를 남용하여 자신이 '하나님같이' 되고 싶어 선악과 열매를 따 먹었던 것입니다. 그리하여 태초 에덴동산에 깃든 하나님의 사랑과 영생의 빛은 사라지고 수치와 공포의 그림자만 짙게 드리우고 말았습니다(창 3:7~8).

최초의 사람인 아담이 하나님의 다스림을 거부하고 죄를 짓고 보니 이후 인간사회는 더욱 악해지기 시작했습니다. 하나님의 다스림 아래 있어야 하는 세상이 창세기 6장에 와서 보니까 창조하실 때의 "보시기에 심히 좋았더라"가 "땅 위에 사람 지으셨음을 한탄하사 마음에 근심하시고"라고 하셨습니다. 그리하여 이 세상을 결국 노아 가족과 한 쌍씩의 짐승들만 남기고 대홍수로 쓸어 버렸습니다.

살아남은 사람들과 그 후손들은 그래도 정신을 차리지 못했습니다. 창세기 11장에 와서 보니까 또다시 하나님처럼 높아지고자 바벨탑을 쌓았습니다. 바벨탑은 교만의 극치를 드러낸 것입니다. 인간사회는 또다시 벌을 받아 각기 뿔뿔이 흩어지게 되었습니다.

◈ 아브라함 언약(창세기 12:1~3)

그래도 하나님은 세상 사람들을 향한 사랑을 멈추지 않았습니다. 그 첫 작업으로 아브라함을 선택하시고 **'아브라함 언약'**을 약속하신, 인류를 향한 하나님의 마스터플랜(master plan)이었습니다.

> "여호와께서 아브람에게 이르시되 너는 너의 고향과 친척과 아버지의 집을 떠나 내가 네게 보여 줄 땅으로 가라. 내가 너로 큰 민족을 이루고 네게 복을 주어 네 이름을 창대하게 하리니

너는 복이 될지라. 너를 축복하는 자에게는 내가 복을 내리고 너를 저주하는 자에게는 내가 저주하리니 땅의 모든 족속이 너로 말미암아 복을 얻을 것이라 하신지라."(창 12:1~3)

아브라함을 선택해서 그의 후손이 큰 민족을 이루게 하여 가나안 땅에서 하나님 나라를 세우는 것이었습니다. 그리하여 하나님과 등지고 있는 모든 족속들을 하나님의 품으로 데려오고 싶으셨습니다. 그러기 위해서는 하나님 나라 백성의 숫자를 불리는 과정이 필요했습니다. 한 나라가 세워지려면 국민이 있어야 하기 때문입니다. 아브라함 후손인 야곱은 12아들을 낳아 자손 70명의 무리를 이끌고 애굽으로 이사하게 했습니다. 70명의 야곱 자손은 애굽의 고센 땅에서 400여 년(정확히 430년) 동안 살았습니다. 하나님의 나라 백성 만들기 시작의 일환(一環)이었습니다(창 15:13~14 참조).

마침내 하나님의 때가 되었을 때 인구는 200여 만 명 이상으로 늘어나 있었습니다. 그러나 그때는 그들이 노예 신분이었습니다. 누군가의 '구원'의 손길이 필요했던 시기에 모세가 나타났고, 열 번째 재앙과 문설주에 피를 바르는 유월절 대사건을 일으켜 애굽에서 탈출했습니다.

하나님은 애굽에서 탈출한 언약의 후손들을 홍해를 육지처럼 건너게 하여 시내산으로 데리고 왔습니다. 하나님이 언약의 후손들을 이곳으로 데려오신 것은 분명한 목적이 있었기 때문입니다. 이곳에서 율법을 수여하고 그 '율법(레위기)' 말씀으로 **'시내산 계약'**을 체결해서 이 땅에 살맛이 나는 세상을 세우고 싶으셨던 것입니다.

◈ 시내산 계약(출애굽기 19:5~6, 24:1~4)

시내산 계약은 하나님과 인간이 맺은 최초의 쌍무협정으로서 엄숙하게 진행되었습니다. 모세는 하나님과 이스라엘 국민 사이를 오가며 모세가 중재하므로 계약이 체결되었습니다.

"모세가 와서 여호와의 모든 말씀과 그의 모든 율례를 백성에게 전하매 그들이 한소리로 응답하여 이르되 여호와께서 말씀하신 모든 것을 우리가 준행하리이다. 모세가 여호와의 모든 말씀을 기록하고 이른 아침에 일어나 산 아래에 제단을 쌓고 이스라엘 열두 지파대로 열두 기둥을 세우고, 이스라엘 자손의 청년들을 보내어 여호와께 소로 번제와 화목제를 드리게 하고, 모세가 피를 가지고 반은 여러 양푼에 담고 반은 제단에 뿌리고 언약서를 가져다가 백성에게 낭독하여 듣게 하니 그들이 이르되 여호와의 모든 말씀을 우리가 준행하리이다. 모세가 그 피를 가지고 백성에게 뿌리며 이르되 이는 여호와께서 이 모든 말씀에 대하여 너희와 세우신 언약의 피니라."(출 24:3~8)

하나님과 아브라함이 맺은 언약(창 12:1~2)은, 시내산 계약에서 그 실체적 목적이 드러납니다. 시내산 계약을 체결하시기 바로 전에 하신 말씀입니다.

출애굽기 19장 5~6절에 "세계가 다 내게 속하였나니 너희가 내 말을 잘 듣고 내 언약을 지키면 너희는 모든 민족 중에서 내 소유가 되겠고 너희가 내게 대하여 제사장 나라가 되며 거룩한 백성이 되리라. 너는 이 말을 이스라엘 자손에게 전 할지니라"라고 했습니다.

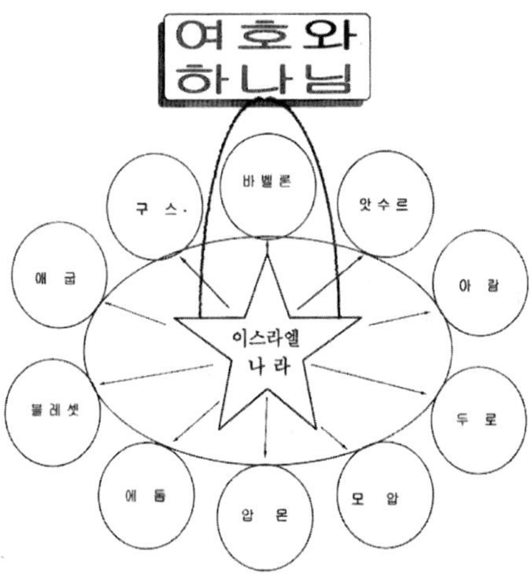

(출 19 : 5-6)
세계(世界)가 다 내게 속하였나니
너희가 내 말을 잘 듣고
내 언약(言約)을 지키면
너희는 열국 중에서 내 소유(所有)가 되겠고
너희가 내게 대하여 제사장(祭司長) 나라가 되며
거룩한 백성이 되리라 너는 이 말을 이스라엘 자손에게 고할지니라 여기 **"세계가 다 내게 속하였나니"**라는 말은 세계가 다 하나님 것이라는 것입니다. 하나님께서 창조하셨기 때문에 세계 모든 것이 하나님의 것입니다. "제사장 나라"라는 말도 참 중요합니다. 지금은 뭔가 잘못되어 세상 모든 나라가 하나님을 등지고 있으나 아브라함 후손인 이스라엘 백성이 세계 모든 나라에 '제사장 나라(폰티팩스)'가 되어 달라는 것입니다. 폰티팩스의 원어적 의미는 '중간 역할, 다리(교량) 역할'입니다. 그러니까 세상 모든 족속이 하나님의 품으로 돌아올 수 있도록 이스라엘 나라가 가운데서 폰티팩스, 즉 '중간 역할, 다리 역할'을 해 달라는 것이었습니다.

그러기 위해서는 '거룩한 백성'이 되어 달라고 했는데, 거룩한 백성이란 말은 사는 것이 애굽 사람과 달라야 하고 가나안 사람과도 달라야 하고 아니 세상 모든 사람과도 달라야 한다는 것입니다. 이 말씀을 마치자 언약의 후손들은 시내산에서 레위기 말씀(레 26:46)을 가지고 시내산 계약을 체결하였습니다.

창세기 12장에서 약속한 아브라함의 언약을 이쯤에서 보니까, 하나님의 실체적 목적을 헤아릴 수 있습니다. "세계가 다 내게 속하였나니"라는 말씀에는 모든 민족을 구원하고자 하는 하나님의 사랑을 엿볼 수 있습니다. "세계가 다 내게 속하였나니" **이 말씀이 구약성경 전체의 축이 되는 말씀입니다.**

지금까지 보아서 알겠지만 구약성경은 이렇게 언약(아브라함 언약)으로 시작하여 모세의 시내산 계약과 연결되고 있습니다. 그뿐만 아니라 이후에 있을 언약들(다윗 언약, 새 언약)과도 연관성을 가지고 진행될 것입니다.

신구약성경은 이렇게 언약을 중심으로 흘러가는 한 편의 대하소설같이 줄거리가 있고 짜임새가 있습니다. 그래서 이러한 4가지 언약의 큰 줄기를 잡고 성경을 읽어 내려가면 재미가 있습니다.

이들 언약에서 특히 시내산 계약을 눈여겨보아야 합니다. 나머지 3가지 언약(아브라함 언약, 다윗 언약, 새 언약)은 하나님이 일방적으로 말씀하신 편무적 언약–의무를 한쪽에서만 지는 것–의 형식을 띠고 있습니다. 그러나 시내산 계약은 하나님과 이스라엘 백성이 직접 '레위기'라는 책을 가지고 계약을 체결한 쌍무적 언약입니다. 쌍무적 언약은 계약 당사자 양쪽이 서로 의무를 지는 형식을 띠고 있습니다. 그래서 이 책에서는 시내산 언약을 줄곧 시내산 계약이라 명명한 것입니다.

그러므로 우리는 성경 전체를 이해하려면 시내산 계약의 줄기를 잡아 이스라엘 백성이 시내산 계약을 지켰는지 또는 안 지키면서 살았는지를 보아야 합니다. 그러면 성경이 읽히고 보이기 시작합니다. "하나님과 맺은 이 언약을 지키지 않더라"라는 말이 성경 중간 중간에 기록되어 있습니다.

가장 대표적인 말씀인 열왕기하 18장 12절에서 보면 "이는 그들이 하나님 여호와의 말씀을 듣지 아니하고 그의 언약과 여호와의 종 모세가 명령한 모든 것을 따르지 아니하였음이더라"라고 했습니다. 이 말씀은 B.C. 721년 북이스라엘이 멸망했을 때 성경 저자가 기록한 말씀인데, 그 멸망의 원인을 시내산에서 하나님과 맺은 언약을 지키지 않았기 때문이라고 했습니다(왕하 17:7~18 참조). B.C. 586년에 멸망한 남 유다도 멸망의 원인을 동일하게 기록하고 있습니다(단 9:8~13).

우리도 구약성경을 읽을 때 이 언약의 말씀(시내산 계약의 말씀, 즉 레위기)이 보여야 합니다. 이 언약을 지키면 수많은 복을 받고(레 26:1~13; 신 28:1~13), 지키지 않으면 7배로 벌을 받는다고 했습니다(레 26:14~30; 신 28:15~68).

사실 구약성경의 **시가서**(욥기, 시편, 잠언, 전도서, 아가서)도 시내산 계약과 연결되고 있습니다. 레위기(율법)를 지켜서 복받고 은혜받은 사람이 쓴 성경이 시가서입니다.

예언서도 마찬가지입니다. 시내산 계약(레위기 말씀, 즉 율법)을 지키지 않아 즉시 벌을 받아야 마땅하지만 벌을 내리지 않고 사람을 보냈는데 그들이 선지자입니다. 그때 선지자들이 나타나 예언서를 썼는데, 그 시대는 악한 시대입니다. 예언자들이 그들을 향해 시내산 계약(레위기)을 지키라고 책망했습니다. 물론 예외도 있지만 대부분 그렇습니다. 그러나 그들은 회개하지 않고 오히려 선지자를 괴롭히고 죽이려고 했고, 죽이기도 했습니다.

지금 우리가 예언서를 읽으면서 이해가 안 되고 무슨 말을 하고 있는지 모르겠고 졸리는 것은 기록된 당시의 시대적 배경과 문화를 모르고 있기 때문입니다. 예언서라는 것이 그저 진공상태에서 나온 예언의 말씀이 아니고 선지자가 살았던 그 당시의 시대적 배경을 한 자락 깔고 예언한 것입니다.

◈ 다윗 언약(사무엘하 7:12~13)

이제 백성도 있고 법도 있습니다. 단지 땅이 없었는데 여호수아의 주도 아래 약속의 땅(가나안 땅)을 차지하고 난 후에 나라의 기틀이 잡혔을 때 하나님은 다윗과 **'다윗 언약'**을 체결하셨습니다.

> "네 수한이 차서 네 조상들과 함께 누울 때에 내가 네 몸에서 날 네 씨를 네 뒤에 세워 그의 나라를 견고하게 하리라. 그는 내 이름을 위하여 집을 건축할 것이요, 나는 그의 나라 왕위를 영원히 견고하게 하리라. …… 네 집과 네 나라가 내 앞에서 영원히 보전되고 네 왕위가 영원히 견고하리라 하셨다 하라."(삼하 7:12~16)

한 국가가 이루어지려면 국민과 땅과 주권(왕)이 있어야 합니다. 사사기의 암흑시대를 거친 후 사울 왕조(하나님께 버림받은 왕조)에 이어 다윗 왕조 시대에 이르게 됩니다. 특히 다윗 왕 시대에는 한 국가로써의 손색이 없는 완벽한 틀(국민, 땅, 주권)을 갖추게 되었습니다.

다윗 왕은 사울 왕이 이스르엘 광야에서 맞선 블레셋과의 전면전에서 패망해 완전히 초토화된 상태에서 이스라엘 나라를 재건, 부흥시켰습니다. 여호수아의 가나안 정복 작전에서도 빼앗지 못해 남아 있던 가나안 전 지역을 다윗 왕이 점령하게 됩니다. 가나안 지역의 최강자 블레셋을 두 차례에 걸친 전쟁에서 격파함으로써 이스라엘 나라는 중근동의 새로운 강자로 부상했고, 주변의 에돔, 암몬, 수리아를 차례로 정복함으로써 명실상부한 제국의 반열에 오릅니다. 성경은 이 모든 전쟁이 여호와께서 승리를 주신 것으로 기록하고 있습니다(삼하 5:10).

여호수아 시대 이후 사사기 시대 동안에 하나님 나라 백성들을 괴롭히고 아픔을 안겨 주었던 세상 나라 상징인 블레셋도 다윗 왕에 의해 완전히 괴멸되어 항복하게 되었습니다. 이제 가나안 지역(땅)이 하나님의 나라에 완전히 평정된 것입니다. 이는 구약성경 역사에서 실로 획기적인 사건입니다.

비로소 하나님의 다스림을 받은 '하나님 나라'가 세계열방을 향해 그 위용을 갖추게 되었기 때문입니다. 예루살렘 성으로 하나님의 법궤를 옮겨 놓고, 하나님이 아브라함에게 약속하신 가나안 땅, 이삭을 받쳤던 모리아 산이 있는 그 거룩한 도성 예루살렘이 드디어 하나님 나라의 수도가 되었습니다.

물론 선민 하나님 나라의 기틀에는 사울 왕조가 있었지만 구속사적 측면과 성경의 전체적인 흐름은 다윗 왕, 즉 다윗 언약과 맥을 같이하고 있습니다. 그래서 진정한 **'하나님 나라'**의 기틀은 다윗 왕조부터라고 할 수 있습니다. 창세기 12장의 아브라함에서 시작한 하나님 나라, 하나님이 소망하고 계획하셨던 마스터플랜이 다윗 왕에 의해 실현된 것입니다. 이 감격적인 순간에 다윗 왕은 약속의 땅, 이스라엘 수도 예루살렘에서 하나님의 나라 건국이념을 세계만방에 선포하였습니다.

> "온 땅이여 여호와께 노래하며 그의 구원을 날마다 선포할지어다. 그의 영광을 모든 민족 중에 그의 기이한 행적을 만민 중에 선포할지어다. 여호와는 위대하시니 극진히 찬양할 것이요, 모든 신보다 경외할 것임이여 만국의 모든 신은 헛것이나 여호와께서는 하늘을 지으셨도다. 존귀와 위엄이 그의 앞에 있으며 능력과 즐거움이 그의 처소에 있도다. 여러 나라의 종족들아 영광과 권능을 여호와께 돌릴지어다. 여호와께 돌릴지어다. 여호와의 이름에 합당한 영광을 그에게 돌릴지어다. 제물을 들고 그 앞에 들어갈지어다. 아름답고 거룩한 것으로 여호와께 경배할지어다. 온 땅이여 그 앞에서 떨지어다. 세계가 굳게 서고 흔들리지 아니하는도다. 하늘은 기뻐하고 땅은 즐거워하며 모든 나라 중에서는 이르기를 여호와께서 통치하신다 할지로다. 바다와 거기 충만한 것이 외치며 밭과 그 가운데 모든 것은 즐거워할지로다. 그리할 때에 숲 속의 나무들이 여호와 앞에서 즐거이 노래하리니 주께서 땅을 심판하러 오실 것임이로다. 여호와께 감사하라. 그는 선하시며 그의 인자하심이 영원함이로다. 너희는 이르기를 우리 구원의 하나님이여 우리를 구원하여 만국 가운데에서 건져 내시고 모으사 우리로 주의 거룩한 이름을 감사하며 주의 영광을 드높이게 하소서 할지어다. 여호와 이스라엘의 하나님을 영원부터 영원까지 송축할지로다. 하매 모든 백성이 아멘 하고 여호와를 찬양하였더라."(대상 16:23~36)

하나님이 오랫동안 소망하셨던 하나님의 나라가 이제야 그 위용을 드러내게 되었습니다. "만국의 모든 신은 헛것이나 여호와께서는 하늘을 지으셨도다"라고 말입니다. 이제 창세기 12장에서 약속한 언약이 실질적으로 실현되는 감격적인 순간입니다.

이쯤 되서 잠시 옛일을 회상해 보겠습니다. 아브라함의 후손 이스라엘 백성이 여기에 이르기까지는 숱한 고난과 아픔이 있었습니다. 그 첫 번째가 '블레셋 나라'입니다. 이 세력은 세상 나라를 상징하며 가장 악하고, 최강세력인 네피림 아낙 자손 계열입니다. 이들 세력을 다윗 왕이 점령한 것입니다.

이 악(惡)한 세력은 성경에서 어떤 위치에 있었습니까? 창세기 6장에서 보면 이들 세력이 죄악을 양산하여 세상에 홍수 심판을 자초한 네피림(거인)이었습니다. 노아홍수 후에도 이들은 신기하게도 사라지고 않고 바벨탑 사건을 일으킨 주범들입니다.

가나안 12정탐꾼은 이들 세력을 보고 주눅이 들어 자기들은 메뚜기 같은 존재라 하여 광야 40년 생활을 자초하는 아픔을 겪었습니다. 언약의 후손들이 가나안 땅에 정착해 살고 있을 때에도 블레셋은 줄곧 이스라엘을 괴롭혔습니다. 결국 삼손까지도 죽였고 후에는 사울 왕과 그 아들까지 죽였습니다.

이스라엘을 그토록 공포 속으로 몰아넣었던 골리앗도 이들 세력의 후손입니다. 이렇게 악하고 호전적인 블레셋은 다윗 왕 시대에도 최강 세력으로 남아 있었습니다. 이들이 이렇게 최강 세력이 된 데에는 해양민족 기질과 철기문화를 배워서 싸움하기를 좋아하는 민족이기 때문입니다. 이들 세력을 줄곧 눈여겨보아야 할 것은 이들은 힘센 함 후손으로서 하나님을 대적하는 악한 세력이기 때문입니다.

그런데 이 세력을 다윗 왕이 완전히 무찌른 것입니다. 다윗은 소년 시절에도 네피림 자손 골리앗을 쓰러지게 했었는데, 왕이 되어서도 블레셋 나라를 괴멸시켜 버렸습니다. 천지창조 이후 최고의 악한 세력으로 세상 나라의 중심에 서 있던 강적 세력을 하나님의 나라에 굴복하게 만들어 버렸습니다. 이로써 블레셋 나라는 이후 구약성경에서 이름이 사라져 버립니다. 세상 나라 세력이 제아무리 강해 보여도 다윗이 의지하는 하나님 나라가 더욱 강했습니다.

이 얼마나 기쁜 축제의 날입니까? 그래서 성경 저자는 다윗 왕의 행적을 높이 평가하고 있습니다. 지금도 유대인들은 아브라함과 다윗을 참 좋아한다고 합니다. 잘난 체하다가도 아브라함이라는 말만 나오면 꾸벅한다고 합니다. '다윗'이란 말만 나오면 자고 있다가도 벌떡 일어난다고 합니다. 이렇게 다윗은 구약성경에서 중요한 위치에 있습니다. 하나님은 다윗의 그 믿음을 보시고 '다윗 언약'을 세우셨습니다.

이렇게 축복받고 하나님의 나라는 왕성해졌는데 말씀대로 잘 살면 계속 복을 누릴 수 있는데 하나님과 언약을 지키는 것이 그렇게 힘든 겁니까? 서로 간에 계약을 맺었으면 위반하지 않고 지켜야 하지 않습니까? 언약의 후손 이스라엘 나라는 시내산에서 모세의 중재로 맺은 하나님과의 언약을 지키지 않습니다. 하나님은 변치 않으셨는데 이스라엘 나라는 하나님을 버리고 세상 나라가 믿는 신을 섬기며 따라가 버렸습니다.

그래도 하나님은 그들을 돌이켜 보려고 수많은 선지자를 보내서 외치게 했습니다. "그렇게 하지 마라, 그러면 멸망한다. …… 언약을 지켜라! 그러면 벌을 받는다. 그래도 내 백성이니 구원하겠다." 뭐 이런 내용으로 말입니다. 그래도 무지몽매한 이스라엘은 하나님에게로 돌아오지 않았습니다. 계약을 위반했지만 그래도 용서해 준다고 해도 돌아오지 않습니다. 결국 이스라엘은 므낫세(시내산 계약에서 하지 말라 한 것을 모두 골라서 한 왕)가 지은 죄로 인해 벌을 받아 멸망하게 되었습니다. 성경은 멸망의 원인을 정직하고 분명하게 말하고 있습니다.

> 열왕기하 24장 3~4절에 "이 일이 유다에 임함은 곧 여호와의 말씀대로 그들을 자기 앞에서 물리치고자 하심이니 이는 므낫세의 지은 모든 죄 때문이며 또 그가 무죄한 자의 피를 흘려 그의 피가 예루살렘에 가득하게 하였음이라. 여호와께서 사하시기를 즐겨하지 아니하시니라"라고 했습니다.

선민 이스라엘 나라를 B.C. 586년에 바벨론 느부갓네살 침입으로 멸망시켰지만 그 순간에 하나님은 울어야 했으며 말씀을 전하는 선지자도 울었습니다. 그 책이 바로 '예레미야 애가'인데 처절한 절규가 배어 있습니다. 우리가 성경을 읽을 때 그 현장 속으로 들어가서 함께하며 슬픔을 같이할 수 있어야 할 것입니다. 창세기 12장에서 아브라함과 함께 희망을 갖고 출발한 '하나님의 나라'는 큰 뜻을 이루지 못하고 최후를 맞습니다.

유다 왕국 마지막 왕 시드기야는 두 왕자가 죽임을 당하는 것을 지켜봐야 했고,

자신은 눈알이 뽑혀 피를 철철 흘리며 바벨론 포로로 끌려갔습니다. 백성들 중에 쓸 만한 남녀가 다 포로로 잡혀갔습니다. 성전에 남아 있던 마지막 금, 은기명이 다 약탈되어서 바벨론으로 옮겨지고 성전은 다 훼파되어 없어지고 말았습니다. 가나안 땅에서 위용을 자랑했던 예루살렘(하나님 나라)은 시내산 계약을 지키지 않았기 때문에 멸망하게 되었습니다. "세계가 다 내게 속하였나니"라고 하는 제사장 나라 사명을 감당하지도 못했습니다.

구약성경은 이렇게 '아브라함 언약, 시내산 계약, 다윗 언약, 새 언약'을 중심으로 한 모토(motto)로 흘러가고 있습니다. 이러한 언약의 큰 줄기를 붙잡고 따라가면 성경은 맥이 잡히고 성경이 읽히게 됩니다. 성경이 읽히니까 이해가 됩니다. 이해가 되니 성경 저자의 체취(體臭)와 하나님의 마음이 헤아려지게 됩니다. 이렇게 되면 성경은 어려운 책이 아니라 한 편의 대하소설처럼 쉽게 깨닫게 됩니다. 이렇게 언약을 중심으로 쓰이고 있는 구약성경의 중심사상은 '하나님 나라'입니다.

결국 언약의 후손 이스라엘이 그 시내산 언약(레위기 언약)을 지키지 않으니까 망하게 되고 이제 '새 언약'이 약속되고 구약의 역사는 막을 내립니다.

◈ 새 언약(예레미야 31:31~33) – 구원사역의 전환점

유다 왕국의 마지막 선지자 예레미야는 유다 백성이 사명을 다하지 못해 멸망하게 되었지만 소망의 메시지도 선포합니다. 유다 백성들이 멸망하여 바벨론 포로 생활이 있겠지만 훗날 다시 귀환할 것을 예언합니다. 하나님 구원사역의 대전환의 시작을 알리고 있습니다.

예레미야 29장 10~11절에 "여호와께서 이와 같이 말씀하시니라. 바벨론에서 칠십 년이 차면 내가 너희를 돌보고 나의 선한 말을 너희에게 성취하여 너희를 이곳으로 돌아오게 하리라. 여호와의 말씀이니라. 너희를 향한 나의 생각을 내가 아나니 평안이요, 재앙이 아니니라. 너희에게 미래와 희망을 주는 것이니라"라고 했습니다.

유다 백성들이 돌아올 때 스스로 돌아오는 것이 아니라 하나님이 이들을 다시 데려와서 새 일을 할 것이라고 약속하셨습니다. 유다 백성들이 예루살렘에서 바벨론까지 1,600㎞, 즉 천 마일이나 되는 곳까지 포로로 잡혀갔지만, 다시 돌아오게 하여 '새 언약'을 이루시겠다고 한 것입니다.

> 예레미야 31장 31~33절에 "여호와의 말씀이니라. 보라. 날이 이르리니 내가 이스라엘 집과 유다 집에 새 언약을 맺으리라. 이 언약은 내가 그들의 조상들의 손을 잡고 애굽 땅에서 인도하여 내던 날에 맺은 것과 같지 아니할 것은 내가 그들의 남편이 되었어도 그들이 내 언약을 깨뜨렸음이라. 여호와의 말씀이니라. 그러나 그날 후에 내가 이스라엘 집과 맺을 언약은 이러하니 곧 내가 나의 법을 그들의 속에 두며 그들의 마음에 기록하여 나는 그들의 하나님이 되고 그들은 내 백성이 될 것이라. 여호와의 말씀이니라"라고 하셨습니다.

이렇게 예레미야를 통해 새로운 말씀을 주셨습니다. 언약의 백성들이 시내산에서 맺은 그 언약의 말씀을 지킴으로써 거룩한 백성이 되어 제사장 나라가 되도록 하셨는데, 그들은 그 약속을 지키지 못했습니다. 많은 사람들을 하나님 품으로 인도하지 못한 것입니다. 그래서 이제 새 언약을 약속하셨습니다. 돌 판에 새겨진 옛 언약의 말씀(규례, 율례, 제사제도)이 아닌, 성령을 통한 마음에 깨달아짐과 영생(예배, 구원)에 이르는 새 언약의 시대가 온다는 것입니다. 그때는 하나님의 말씀이 마음속에 새겨져서 하나님을 알고 교제를 나누게 되며(렘 31:33) 백성들의 죄가 용서받고 기억도 되지 않으리라(렘 31:34)는 것입니다.

그러므로 이제는 옛 언약의 말씀으로 인간의 죄를 위해 희생 제사를 드리는 아브라함 후손의 '혈통 공동체' 의미는 사라지게 되고, 성령의 감동을 받는 '성령공동체' 시대가 도래할 것입니다. 이것으로 아브라함 후손 이스라엘 나라를 중심으로 하는 하나님 나라 시대는 끝나는 것입니다. 이것은 신구약을 가르는 아주 중요한 변화입니다.

◈ 새 언약 성취 – 예수탄생 & 성령강림

약속하신 새 언약대로 예수님이 이 땅에 오셨습니다. 새 언약은 예수님이 이 땅에서 오셔서 예수님의 살과 피를 나누는 성만찬으로 그 의미를 찾을 수 있습니다. 십자가에 달리시기 전 유월절 마지막 식사를 하실 때 예수님께서는 "이 잔은 내 피로 세우는 새 언약이니 곧 너희를 위하여 붓는 것이라"(눅 22:20, 고전 11:23~26)라고 하셨습니다. 성만찬은 구약의 짐승들이 제사 때 인간의 죄 사함을 위해 희생물이 되었던 것처럼, 이제는 예수님 자신이 인간의 죄를 위해 죽으시고 제사의 희생물이 되신 것입니다. 그리고 영생을 주셨습니다. 이 예식을 기념[1]하는 것이 성만찬입니다. 오늘날 우리 예배에서는 아쉽게도 성만찬이 등한시되고 있지만, 분명 중요한 의미가 있으므로 회복되어야 할 것입니다.

예수님은 공생애 첫마디에서 **"회개하라. 천국이 가까워졌느니라"**라고 하셨습니다. 우리 안에 하나님(성령님)이 계신다는 것입니다(눅 17:20~21). 이것이 새 언약의 핵심 복음입니다. 이전의 옛 언약의 규례와 절차가 아닌 성령의 감동하심을 받은, 우리 몸의 성전시대가 도래하였습니다.

성령으로 업그레이드된 하나님의 나라 백성들은 구약의 복잡한 제사의식이 없어도 하나님께 나아갈 수 있습니다. 이제는 하나님 앞에서 누구나 만인제사장이 되어 하나님께 직접 기도하며 찬양으로 나아갈 수 있습니다(벧전 2:9). 예수님께서 우리 죄를 위해 속량해 주셨기 때문입니다. 신구약성경은 이러한 큰 줄기를 가지고 흘러가고 있습니다. 이렇게 전개되는 교회(엡 2:22)는 남 유다가 멸망하는 즈음에 하나님이 약속하신 새 언약이 성취된 것입니다(렘 31:31~33).

새 언약 성취에는 교회의 역할이 필요합니다. 예수님은 베드로를 통해 교회를 세우셨습니다. 베드로의 오순절 성령의 사역으로 교회는 탄생하고 그 터전 위에 사도 바울은 세계 모든 이방인을 향해 복음을 전할 수 있었습니다. 이제 하나님의 나라는 이스라엘 유다 지역을 넘어 아시아로 유럽으로, 그리고 전 세계 열방으로 확장되기 시작했습니다.

---

1) 여기 '기념'에 해당하는 헬라어 단어 '아남네시스'는 '기억, 회상'의 뜻으로, 한 번 스쳐 지나가듯이 한 번 머릿속에 떠올랐다가 곧 사라지는 일시적인 기억이 아닌 영원한 기억입니다.

이렇게 시작된 신약성경의 주제는 예수님은 하나님의 아들이시며, 그리스도이심입니다. 그분은 세상의 모든 민족을 구속(구원)하시려고 이 땅에 오셨으며 죽으신 분입니다(인류 모든 사람의 죄를 위해서 말입니다). 신약은 이것을 입증하고 증명하는 것입니다. 예수님 자신도 그랬고 또한 제자들에게도 부탁했습니다(마 28:19~20). 이제 우리도 그것을 전하는 것입니다. 이것이 신약성경입니다.

사도 베드로

예수님은 공생애 동안 새롭게 시작하는 하나님 나라를 전파하기 위해 제자들을 훈련시키셨습니다. 예수님은 베드로의 신앙고백 위에 그 교회를 세우고자 했습니다. "또 내가 네게 이르노니 너는 베드로라. 내가 이 반석 위에 내 교회를 세우리니 음부의 권세가 이기지 못하리라."(마 16:18) 이 교회[2]는 오순절 성령의 충만함을 받은 베드로의 설교에서 시작되었습니다. 설교를 듣고 회개하여 세례를 받은 사람이 그날 3천 명(행 2:41)이 되었다고 했습니다. 이들이 바로 교회인데, 실로 엄청난 숫자입니다. 이 3천 명의 신자가 예수님께서 갈릴리 바닷가에서 베드로에게 부탁하신 어린양입니다(요 21:15~19).

우리가 잘 알고 있듯이 예수님은 부활하신 후 갈릴리 바다에서 베드로에게 나타나 하신 말씀이 있었습니다. "내 양을 먹이라"라고 말입니다. 그 말씀대로 내 양이 머무는 곳, 즉 교회(회개한 3천 명 성도)가 생겨나게 된 것입니다. 갈릴리 바다에서 "내 양을 먹이라"라고 하신 말씀은 이때를 염두에 두고 하신 말씀입니다. 그러니까 교회탄생을 내다보시며 예언하신 것입니다.

사도 바울

세례를 받은 3천 명의 신자는 오순절 후 마치 민들레 씨처럼 성령의 바람을 타고 온 세계로 흩어졌습니다. 이 씨들은 사도 바울이 여러 지역을 돌아다니며 복음을 전할 때 길을 예비한 사람들이 됩니다. 디모데, 디도, 누가, 브리스길라와 아굴라 등등 사도행전에 수도 없이 많이 등장하게 될 주인공들은 바로 이 사도행전

2) 교회라는 말은 헬라어로 에클레시아(ekklēsia)로 '부름받아 나온, 택함받은'의 뜻으로, 이 말은 예수님을 믿는 사람들이 모인 공동체입니다. 이로 볼 때 교회는 건물이나 기관이 아닌 믿는 무리의 회중입니다(행 2장).

오순절 사건부터 복음에 부딪힌 사람들인 것입니다.

예수님은 복음을 믿는 사람들을 핍박하러 다메섹으로 가는 사울을 부르셨습니다. 예수님 앞에 굴복한 사울은 사도가 되어 이방인을 위한 복음을 전하는 사명을 부여받았습니다. 사도 바울은 성령의 능력과 열정으로 광활한 이방지역 만방에 복음을 전파했습니다. 그 결과 수많은 교회가 세워졌습니다.

이렇게 세계만방으로 전파된 복음은 이제 최후의 심판만 기다리고 있습니다. 그 심판에 대한 계시가 요한계시록입니다. 믿는 자에겐 새 하늘과 새 땅(천국)을, 믿지 않은 자에겐 영원한 불못(지옥)이 있을 뿐입니다. 신구약성경은 이렇게 이어오면서 지금도 진행되고 있습니다.

누가 왕이냐

바이블 가이드_②

◈ 아담, 네가 왕이냐

하나님께서 인간(아담)을 창조하시고 제일 먼저 분명하게 하고 싶은 말이 있으셨습니다. **하나님은 주권자(왕)로서 '통치자'이시고 인간은 '통치를 받는 자'라는 존재론적 규명입니다.** 그래서 피조물인 인간은 창조자이신 하나님께 순종해야만 하는 신분관계에서 창세기 역사는 출발합니다. 이것이 하나님 나라의 원리입니다. 그러나 최초 인간 아담은 왕이신 하나님의 통치를 거부하고 말았습니다.

그것이 '선악과 사건'입니다. 창세기 3장 5절에 "너희가 그것을 먹는 날에는 너희 눈이 밝아져 하나님과 같이 되어……"라는 유혹에 넘어가 선악과를 따 먹음으로써 하나님과 약속된 계약을 위반하였습니다. 그러니까 최초 인간 아담과 하와는 하나님이 주신 자유의지를 잘못 사용하여 '하나님같이' 되고 싶은 욕심에 선악과를 따 먹었던 것입니다.

그리하여 태초 에덴동산에 깃든 하나님의 사랑과 영생의 빛은 사라지고 어두운 그림자만 짙게 드리우고 말았습니다(창 3:7~8). 이 사건 이후 우리 인간은 아담의 원죄 죄악성을 가지고 태어나게 되었습니다. 그 죄악의 대표적인 사건이 가인이 동생 아벨을 죽인 사건입니다(창 4장).

◈ 누가 우리의 왕이냐

창세기 6~11장에 와서 보니까 인간 사회는 더욱 악해져서 하나님의 주권(왕)을 인정하지 않는 세상으로 변해져 있었습니다. 그 대표적인 예가 노아홍수 사건(창 6장)과 바벨탑 사건입니다(창 11장). 그들 세력은 하나님이 만드신 창조질서를 허물어 버렸습니다. 힘센 사람이 남의 손에 있는 빵도 빼앗을 수 있었고, 미모의 여인을 독차지하며 남의 집 아내까지도 빼앗았습니다. 남녀의 수평적인 관계를 수직적인 관계로 바꾸어 놓았습니다. 그야말로 약육강식(弱肉强食)에 의한 세상이 된 것입니다. 이후부터는 인간 사회는 새로운 이슈가 대두되기 시작합니다. 우리 가운데 '누가 누가 더 세냐?'입니다. 이 이슈를 놓고 인간사회가 얻은 결론은 '힘'이었습니다. 이렇게 힘센 사람을 가리켜 '왕'이라고 합니다. 이 왕들은 강력한 세상 나라를 건설하여 인류역사를 만들어 갑니다(창 10장~11장).

그러나 창조주이신 하나님은 악해져 버린 세상 나라를 보시고 그대로 물러나지 않으셨습니다. 힘에 의해 지배하고 있는 세상과 구별된 하나님 나라를 만들고 싶었습니다. 아브라함을 선택(아브라함아 네가 필요해!)해서 '하나님 나라'로 표명하는 '제사장 나라(이스라엘)'를 만들고 싶으셨던 것입니다.

성경의 전체적인 흐름이 결국 이 두 큰 대결로 성경역사가 흘러갑니다.[3] '내 나라는 이래야 한다'는 표본으로 삼으려고 하셨습니다. 이렇게 모범나라로 만드셔서 세상 나라에 속한 백성들을 하나님 나라로 돌아오게 하고 싶었던 것입니다. '나는 상천하지의 왕이다! 내가 천지 만물을 만든 하나님이시다! 이 왕(하나님)의 나라로 돌아오라!' 이것이 신구약성경의 총주제입니다.

---

3) Ibid., p.61.

영성탐구

왕이 되려고 하는 이러한 형태가 과거에만 있는 것이 아니라 현재에도 진행되고 있습니다. 오늘날에는 학력, 재력, 가문까지 심지어는 여성의 외모까지 '힘'이 되고 있습니다. 이 힘은 이전에도 그랬듯이 현제에도 '최고의 가치'로 부상하게 됩니다. 먹을 것이 있고, 돈 많아지고, 유명[4]해지고 나니까, 그다음에 하고 싶은 것이 있습니다. 자기가 '다스리는 일, 왕이 되고 싶은 일'입니다.[5]

4) 내 이름을 알리자. 바벨탑을 쌓아 유명해지려는 교만. 오늘날의 현대의 모습과 같다.

5) 이애실, 『어? 성경이 읽어지네!』(서울: 두란노, 2003), p.63.

제2장

맥 잡기 위한 성경 가이드

스터디 가이드 ①_레위기를 알면 구약성경이 보인다

스터디 가이드 ②_역사서를 알면 성경의 맥이 잡힌다

레위기를 알면 구약성경이 보인다

스터디 가이드_①

◈ 레위기(율법)와 구약성경의 상관관계

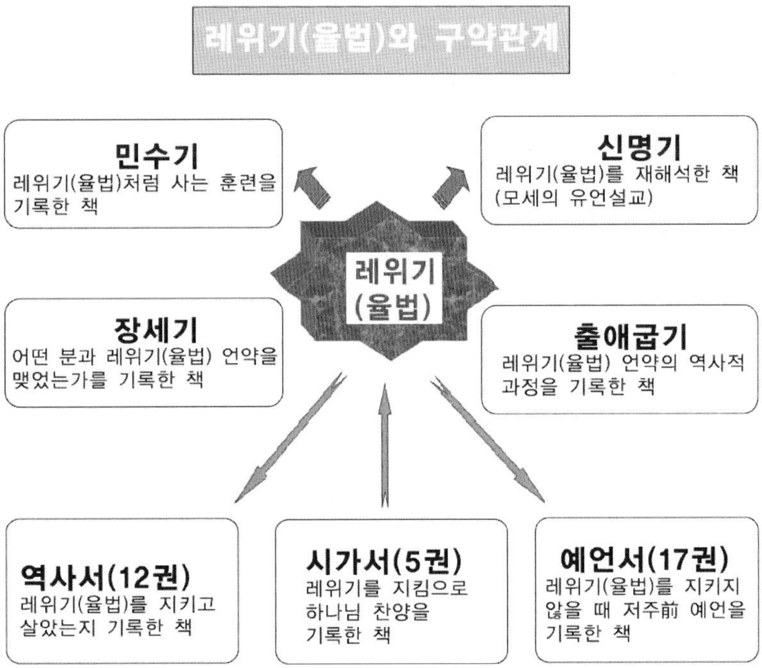

위에 있는 표는 레위기(율법)와 구약성경의 상관관계를 설명한 것인데,[6] 레위

기의 상관관계, 이것만 잘 알면 그때부터 구약성경이 한눈에 보이고 풀리기 시작합니다. 왜 우리에게 구약성경이 재미가 없고, 안 보였느냐 하면 구약성경의 핵심이 되는 레위기를 제쳐 놓았기 때문입니다. 그러므로 우리는 성경 전체를 이해하려면, 시내산 계약(레위기) 줄기를 잡아 이스라엘 백성이 살아가면서 레위기 말씀을 지켰는지, 안 지키면서 살았는지를 살펴보아야 합니다. 그러면 성경이 읽히고 보이고 맥이 잡힙니다. 이처럼 레위기는 우리가 알고 있는 것보다 중요합니다. 이러한 레위기는 모세오경(창세기, 출애굽기, 레위기, 민수기, 신명기)과는 아주 밀접(密接)한 관계에 있습니다.

레위기는 구약성경에서 가장 먼저 기록된 말씀입니다. 이 레위기가 옛 언약입니다. 옛 언약 또는 시내산 계약입니다. 이 레위기는 출애굽 하고 난 후 모세가 시내산에서 기록했는데, 구약성경의 핵심이며 모세오경의 중심입니다. 그러나 좁은 의미에서 구약은 레위기입니다. 레위기를 기록된 후에 성막이 완성되고, 시내산 밑을 떠나서 바란 광야로 올라간 후 신광야로 올라갑니다.

민수기는 이 레위기를 가지고 39년 동안 훈련한 일지입니다. 애굽에 살 때는 율법이 없었고 율법도 몰랐습니다. 그래서 애굽 풍속을 따라서 애굽 사람처럼 살았습니다. 그런 그들을 거룩한 백성, 제사장 나라 백성으로 만들기 위해서 레위기라는 법을 주시고 이 법을 가지고 훈련을 합니다.

민수기는 '백성의 수를 기록하다', 문자대로 해석하면 이런 뜻이 됩니다. 그런데 히브리어로 할 때는 그것이 민수기라 되어 있지 않고 '베미드바르(bemidbar)'입니다. 이 말은 '광야에서 그렇게 했다'입니다. 그곳에서 뭘 했냐 하면, 레위기대로 그렇게 훈련했다는 것입니다. 훈련하기 전에 사람 수를 한번 세어 보는, 즉 인구조사를 했습니다.

신명기는 출애굽한 지 40년, 11월 1일(신 1:3) 출애굽 당시 20세 미만이었던 신

---

6) 노우호, "에스라 하우스의 성경의 힘"에 대한 강의안, p.16. 에스라 하우스 성경강좌에 참여하여 얻은 자료와 그 밖의 강의안, 그의 저서들에서 발췌하였음.

세대들과 새로 태어난 아이들과 모세, 여호수아, 갈렙은 드디어 사해 바다 동쪽의 모압 평지에 올라옵니다. 바로 여기서 죽음을 앞둔 모세는 과거 역사를 회고하고(신 1~3장), 그의 생을 정리하면서 2세들에게 마지막 고별 설교를 합니다. 그것이 신명기입니다.

광야 39년의 훈련을 다 끝낸 후 고별설교에서, 가나안 땅 입성(入城)을 목전에 두고 있는 출애굽 2세들에게 딱딱한 레위기를 알아듣기 쉽게 풀어서 설명합니다. <u>이 딱딱한 것을 풀어서 되새겨 보는 것이 신명기입니다.</u> 풀어서 말입니다.

그래서 이 '申' 자가 되풀이할 신(申) 자입니다. 이 글자를 납 '申' 자라고 하는데, 납 신으로 쓰기도 하고 되풀이할 신 자로도 씁니다. 그런데 이때는 그 용례가 되풀이할 申 자입니다. 계명의 말씀을 '다시 한 번 되새겨 본다', '되풀이 한다'는 뜻입니다. 그래서 신명기의 뜻은 '계명을 다시 한 번 되새겨 보았다', '재해석했다'는 말입니다. 그러니까 레위기(율법)를 가지고 설명한 것이 신명기이고, 레위기(율법)를 가지고 훈련한 것이 민수기입니다.

출애굽기는 이 거룩한 레위기라는 언약을 어떻게 해서 체결하게 되었는가? 이 과정을 설명하는 책입니다. "애굽 바로의 종이 되었던 집에서, 하나님께서 모세와 아론과 미리암을 보내사 강한 손과 편 팔로 우리를 인도하여 내시고 홍해 바다를 능력으로 가르시고 시내산 밑에 인도하신 후에, 여호와께서는 시내산 꼭대기에 임재하시고 우리는 산 아래 있었는데 그 사이를 모세가 오르내리면서 중재해서 이 거룩한 언약, 즉 레위기라는 언약을 맺게 되었다." 이런 이야기가 출애굽기입니다.

창세기는 이스라엘 백성과 시내산에서 언약을 맺은 그분이 어떤 분이시냐? 그것을 근원까지 소급해서 올라가 보니, 그분으로 말하자면 태초에 천지와 우주와 만물과 인간을 창조하신 분이시었습니다. 우리 조상이 타락했을 때에 홍수로써 온 세상을 다 쓸어 버리신 분이시었습니다. 홍수 이후에 또 인간들이 하나님을 믿지 아니하고 바벨탑을 쌓을 때 언어를 혼잡하게 하사 세상 만국으로 흩어 보내신

분이었습니다. 또 흩어진 자 중에서 우리 조상 아브라함을 선택하시고 이삭을 사랑하시고 야곱을 지키시고 요셉을 애굽에 보내어 총리 되게 하신 그분이 우리와 언약을 하셨습니다. 이런 이야기가 창세기입니다.

종합, 정리해 보겠습니다. 레위기를 알아야 민수기가 이해되고 보입니다. 레위기와 함께 신명기를 보면 신명기가 이해가 됩니다. 레위기와 함께 출애굽기를 봐야 레위기라는 책의 성격이 어떤 성격인지 알 수 있습니다. 레위기와 함께 창세기를 봐야만 레위기를 통하여 언약을 맺은 분이 어떤 분인지 알게 됩니다. 레위기라는 법을 알아야만 역사서를 읽어 나갈 때 역사가 잘못되어 가고 있는지 잘되어 가고 있는지 알 수 있습니다. 레위기로 시내산에서 맺은 언약이니까, 레위기를 알아야 성경역사가 잘되어 가고 있는지, 잘못되어 가고 있는지 알 수 있습니다.

◈ 레위기 말씀이 복과 심판의 근거

시내산에서 하나님과 계약을 체결한 백성들이 이후 역사에서 계약을 어떻게 실천했는가를 살필 수 있는 근거의 책이 레위기입니다. 이 책에는 복 주심에 대한 약속과 징계의 말씀이 26장에 있습니다. 이 레위기 26장을 좀 더 쉽게 설명한 것이 신명기 28장의 내용입니다.

이렇게 쓰인 언약의 말씀을 가지고 구약성경 전체를 보는 눈이 있어야 합니다. 그러면 하나님은 약속만 하시는 하나님이 아니라 그 약속을 실제로 지키시는 분이심을 발견하게 됩니다. 우리에게 오늘도 여전히 약속을 지키시는 신실하신 하나님이심이 증명되는 것입니다. 그래서 하는 말입니다. 구약성경을 제대로 알면 성도는 세상을 함부로 살 수 없습니다. 하나님께서 어떤 사람과 어떤 나라에 복을 주시고, 심판과 징계를 하시는지를 성도가 깨닫기 때문입니다. 하나님은 약속만 하시는 하나님이 아니라 그 약속을 실제로 지키시는 분이심을 발견하게 됩니다.

◈ 레위기 내용 살펴보기

레위기는 이스라엘 백성이 출애굽 한 지 50일째 되는 날 시내산에서 수여받은 말씀입니다. 이 레위기에는 모든 백성들이 직접 귀로 들었던 '십계명'이 있습니다. 또한 같은 날 모세에게만 주신 '언약서'가 있습니다. 그리고 시내산에 두 번째 올랐던 40일 기간 중 모세에게만 준 성막제작 방법과 제사제도와 규칙들이 있습니다. 이러한 모든 말씀을 별도로 뽑아서 기록한 책이 레위기입니다. 레위기 전체를 관통하는 총 주제는 **"내가 거룩하니 너희도 거룩하라"**입니다. 세상 나라와 구별되는 거룩한 나라가 갖추어야 할 제도적인 법이기 때문에 그렇습니다.

이 레위기 내용을 정리해 보면, 하나님 앞에서 인간행위의 선악 기준을 제시하는 도덕법(moral law)이라 하는 '계명'이 있습니다. 도덕법의 핵심은 '십계명'입니다. 선민 된 백성들이 하나님과 관계를 유지하기 위한 제사제도 등을 다룬 의식법(ritual law)인 '규례'가 있습니다. 규례에는 성막제작과 제사법과 절기법 그리고 제사장과 레위인에 대한 역할과 의무들이 있습니다. 하나님 나라 백성들이 공동체 의식을 가지고 함께 살아가기 위한 시민법(civil law)인 '율례'가 있습니다. 시민법에는 사회통치 질서 유지를 위한 사법, 행정, 재산권, 아동교육, 형법 등이 들어 있습니다. 그리고 개인적인 상호관계를 다루고 있는 아버지와 자녀, 남편과 부인, 주인과 종, 타인에 대한 친절 등에 관한 것입니다. 출애굽기 언약서에 있는 내용은 거의 대부분이 시민법에 관련된 것입니다.

이 모든 레위기(율법)에는 하라는 248개의 긍정 명령 형태와 하지 말라는 365개의 금지 규정으로 나누어져 있습니다.[7] 이 레위기(율법)는 다른 민족들이 상상할 수 없는 놀라운 법입니다. 이 법을 따라 이스라엘 국민들은 옛 습관을 버리고 세상 나라와 다르게 살아가도록 하는 법입니다. 하나님 나라의 이상적인 법은 어떠한 것인지 살펴보겠습니다.

7) 국민일보 종교면 2006. 1. 15.

레위기의 시민법(율례) – 이 땅에서 살맛 나는 나라를 이루리라!

시내산 계약을 체결할 출애굽 당시의 가나안 땅과 그 주변지역에는 수많은 나라들이 있었습니다. 그러나 그곳에는 이상적인 나라는 없었습니다. 이때 하나님께서 자기 백성들에게 바라는 것은 시민법을 만들어서 나눔(sharing)이라는 것을 제도화하셨습니다. 하나님으로부터 받은 것을 나누는 삶 그것입니다. 이 나눔을 법으로 제도화한 것이 레위기에 있는 시민법입니다.

오늘날 우리 대한민국 사회가 귀 기울여야 할 시민법의 주목적은 하나님이 통치하는 가나안 땅, 이 땅에서 **"살맛 나는 나라(세상)를 이루리라!"**는 것입니다. 그래서 나눔을 위한 법을 제정하셨습니다. 안식년제도(安息年制度)와 희년제도(禧年制度)가 그것입니다. 안식년은 매 7년 끝에 자기에게 빚진 모든 사람들의 빚을 면제해 주는 법입니다. 빚을 면제해 줌으로써 평생 동안 빚에 눌려 고통당하는 사람이 없도록 하신 것입니다. 물질적인 빚만이 아니라 정신적인 빚까지도 면제해 주어야 합니다.

희년은 안식년이 일곱 번 지난 50년마다 돌아오는 해입니다. 이해가 되면 땅과 집이 원주인에게 돌아가고, 거민(居民)에게 자유가 선포되고, 노예가 해방됩니다. 그리고 국민의 모든 부채가 면제됩니다.

이러한 안식년과 희년의 제도는 그 사회에 가난한 사람이 없고 모두가 복받는 균등한 사회를 이루기 위한 것입니다(신 15:11). 이러한 사회를 이루기 위한 또 다른 말씀이 있습니다. 추수하고 이삭을 주울 때는 일부러 다 줍지 않고 흘려서 남겨 둬야 합니다. 포도 열매를 수확할 때도 다 따지 말고 남겨 둬서 춥고 헐벗고 가난한 사람들이 먹을 수 있도록 했습니다.

> "너는 여섯 해 동안은 너의 땅에 파종하여 그 소산을 거두고, 일곱째 해에는 갈지 말고 묵혀 두어서 네 백성의 가난한 자들이 먹게 하라. 그 남은 것은 들짐승이 먹으리라. 네 포도원과 감람원도 그리할지니라. 너는 엿새 동안에 네 일을 하고 일곱째 날에는 쉬라. 네 소와 나귀가 쉴 것이며 네 여종의 자식과 나그네가 숨을 돌리리라"(출 23:10~12).

<u>어느 사회가 건강하다는 것은 그 사회의 상대적 약자들이 편안하게 살 수 있는</u>

냐 없느냐에 따라 가늠할 수 있습니다. 적어도 하나님께서 통치하는 이스라엘 사회에는 나그네와 고아와 과부가 안심하고 생활할 수 있는 기본적 안전장치를 마련해 두었습니다. 이때가 B.C. 1450년경인데, 그러니까 3,400년 전에 이런 법을 만들어 놓았는데 정말 놀라운 제도입니다. 가난한 사람이 평생 빚에 눌려 허덕이면 그것이 대물림이 되고, 부자는 더욱 부자가 되는 부익부(富益富) 빈익빈(貧益貧)의 현 세태를 생각할 때 현대 자본주의 사회에서 레위기의 시민법은 더욱 돋보이는 제도입니다.

언약의 후손인 이스라엘 백성들은 가나안에 안착하게 될 것이고 새로운 나라를 이루어야 하는 역사적 사실에 직면해 있을 때 어떠한 나라를 세워야 하는지에 대해서는 무지한 상태였습니다. 그래서 하나님께서는 시민법으로 더불어 사는 사회를 만드시고 명확하게 하셨습니다. 이것은 어느 시대 어느 왕 어느 누구도 고칠 수 없는 하나님의 법령입니다.

오늘날 이러한 시민법의 정신을 잘 실천하는 민족이 유대인입니다. 유대인들은 어디에 가든지 잘 벌고 쓰는 것도 잘합니다. 벌 때는 무자비할 만큼 무섭게 돈을 벌지만 기부할 때는 아낌없이 시원스럽게 한다고 합니다. 가난한 이웃을 보살피고 긍휼히 여기라는 레위기 말씀을 잘 지키고자 하는 정신이 있어 그렇게 합니다. 그들이 가지고 있는 가치관을 보면 내 이웃에 장애인이 있으면, 하나님이 그 장애인을 자기 보고 돌봐 주라고 한 것으로 믿고 있습니다. 그래서 지금 이스라엘 나라에 가면 장애인이 참 많다고 합니다. 마치 세상의 장애인이 모두 이스라엘 나라에 모인 것 같습니다. 왜 그런 줄 아십니까? 세계에 흩어진 유대인들이 장애를 가지면 거의 고국(이스라엘)으로 찾아오기 때문에 그렇습니다. 그래서 세계 경제를 좌지우지할 만큼 돈 많은 유대민족이 복받을 만한 것 같습니다. 구약성경의 원리대로 실천하니까 복받고 잘되는 것입니다.

"돈 내시오"라는 말이 있습니다. 한국말에서 나온 우스갯소리라고 합니다. '도네이션(donation: 기증, 기부)'이란 말이 변해서 그렇게 되었다고 합니다. 그만큼 한국 사람만큼 돈 내는 일에 짠돌이가 없습니다.

시민법의 도피성(逃避城) 제도와 징집(徵集)

하나님의 법인 레위기(시민법)에는 이 밖에도 도피성 제도[8]와 전쟁 시 징집에 대한 말씀이 있습니다. 그중에서 눈여겨보아야 할 말씀은 갓 결혼한 신랑은 전쟁이 나도 1년 동안은 징집이 되지 않으며 두 사람만의 오붓한 시간을 갖도록 했습니다. 신혼의 행복을 빼앗지 말라는 것입니다. 참 멋지지 않습니까? 이렇게 좋은 제도가 시민법에 있습니다. 이 외에도 먹는 음식에 대해서도 많은 말씀들이 있습니다. 물론 제사제도(규례)가 바뀌고 몇몇 법률이 현대에 와서 변화가 되었지만, 그래도 그 의미와 정신은 고귀하게 남아 있습니다. 이렇게 주어진 언약서의 율법은 세상 나라의 법과 확실히 다릅니다. 이 모든 것이 시내산에서 우리에게 주신 레위기 말씀입니다. 이 말씀을 우리가 명확하게 깨닫고 이해하여 복된 인생을 누리며 살아야 할 것입니다.

---

8) 도피성은 과실로 인해 사람을 죽인 자를 복수자로부터 보호하기 위하여 만든 성읍이다. 보통 도피성까지의 거리는 하룻길(48㎞ 내외)이었는데, 이는 어느 곳에 있든지 실수로 사람을 죽인 사람이 빨리 피할 수 있도록 하기 위해서이다.

영성탐구

물질이란 것은? 서로 나누는 것. 사실 물질이란 것은 성경적인 세계관으로 볼 때 우리가 나눠야 할 것 중의 하나입니다. 이건 어려운 사람들에게는 가장 긴박하고 생명과도 직결되는 중요한 것입니다. 그래서 하나님께서는 제사를 할 때 반드시 다른 사람들과 함께 나눌 것을 가지고 오라고 하셨습니다.

그래서 예배 때 하나님께 헌금을 드립니다. 그럼 그 헌금을 하나님이 받으십니까? 하나님은 영이시어 보이지 않는데 어떻게 받으시겠습니까? 헌금은 하나님의 이름으로 나누는 것입니다. 감사 헌금이 그런 것이고 십일조 헌금이 그런 것입니다.

오늘날 우리가 하나님께 드리는 십일조에 대해 생각해 볼 것이 있습니다. '온전한 십일조를 드리면 물질의 축복을 받는다.' 말라기서 3장 10절의 예를 들면 '복, 복, 축복' 그렇게 말하고 있지만, 성경의 원래 의미는 그게 아닙니다. 성경을 자세히 읽어 보면 말라기 선지자가 활동한 그 시대는 참 타락한 시대였습니다(말 3:8~9). 말라기 선지자가 오죽 답답하고 속상했으면 그렇게 말했겠습니까? 원래 헌금과 십일조에 대한 성경적인 가르침은 그냥 하나님의 절대 주권을 인정하여 감사함으로 드려서 가난한 이웃(나그네, 고아, 과부, 제사장과 레위인)과 나누는 것입니다. 십일조를 드리면 물질로 '30배, 60배, 100배로 축복을 받는다' 뭐 이런 조건적 축복이 아니고 그냥 하나님의 주권을 인정하여 감사함으로 드리는 것입니다.

그러면 그 마음 믿음을 보시고 넘치도록 축복해 주십니다. 우리 하나님이 돈이 없어서 드리라고 하신 것이 아닙니다. 온 땅의 모든 금, 은, 보석, 은행 금고에 있는 것도 하나님의 손길이 움직이시면 하나님 것이 됩니다. 이렇게 부자이신 하나님이 쩨쩨하게 돈 가지고 씨름하실 분이 아닙니다. 그러니 조건을 따지지 않고 자원하고 감사하는 마음이 있을 때 하나님께 드리는 것입니다.

이렇게 드리는 십일조의 제도는 이스라엘 백성이 가나안 땅에 정착했을 때 가난한 사람과 나누라고 만들어 놓으신 제도입니다. 그 말씀을 보겠습니다.

> "너희 중에 분깃이나 기업이 없는 레위인과 네 성중에 거류하는 객과 및 고아와 과부들이 와서 먹고 배부르게 하라. 그리하면 네 하나님 여호와께서 네 손으로 하는 범사에 네게 복을 주시리라."(신 14:29)

이 말씀에서 "와서 먹고 배부르게 하라"고 하는 사람들(나그네, 고아, 과부, 제사장/레위인)은 모두 가난한 사람들입니다. 객, 즉 나그네는 땅이 없어서 가난하고 고아는 부모가 없어서 가난합니다. 과부는 남편이 없어 가난합니다. – 성경에서 말한 과부의 기준은 60세 이상으로 자녀가 없는 여성을 말하고 있습니다. – 그리고 제사장은 레위지파로서 분깃을 받지 못해 가난합니다.

레위지파는 여호수아가 가나안 땅을 정복하고 땅을 분배하는 과정에서 야곱의 12지파 가운데 유일하게 땅의 분깃을 받지 못했습니다. 레위지파가 가져야 할 분깃의 땅을 나머지 11지파에게 나누어 주었습니다. 그 대신 나머지 11지파는 그 분배받은 땅에서 소출한 십분의 일, 즉 십일조를 하나님께 가져오라고 했습니다. 제사장(레위인)은 성전에서 하나님의 일을 하는 제사 업무를 해야 하기 때문에 11지파가 열심히 일해서 소출한 십분의 일을 가져오라고 하신 것입니다. 그것은 제사장을 먹이고 돌보기 위한 제도적 장치였습니다.

11지파가 성전으로 가져온 십일조를 제사장은 받아서 자신과 성전에서 일하는 레위지파에게 나누어 줍니다. 그러고 나서 그 지역에 거주하고 있는 이웃을 살펴보아 가난한 나그네와 고아와 과부가 있으면 나누어 주었습니다. 이렇게 나누어 주고 남은 소출(십일조)은 성전의 곳간에 비축해 둡니다. 그러다가 흉년이 들면 비축해 두었던 곳간을 다 헐어 버립니다. 그 지역에 사는 모두에게 나누어 주게 하였습니다. 이러한 정신이 있어서 유대인의 부자는 흉년이 들면 땅을 사지 않습니다.

보십시오, 성경적인 세계관으로 비춰 볼 때 우리 대한민국 사회는 어떻게 다릅니까? 그나마 우리나라에도 경주에 가면 최 부자 가문이 있습니다. 그분이 하나님을 공경했을지는 모르겠지만 그 정신만큼은 성경적인 세계관을 가지고 있습니다. 그러니까 사람들한테 칭찬을 받는 것입니다.

하나님은 이렇게 좋은 제도를 만들어서 그 사회에는 나그네와 고아와 과부가 어느 누구도 소외되지 않고 안심하고 생활할 수 있는 기본적 안전장치를 마련해 두었습니다. 오늘날 우리 사회에 사회복지 문제가 대두되고 있지만 하나님은 이미 수천 년 전(3,400여 년)에 이러한 제도를 마련해 주셨던 것입니다.

우리가 드리는 십일조에는 이렇게 좋은 의미가 담겨 있습니다. 하나님이 말씀하신 이렇게 좋은 제도를 통하여 이러한 기본적인 나눔에 성실하지 못한다면 무엇으로 다른 사람에게 기쁨을 나눠 줄 수 있을까요? 성도가 땀 흘려 열심히 일해서 하나님께 드린 십일조는 이러한 정신으로 쓰여야 할 것입니다. 교회 건축이나 교회 리모델링 용도가 아닌 전적으로 하나님의 선한 일을 하는 성직자와 선교사들, 주변에 돌아보아야 할 연약한 사람들을 위해 쓰여야 할 것입니다.

오늘날 우리 대한민국 교회의 십일조에는 부익부 빈익빈 현상이 심합니다. 도시의 큰 교회는 한 달에 십일조가 수억이 쌓여서 풍족해지고, 시골 농어촌 교회는 최저 생계비는커녕 먹을거리가 없어 시달리는 목회자가 참 많습니다. 이렇게 한쪽으로 쏠린 십일조를 가지고 교회 건축과 수양관 건축이 아닌 농어촌 작은 교회와 선교사님들 그리고 이웃의 소외된 사람들과 나누어야 할 것입니다. 이것이야말로 하나님이 기뻐하시는 진정한 십일조의 의미가 아닌가 싶습니다.

하나님 백성(성도)들의 호주머니가 하늘을 향해 열려 있지 않으면, 물질(돈)의 유혹에 빠지게 됩니다. 그러면 제일 먼저 가난한 자가 타격을 입어 고통을 안게 됨을 봅니다.

> "내가 또 알아본즉 레위 사람들이 받을 몫을 주지 아니하였으므로 그 직무를 행하는 레위 사람들과 노래하는 자들이 각각 자기 밭으로 도망하였기로 내가 모든 민장들을 꾸짖어 이르기를 하나님의 전이 어찌하여 버린 바 되었느냐 하고 곧 레위 사람을 불러 모아 다시 제자리에 세웠더니……."(느 13:10~11)

레위기의 의식법(규례) - 성막을 중심으로 한 제사

레위기의 제사 의식은 동물제사가 중요한 한 부분을 차지합니다. 제사장은 짐승의 희생 제사들을 통해서 속죄를 선언하는 것이 특징입니다.

▲ 성막과 제사에 사용된 기명들

레위기에서 '**속죄하다**(make atonement)'라는 의미 속에는 '여호와께서 대속물을 받으셨다. 그가 누그러지셨다. 죄에 대한 진노가 유화(宥和)되었다. 여호와와 제사 당사자 사이에 평화가 회복되었다. 화해가 완성되었다'라는 내용이 담겨 있습니다. 많은 성경의 구절 중, 주로 레위기에서 '속죄하다'는 용어 다음에는 '용서하다'의 의미를 지닌, 죄나 빚의 청산이나 도말(塗抹)사상을 강조해 줍니다.[9] 제사

드리는 자는 자신의 생명이 구원되었음을 확신할 수 있습니다.

레위기의 **제사 의식법**(ritual law)에는 **번제, 소제, 화목제, 속죄제, 속건제**가 있습니다.

이러한 레위기의 제사법과 그 의식은 오늘날 예수님의 오심으로 상관없어졌습니다. 그러나 그 정신은 이전이나 지금이나 같은 의미를 가지는 것입니다.

번제(Burnt Offering)는 히브리어로 '올라'이며 그 뜻은 '위로 드려지는 제사', '위로 올라가는 제사'를 말하고 있습니다. 이러한 단어의 의미는 불에 태워진 희생제물의 향기가 하나님께 상달된다는 의미를 내포하고 있습니다.

제물에 사용될 동물은 수송아지, 수양, 숫염소, 혹은 비둘기입니다. 이 모든 제물은 반드시 흠 없고 일 년 된 수컷으로 하였으나 비둘기에 대해서만은 수컷이나 암컷 중 어느 것을 드리라는 특별한 지시가 없습니다.

번제의 방법에 있어서는 예배자(제사 드리는 자)가 제물이 될 짐승을 끌고 회막문 앞으로 나옵니다. 그는 두렵고 떨리는 마음으로 성전에 들어가 제사장에게로 다가갑니다. 그러면 제사장이 말합니다. "제물 위에 손을 얹고 속으로 당신의 죄를 고백하십시오. 그러면 당신의 죄가 이 제물에게로 옮겨 갈 것입니다." 그는 양의 머리 위에 손을 얹고는 간절하게 속으로 죄를 고백하는 기도를 드립니다.[10]

기도를 마치면 제사장은 그에게 날카로운 칼을 건네줍니다. 그는 칼을 받고 단칼에 양의 목을 찌릅니다. 이때 죽어 가는 짐승과 쏟아지는 피에 마음이 아팠습니다. '미안하구나...... 나 때문에 아무 죄도 없는데 네가 죽었구나......' 헌 제자(예배자)가 이렇게 제물을 직접 잡아 피를 제사장에게 주면, 제사장은 그 피를 번제단에 뿌립니다. 헌 제자(예배자)가 가죽을 벗기고 각을 뜹니다. 제사장은 그 뜬 각과 머리와 기름, 그리고 물로 씻은 내장과 정강이를 단 위에서 불사릅니다. 이러한 방법은 양과 염소의 경우는 마찬가지였지만, 비둘기의 경우는 달라서 제사장 혼

9) 이광주, "5대 제사에 대한 신학적 영적 의미에 대한 교훈"에 대한 강의안, p.3.

10) 이진희, 『율법? 그건 알아서 뭐해?』(서울: 쿰란출판사, 2008), p.133.

자서 머리를 비틀어 끊고 단 위에 불사르는데 피는 단 곁에 흘리고 멱통과 창자 등은 재 버리는 곳에 버리고 몸은 쪼개어 단 위에서 불사릅니다.[11]

이러한 제사 의식이 끝나면 제사장은 이렇게 말합니다. "당신을 대신해서 이 제물이 피를 흘렸습니다. 당신의 죄 때문에 이 짐승이 죽었습니다. 그러므로 당신의 죄가 깨끗이 사해졌습니다. 이제 편안한 마음으로 돌아가십시오. 그리고 다시는 죄를 짓지 마십시오." 번제는 이렇게 태워서 드리는 제사입니다. 이는 인간이 죄로 인해 지옥의 불에 들어가는 것을 막아 주는 하나님을 향한 자신의 감사의 표현입니다. 그리고 자신을 드려 하나님께 헌신하는 것입니다.

오늘날 의미에서 번제는 철저히 자기를 부인하고 하나님께 감사하고 헌신을 의미합니다. 우리가 하나님 앞에 자신을 드려서 불태우는 것입니다. 우리 일생이 마치 양초가 되어 자기 몸을 불태워 빛을 내는 것처럼 우리 몸에 있는 에너지를 다 발산하여 하나님께 감사해서 우리 삶을 드리는 것입니다.

양이 우리를 위해 태워지지 않으면 우리는 영원히 지옥 불에 들어가 타야 하는 존재입니다. 양(예수님)이 우리를 위해 죽었기에 우리는 열심을 내서 나를 위해 죽으신 그분을 위해 살아야 합니다. 이것이 번제입니다. 나를 위해서만 사는 것이 아니라 나를 위해 죽으신 그분을 위해 사는 것이 번제입니다. 번제는 죽었기 때문에 말이 없습니다. 잘 태워진 번제는 구수한 냄새가 나고 향기가 나는 것입니다. 잘 못 타면 향기가 아니고 연기가 납니다. 향기가 아니고 연기가 되면 사람들이 인상을 찌푸리게 됩니다.

오늘날 믿는 성도가 향기가 아니고 연기가 되니까, 믿지 않는 사람들이 찡그리고 피해 버립니다. 저들이 향기롭게 살지 못하고 연기만 낸다 하여 욕을 합니다. 예수님도 헌신에 대해 말씀하셨습니다. 제자가 되기 위해서는 자기 자신(자아)을 버리고 따라오라고 하셨습니다. 자기를 부인하고 예수님을 따라가면 예수 향기가 납니다.

11) 이광주, "5대 제사에 대한 신학적 영적 의미에 대한 교훈"에 대한 강의안, p.4.

소제(Meat Offering)는 히브리어로 '민하'이며 그 뜻은 '나누어 주다', '분배하다', '수여하다'라는 의미에서 유래하여 '헌물', '조공', '희생제물'을 뜻하고 있습니다.

소제의 특징은 고운 가루에 기름을 붓고 그 위에 유향을 더하는 제사입니다. 제사의 종류에는 네 가지가 있습니다. 첫째는 '고운 가루'에 기름과 유향을 첨가합니다. 둘째는 '무교병'입니다. 무교병을 만드는 방법은 화덕에 구운 것과 번철에 부친 것, 솥에 삶은 것으로 세 가지입니다. 셋째는 '처음 익은 곡식'이었으며 네 번째는 '첫 이삭'이 있습니다. 첫 이삭을 소제물로 드릴 때는 볶아 찧은 것에 기름과 유향을 드려야 합니다.

소제를 드리는 방법은 준비하는 과정이 중요합니다. 소제를 준비하는 과정 자체가 소제를 드리는 방법에 속하기 때문입니다. 먼저 고운 가루의 소제물인 경우에는 그 위에 기름을 붓고 유향을 놓은 후 제사장에게로 가져오는데 제사장은 고운 가루 한 줌과 모든 유향을 취하여 기념물로 제단 위에 불사른 후, 나머지는 자신의 음식으로 취합니다. 무교병을 소제물로 삼을 경우에는 화덕에 구운 것과 솥에 삶은 것은 고운 가루에 기름을 섞어 만들고, 번철에 구울 경우에는 고운 가루를 누룩 없이 김과 섞어 구운 후 조각으로 나누고 그 위에 기름을 붓습니다.

이러한 무교병의 소제물 역시 제사장에게로 가져가면 제사장은 그것을 기념할 만큼만 취하여 여호와께 화제로 드리고 나머지는 자신의 음식으로 취합니다. 그리고 첫 이삭을 드릴 경우에는 그 곡식을 볶아야 하고 그 위에 기름을 붓고 유향을 더한 후 제사장에게 가져오면 제사장은 그중 얼마와 모든 유향을 취하여 여호와께 드린 후 나머지는 자신의 음식으로 취합니다.

소제의 주된 목적으로는 우리의 삶을 영위할 수 있도록 물질을 공급해 주시고 인도해 주신 하나님의 은혜에 대해 기억하는 것입니다. 그리고 자신의 기업과 땅을 가지고 있지 않은 제사장과 레위인에게 음식을 제공하며 그들을 보호하기 위해서입니다.

소제의 오늘날 영적 의미는 겸손입니다. 밀이나 곡식의 알갱이가 깨어져서 가루가 되지 않으면 한 덩어리의 떡이 될 수 없습니다. 교회, 즉 성도들은 말씀으로 깨어지고 가루가 되어야 합니다. 끝까지 자신의 옛 모습을 가지고는 성숙한 공동체(교회)를 만들 수 없습니다. 한 덩어리의 공동체가 되기 위해서는 모두가 깨어져야 합니다. 깨어져 가루가 되면 빵이 되고 양식이 됩니다. 깨어져서 밀가루가 되면 한 덩어리의 빵이 됩니다. 안 깨진 밀을 가지고 빵을 하면 아무것도 안 됩니다. 빵도 안 되고 하나도 안 됩니다. 성도도 깨어져야 합니다. 깨어져서 빵이 될 때 서로를 겸손하게 섬길 수 있습니다.

화목제(Peace Offering)를 뜻하는 히브리어 '제라호 쉐마밈'은 '동물을 살육하다', '죽이다', '제사 드리다'라는 말의 합성어입니다. 이는 사람과 하나님과의 완전한 관계, 평화로운 관계를 얻고자 드리는 '희생제물'이라는 의미입니다. 화목제의 제물로는 흠 없는 것으로 암수 구별 없이 어느 것이든 가능합니다. 그러나 전부를 드리는 것이 아니라 내장에 덮인 기름과 내장에 붙은 모든 기름 그리고 두 콩팥과 그 위의 기름, 허리 근방에 있는 덮인 꺼풀을 콩팥과 함께 드리도록 되어 있습니다. 양의 경우 역시 양의 기름만을 드리되 미려골(등심뼈 또는 척주)에서 떼어 낸 기름진 꼬리와 내장에 덮인 것과 모든 기름진 두 콩밭과 함께 드릴 수 있습니다.

화목제를 드리는 방법은 번제의 방법과 거의 유사합니다. 이 화목제는 '선택적인 제사'로서 '자원함으로', '성원함으로' 드리는 제사입니다. 제사의 방법에서 제물의 가슴은 요제(搖祭)로, 제물의 우편 뒷다리는 거제(擧際)로 흔들어 제사장의 음식으로 주어지는데 제사장의 가족들은 그것을 그날에 다 먹어야 하며 남은 것은 불에 태워야 합니다. 그 이튿날까지 먹을 수 있으나 만일 삼일에도 그 고기를 먹을 경우 그 제사가 열납(悅納, Accept)되지 않는다는 규례가 있습니다.

화목제의 오늘날 의미는 이웃과 함께 나누는 나눔의 정신입니다. 우리가 가지고 있는 제물은 하나님의 은혜로 주신 것이기도 하지만, 하나님께서 우리에게 관리(청지기)하라고 주신 것입니다. 맡은 자일 뿐 소유자가 아니라는 것입니다. 그래서 예수님께서는 말씀하셨습니다.

"그때에 임금이 그 오른편에 있는 자들에게 이르시되 내 아버지께 복받을 자들이여 나아와 창세로부터 너희를 위하여 예비한 나라를 상속받으라. 내가 주릴 때에 너희가 먹을 것을 주었고 목마를 때에 마시게 하였고 나그네 되었을 때에 영접하였고 헐벗었을 때에 옷을 입혔고 병들었을 때에 돌보았고 옥에 갇혔을 때에 와서 보았느니라. …… 임금이 대답하여 이르시되 내가 진실로 너희에게 이르노니 너희가 여기 내 형제 중에 지극히 작은 자 하나에게 한 것이 곧 내게 한 것이니라 하시고……."(마 25:34~40)

속죄제(Sin Offering)를 뜻하는 히브리어 '하타트'는 '과녁에서 빗나가다', '죄를 짓다', '속죄물을 드리다', '속죄하다'는 의미를 지니고 있는 '하타'에서 파생된 것으로 하나님의 법령을 어겼을 때 죄로부터 청결과 속죄함을 얻기 위하여 드리는 제사입니다. 속죄제의 제물은 범죄자의 사회적인 위치에 따라 다릅니다. 첫째, 제사장은 흠 없는 수송아지를 드려야 했습니다(레 4:3). 둘째, 온 회중을 위해서도 수송아지를 드렸습니다(레 4:13). 셋째, 족장들은 흠 없는 숫염소를 드렸습니다(레 4:23). 넷째, 평민은 흠 없는 암염소를 드렸습니다(레 4:28). 이 외에도 가난한 사람들은 산비둘기나 집비둘기를 제물로 드릴 수 있었으며, 이보다 더 가난한 자는 고운 가루 에바(한 에바는 약 22L) 십분의 일을 제물로 드릴 수 있었습니다(레 5:11). 이방제사는 많이 드리는 것이 복받는 길이지만, 하나님은 가난한 자의 아주 작은 예물도 귀하게 여기십니다.

속죄제의 방법으로는 헌 제자가 제물이 될 짐승을 회막문 여호와 앞으로 가져옵니다. 예배자(제사 드리는 자)는 손을 제물의 머리 위에 얹고 안수합니다. 예배자가 제물을 잡아 피를 제사장에게 주면 제사장은 그 피를 손가락으로 찍어 성소 앞에 일곱 번 뿌리고 향단 뿔에 바른 후 회막 앞과 번제단에 전부 쏟습니다. 희생제물의 모든 기름과 콩밭을 번제단 위에서 불사릅니다. 그러나 아론과 그 아들들을 위한 속죄제는 진 밖에서 불사르지 않고 다리와 고기를 회막 뜰에서 구워 먹도록 하였습니다(레 6:24~27).

속죄제의 오늘날 의미는 자백과 회개입니다. 오늘날에는 속죄를 위한 제물을 드릴 필요는 없습니다. 예수님께서 우리 죄를 위한 속죄제물이 되셨기 때문에 속죄하는 제사를 드릴 필요가 없습니다. 그러나 자백은 해야 합니다. 죄로 말미암아 상대에게 피해를 주었다면 피해를 본 사람에게 자백해야 합니다. 뿐만 아니라 신앙공동체에서 자백해야 합니다. 오늘 우리들 교회에는 그러한 자백이 상실되어 가고 있습니다.

속건제(Trespass Offering)를 뜻하는 히브리어로 '아솸'은 죄(sjn) 아닌 '범죄(Guilt)', '범법(Trespass)'의 의미로 사회적인 죄, 또는 부지(不知)중에 하나님의 것이나 이웃의 소유에 대한 소유권을 침해했을 경우에 용서받기 위한 제사를 의미합니다. 남의 소유권 침해를 깨닫게 되는 날에는 원금의 1/5을 더하여 변상합니다. 그러고 나서 하나님께 속죄제를 드리는 것입니다.

속건제의 오늘날 의미는 남에게 피해를 입히지 않도록 최선의 노력을 해야 합니다. 살다 보면 본의 아니게 이웃에게 손해를 입히는 경우도 있습니다. 그러한 경우에 그 손해를 보상하여 줌으로써 본의가 아니었음을 표현하는 것입니다. 예수님을 믿는 사람들 곁에서는 결코 손해 보는 사람이 없도록 살아야 합니다. 그리스도인들은 이웃들과 사이좋게 잘 지내라는 것입니다.

말씀 순종에 대한 조건적 축복(레위기 26:3~13)

레위기 말씀을 잘 지키면 이러한 복이 임합니다. 첫째, 순종에 대한 복은 부자가 됩니다(레 26:4). 즉 레위기(율법)를 지키면 이 땅에서 물질의 복을 받습니다. 둘째, 그 땅에서 평화를 누리게 됩니다(레 26:6). 나라의 **평화**, 가정의 **평안**, 개인의 **평강**입니다. 셋째, 번성케 하고 창대케 되는 복입니다(레 26:9). 하나님의 복은 평화와 평안입니다. 돈이 많은 부자라고 모두 평안한 것은 아닙니다. 부자이면서 불안한 사람은 사실 복을 받은 것이 아닙니다. 하나님이 주신 복은 형통한 복이므로 부자가 되어도 평안한 삶을 살게 됩니다. 이런 복은 요셉이 받았고 다니엘이 받았습니다.

말씀 불순종에 대한 저주(레위기 26:16~46)

말씀에 불순종했을 때 이러한 저주입니다. 첫째, 놀라운 재앙이 내릴 것입니다

(레 26:16). 둘째, 너희가 너희 대적에게 패할 것 -전쟁과 파괴- (레 26:17)입니다. 셋째, 너희를 미워하는 자가 너희를 다스릴 것 -노예 상태와 포로- (레 26:17)입니다. 넷째, 너희는 쫓는 자가 없어도 도망하리라-두려움과 공포- (레 26:17)입니다.

종합합니다. 말씀 불순종에 대한 벌은 병이 생기고, 재물이 쌓이지 않고, 자손에게 심판이 옵니다. 그리고 패배하는 삶을 살게 됩니다.

영성탐구

복을 받아라! 하나님께서는 하나님의 백성들에게 시내산에서 맺은 언약, 즉 레위기를 지키면 복을 주신다고 했는데, 신명기 28장에 있습니다. **"시내산에서 나와 맺은 이 레위기의 언약을 지키면 이 모든 복이 네게 임한다"**라고 했습니다. 이 복이 어떤 복이냐? 이른 비와 늦은 비를 딱 맞게 내려 주십니다. 마당에는 밀이 가득하고 포도주와 기름이 차고 넘칩니다. 처자식들이 평강이 있이 들어가도 복을 받고 나가도 복을 받습니다. 단, 언약을 지키면 즉 레위기를 지키면 말입니다.

오늘날 교회에서 예수님만 잘 믿기만 하면 복을 받는다 합니다. 정말 그럴까요? '아니올시다'입니다. 그러면 기복신앙이 됩니다. 말씀대로 살아야만 복이 오고 잘되는 것입니다. 하나님께서 레위기 말씀을 주신 것은 **"구원받은 백성답게 살아라"**는 것입니다. "이제는 구원받았으니까 믿음으로 값없이 구원받았으니까 이제부터는 거룩한 백성답게 살아라"라고 하셨습니다.

구원과 복의 전후 순서를 다시 보아야 합니다. 구원은 애굽에 있을 때 구원받았습니다. 이미 애굽에 있을 때 아무 값도 지불 안 하고 양의 피만 가지고 믿음으로 양피를 문 인방 좌우설주에 바르니 그냥 구원받았잖습니까. 맞습니까? 구원받은 후에 레위기가 주어졌습니다. 왜 주어졌겠습니까? "구원받은 백성답게 거룩하게 살아라"라는 것입니다.

그래서 레위기(계약서)의 총제목은 "내가 거룩하니 너희도 거룩하라"는 것입니다(레 11:45). 이 말은 다른 사람들처럼 섞이지 말라는 것입니다. 세상 사람들을 흉내 내지 말라는 것입니다. 먹는 것, 입는 것, 마시는 것, 가옥 구조, 위생관리도, 하여튼 범사의 세상하고 같아서는 안 됩니다. 일부러 달라야 됩니다. 그리하게 되면 하나님께서 복을 진짜 주시는데 감당하지 못할 만큼 복을 주십니다. 그러면 세상 사람들이 부러워한다는 것입니다. 이스라엘 민족이 거룩하게 살았더니, 복을 받는 것 보고 이방나라가 부러워 "당신 나라 사람들은 어떻게 병도 안 걸리고 그렇게 건강하며 복을 받고 잘됩니까?" 하고 물으면 "와 보라, 우리가 서로 이야기해 보자. 우리가 시내산에서 하나님과 언약을 맺었는데, 그 하나님은 상천하지의 하나님이요, 천지와 우주와 만물과 인간을 창조하신 하나님이시다. 우리가 그분 말씀대로 살았더니 이렇게 되었노라! 여러분들이 섬기고 있는 모든 신들은 다 잘못된 신들이다. 우리가 믿는 하나님께로 돌아오라." 이런 역할을 하도록 복을 받는 법을 주셨습니다. 그렇습니다. 언약을 지키면 복을 받습니다.

그런데 이 레위기의 법은 우리가 죄 사함을 받고 영생을 얻는 그런 법이 아닙니다. 이것은 땅에서 잘되는 법입니다. 땅에서 잘되고 전도가 잘할 수 있는 그런 법입니다. 오늘날은 왜 전도가 안 됩니까? 예수 믿는 사람들의 생활이 세상 사람들과 별반 다를 게 없어서입니다. 다른 것도 없지만 나은 것도 없습니다. 먹는 것도 똑같고 입는 것도 똑같고 머리 물들이는 것도 똑같고 사업하는 것도 똑같고 정치하는 것도 똑같고 뇌물 주는 것, 받는 것, 소개하는 것 다 똑같습니다. 그러니까 믿으나 안 믿으나 뭐 똑같습니다. 이렇게 똑같은 성도를 보며 "믿는 너나 안 믿는 나나 뭐가 달라서 예수를 믿겠냐" 합니다. 그래 가지고 뭐가 전도되겠습니까?

그래서 하고 싶은 말입니다. 하나님을 따르는 성도에게 거룩한 레위기라는 말씀을 주신 것은 "세상 사람과 다르게 살아라"라는 것입니다. 범사에 전부 달라야 됩니다. 구별되게 말입니다. 구별되는데 안 좋은 쪽으로 구별되는 것이 아니라, 좋은 쪽으로, 더 아름다운 쪽으로 구별되어야 합니다. 이게 되지 않으면 우리는 전도를 못 합니다. -에스라하우스 강의 중에서-

역사서를 알면 성경의 맥이 잡힌다

스터디 가이드_②

구약성경은 전체가 39권으로 되어 있는데 그중 역사서는 모두 17권입니다. 창세기, 출애굽기, 레위기, 민수기, 신명기, 여호수아, 사사기, 룻기, 사무엘상·하, 열왕기상·하, 역대상·하, 에스라, 느헤미야, 에스더 그리고 다니엘서입니다.

구약성경에서 하나님 나라 구속 역사—창세기 1~11장은 원역사—는 창세기 12장에서부터 시작됩니다. **아브라함 언약(창 12:1~4)**에서 밑그림이 그려지고, **시내산 계약(출 19:5~6)**에서 그 실체적 목적이 보이게 됩니다. 그리고 **다윗 언약(삼하 7:16)**에서는 꽃을 피우게 됩니다. 그러나 언약의 백성들은 그 계약을 파기하여 징계를 받습니다. 다윗 왕조는 멸망하고 바벨론 포로로 잡혀갑니다. 그리고 **새 언약(렘 31:31~33)**이 약속되고, 구약성경은 막을 내리면서 신약시대를 향한 역사가 시작됩니다.

◈ 역사서 17권

앞에서도 말씀드렸듯이 구약성경 역사서 17권은 한 편의 역사대하소설처럼 짜임새 있게 엮여 있습니다. 창세기부터 시작하여 쭉 이어지는 구원역사서입니다.

구약성경의 역사서는 책 목록과 이름은 달라도 역사서이기 때문에 한 방향으로 계속 이어지고 있습니다.

역사서를 시대별로 분류해서 성경을 읽다 보면 이해가 훨씬 쉽습니다. 시대별로 분류해 보면 '모세오경(창세기, 출애굽기, 레위기, 민수기, 신명기)과 여호수아서'는 한 덩어리입니다. 사사기(룻기)와 사무엘상이 시대적 배경이 같습니다. 그리고 '열왕들의 시대(사무엘하, 열왕기상하, 역대상하)'도 한 덩어리입니다. 마지막으로 '바벨론 포로시대(에스라, 느헤미야, 에스더)'도 한 덩어리로 묶을 수 있습니다.

역사서 내용의 흐름은 하나님께서 선민 이스라엘 백성과 시내산에서 레위기로 계약을 맺었는데, 그것을 지켰는지 안 지켰는지 보여 주는 책들입니다. 이스라엘 백성들은 여호수아와 함께 가나안 땅에 들어간 후에 백성들이 과연 하나님과 맺은 그 언약을 지켰느냐, 안 지켰느냐? 그것만 열심히 기록되어 있습니다.

구약성경은 그것만 써 놓았기 때문에 아주 간단합니다. 그것이 무엇에 대해 써 놓았는지를 모를 때는 어려운데 '아 그것을 썼구나' 하는 것을 알면 쉬워집니다.

◈ 역사서에는 선지자의 평가가 담겨 있다

성경의 역사서는 중요한 내용이 담겨 있습니다. 그 시대와 사람들에 대한 선지자의 시각으로 평가된 내용이 담겨 있습니다. 요즘으로 말하면 소위 역사 평가 책이라고 분류를 할 수 있는 성경들입니다. 그 시대와 인물과 나라에 대한 평가가 기록되어 있다는 점입니다. 이 평가의 기준은 레위기이고 모세오경입니다. 따라서 역사서를 읽을 때 북이스라엘 멸망의 근거가 되는 열왕기하 17장 7~18절의 말씀을 중요하게 보셔야 하고, 남 유다 멸망의 원인을 선지자는 예언서에서 뭐라고 말하고 있는지 보아야 할 것입니다.

선지자의 출현

선지자는 하나님이 보내신 선각자로서 하나님의 말씀을 선포하여 백성을 옳은 길로 인도하는 사명자입니다. 선지자들이 예언하기 위해 나타났던 시대는 다 악한 시대였습니다. 선지자가 나타나는 이유는 언약의 백성이 하나님과 계약(레위기로 맺은 시내산 계약)을 맺어 놓고서 지키지 않기 때문입니다. 그 계약을 지키지 않기 때문에 책망하기 위한 자가 나타나는 것입니다.

그러므로 선지자의 목소리는 언제나 책망하는 것입니다. 칭찬하기 위해 나타난 선지자는 거의 없습니다. 대부분의 선지자는 백성의 죄와 허물을 지적하고 회개를 촉구합니다. 그리고 시내산 계약(계명)을 지킬 것을 권면합니다.

만약 지키면 다시 복을 내리실 것을 약속합니다. 물론 이런 경우 예언의 성격을 가집니다. 반대로 끝까지 회개하지 않고 거역하면 화를 내리시고 저주를 내리실 것을 경고합니다. 이때도 역시 예언적인 요소가 있습니다. 그래서 예언서는 역사와 함께 역사적인 배경에서 읽어야 바르게 읽을 수 있습니다.

언약의 후손 북이스라엘의 땅에는 엘리야, 엘리사, 아모스, 호세아, 요나 그리고 남 유다에는 위대한 선지자 이사야, 예레미야가 출현합니다. 이는 그 땅의 백성들이 그만큼 타락했고 말씀대로 살지 못하고 있다는 것을 입증하는 것입니다.

남 유다는 말기(나라 멸망)에 수많은 선지자들이 나타나게 됩니다. 이사야, 미가, 나훔, 스바냐, 예레미야 하박국 선지자들이 활동합니다. 남 유다 나라가 말기에 그만큼 타락했음을 증명하는 것입니다. 그래도 하나님은 언약의 후손인 그들을 사랑하셔서 희망을 버리지 않으시고 말씀하십니다. "그러면 망한다. 그렇게 하지 마라, 나는 왕이다, 날 믿어라, 그래도 내 백성이니 구원하겠다. 심판하겠다." 한마디로 이렇게 계속 이어지고 있습니다. 북이스라엘이 망하고 남 유다 히스기야 시대에 돌입하고 나면 그동안 숨어 있었던 것 같은 선지자들이 이때 와르르 나와서 하시는 말씀이 그저 다 그 얘기입니다.

열왕기하를 읽는데 히스기야의 얘기가 나오면 그 유명한 이사야와 미가 선지자가 활동하는 시기라고 보면 됩니다. 여호야김 때가 되면 남 유다가 멸망의 조짐이 보이기 시작하고, 시드기야 왕 때 가서 결국 멸망하게 됩니다. 이 혼란한 시기에 그 유명한 선지자 예레미야가 활동합니다. 동시대에 하박국, 스바냐 같은 선지자도 활동합니다.

한편 유다 멸망 후에는 에스겔, 다니엘, 학개, 스가랴, 말라기 등과 같은 선지자들이 활동합니다.

역사서에서 나온 예언서 12권

역사서에는 선지자(예언서)들의 역사가 들어 있습니다. 그래서 유대인들의 구약성경 분류에는 역사서가 선지서에 포함되어 있습니다. 그 이유는 그 저자가 선지자인 것이 정황상 드러나기 때문입니다. 그래서 역사서는 선지서(예언서)와 함께 나란히 보아야 제대로 보입니다.

예언서가 나오게 된 것도 하나님의 백성들이 시내산에서 하나님과의 계약 레위기(율법)를 지키지 않으므로 이를 책망하기 위하여 예언자가 파송되었기 때문입니다. 그 예언자들은 하나님과의 계약, 즉 레위기(율법)를 상기하게 하고 율법을 지키라고 권면합니다. 순종하면 복을 내려 주실 것이나 만약 불순종하면 하나님의 징계와 저주와 징벌을 받을 것을 경고하고 있습니다.

역사서 속의 선지자들은 많은 활동을 합니다. 이는 이스라엘 민족을 향한 그리고 그 시대를 향한 하나님의 활동이셨습니다. 우리가 성경을 읽을 때도 선지자들을 통해서 나타나는 기적만 보아서는 안 됩니다. 이보다 더 관심 있게 보아야 할 것은 그러한 기적과 선지자들의 활약을 통해서 하나님께서 무엇을 원하시는지 헤아려야 합니다. 이스라엘 민족이 어떻게 되기를 원하셨는지를 보셔야 합니다. 이를 발견하면 역사서 속에 생생하게 남아 있는 하나님의 숨결을 느낄 수 있고 하나님의 마음이 느껴집니다. 이것이 느껴지면 그때부터는 구약성경의 역사서가 소중해질 수밖에 없습니다.

예언서를 쉽게 이해하려면

위에서 말씀드렸듯이 예언자가 나타났던 시대는 다 악한 시대라고 했습니다. 예언자가 나타나는 이유는 언약(시내산 계약)을 맺어 놓고 계약을 지키지 않기 때문에 책망하며 회개시키기 위해서 예언자가 나타나는 것입니다.

그래서 예언서를 쓰는 선지자들도 그분들이 살았던 시대와 그분들이 사셨던 환경 속에 있었습니다. 이런 시대와 상황을 모르고는 결코 예언서를 이해할 수 없습니다. 선지자의 예언이 진공상태에서 나온 것이 아니라 역사적인 상황에서 나온 예언이기 때문입니다. 그러므로 일차적으로 이런 시대와 시대적 배경을 안 후에 그 상황에서 그 선지자에게 주신 예언의 말씀이 무슨 뜻인지 살펴보아야 합니다. 따라서 역사서를 알면 예언서가 보이고 예언서를 이해하게 되면 시가서(욥기, 시편, 잠언, 전도, 아가서)도 이해할 수 있습니다. 뿐만 아니라 시가서를 쓴 저자들도 그들이 살던 상황의 배경을 한 자락 깔고 그 위에서 글을 썼습니다.

시대적 상황에 따라 등장했던 선지자들은 거의 열왕기하에서 수두룩하게 나타납니다. 시대별로 정리해 보겠습니다.

북이스라엘에서 예후 왕조와 함께 가장 강력한 왕조인 오므리 왕조 때에 아주 악한 아합 왕이 있었습니다. 그때에 엘리야와 엘리사 선지자도 북쪽 이스라엘에서 활동했습니다. 같은 시기에 오바다, 요엘 선지자는 남쪽 유다 나라에서 그 주변 국가에 대해 예언하고 있었습니다.

북이스라엘의 전성기를 이룬 예후 왕조인 여로보암 2세 때는 호세아, 아모스, 요나 선지자가 북이스라엘을 향해 책망하고 예언하였습니다. 여로보암 2세의 사치와 향락에 대해 아모스는 외쳤습니다. 호세아 선지자를 통해서 우상숭배의 죄악에 대해 책망했습니다. 요나 선지자를 통해서는 완고한 이스라엘을 교훈하고자 이방지역 앗수르(니느웨)로 보내 회개를 촉구했습니다. 이방인은 하나님께 돌아와서 금식을 하며 회개운동을 하는데 정작 언약의 백성들은 하나님을 외면했습니다.

남 유다 말기에는 그만큼 악한 사회를 반영이라도 하듯 수많은 선지자들이 즐비합니다. 위대한 선지자 이사야, 예레미야를 비롯하여 미가, 나훔, 스바냐, 하박국 선지자들이 있었습니다.

바벨론 포로 시기에는 바벨론 땅으로 포로로 잡혀 온 유다 백성을 대상으로 다니엘과 에스겔 선지자가 있었습니다. 바벨론 포로 귀환 이후에는 학개, 스가랴, 말라기 선지자들이 활동합니다.

역사와 함께한 시가서 5권

시가서(시편, 잠언, 전도서, 아가서, 욥기)는 지혜문서라고도 합니다. 역사서 가운데 하나님의 계약, 즉 율법을 준행하기 위해 애쓴 사람들은 은혜를 받고 성령의 감화와 감동으로 시와 찬미와 신령한 노래를 부르며 지혜를 얻고 축복을 받습니다. 이러한 사람들에 의하여 시가서가 쓰이게 된 것입니다. 하나님은 율법서 5권을 주셨고, 하나님의 백성들은 시가서 5권을 드렸습니다.

제3장

구약성경 맥 잡기

—하나님 나라 역사

희귀한 동물들이 늘 사람의 손이 닿지 않는 곳에 숨어 있듯이,
성경 전체에서도 가장 귀한 부분이 바로 창세기에 숨어 있습니다.
그래서 창세기는 성경 전체를 흘러가게 만드는 나침반과 같습니다.

바이블 스토리 ①_천지창조와 인간 타락(창세기 1~11장) 원역사(인류역사) 탄생
바이블 스토리 ②_족장들(아브라함, 이삭, 야곱, 요셉)의 역사 B.C. 2100년 전후
바이블 스토리 ③_탈출, 시내산 계약, 광야 생활 & 가나안 정복 B.C. 1450년 전후
바이블 스토리 ④_암흑의 사사시대(사무엘상 전기) B.C. 1370년 전후
바이블 스토리 ⑤_열(列)왕들의 행전 B.C. 1060년 전후
바이블 스토리 ⑥_바벨론 포로 & 포로 귀환 B.C. 606년 전후
바이블 스토리 ⑦_침묵의 시대/신구약 중간시대 B.C. 400년 전후

천지창조와 인간 타락(창세기 1~11장)

－원역사(인류역사) 탄생－

바이블 스토리 ①

〉〉〉 창조 시대 〈〈〈

창조 시대의 원역사(인류일반역사)는 하나님의 천지창조(창 1~2장), 인간 타락(창 3~5장), 타락한 후 홍수심판(창 6~9장), 바벨탑 사건(창 10~11장)이라는 네 부분으로 나눌 수 있습니다.

창세기를 들어가며

창세기는 신구약 66권 중에서 매우 중요한 위치에 있습니다. 성도가 처음 교회에 나오면 맨 먼저 창세기부터 배워야 합니다. 우리가 신앙고백을 할 때 "전능하사 천지를 만드신 하나님 아버지를 내가 믿사오며"라고 합니다. 여기서부터 신앙이 출발하는 것입니다. 창조주 하나님이 안 믿어졌는데 예수님, 성령님 해 봐야 다 사상누각입니다. 기초가 없어서 다 무너집니다. 반드시 "전능하사 천지를 만드신 하나님 아버지를 내가 믿사오며"라고 해야 합니다. 이렇게 창세기에서부터 신앙고백이 있어야 합니다. 그러므로 성경을 배울 때 요한복음부터 시작하고 로마서부터 시작하면 안 될 것입니다. 아무리 바쁘고 급해도 창세기부터 출발해야 됩니다.

그런데 초신자한테 창세기를 혼자 읽게 내버려 두면 도리어 실망할 수 있습니다. 왜 실망하느냐? 세상에, 창세기에는 '유다'가 며느리하고 잤다는 내용이 있습니다(창 38:12~19). 더 웃기는 것은 딸이 아버지(롯)를 성폭행했다는 사건도 있습니다(창 19:30~38). 그것을 읽다 보니 "에이, 이상한 사람들 교회에 가서 이런 것 배우나"라고 할 수 있습니다. 인간이 왜 그렇게 됐는지도 모르고 혼자 읽으라고 하면 그렇게 생각할 수 있습니다.

창조한 이야기를 분명히 한 다음에, 인간이 왜 타락했다는 것인지 이야기를 분명히 해야 합니다. 최초의 인간인 아담이 타락을 해서, 인간들이 그렇게 되었다는 것을 분명히 가르쳐 주어야 합니다.

◈ 창조 사역에 사용되고 있는 원어

오늘날 우리가 가지고 있는 개역성경은 창조 기사를 단순하게 표현하고 있지만, 히브리어 문헌에는 그 의미를 잘 표현하고 있습니다. 개역한글 성경에서는 창조사역을 '창조하다(create)'라는 단어로만 사용하고 있지만, 히브리어에서는 하나님의 천지창조에 바라(ברא), 아사(צשׂה), 야차르(יצר)라는 단어들이 사용되고 있습니다.

'바라(ברא)'라는 단어는 영어 성경의 '창조(create)'와 같은 뜻으로, 무에서 유를 창조할 때 쓰인 단어입니다. 이를테면 태양아 바라, 달아 바라, 별(화성, 목성, 금성……)들아 바라 하였습니다. 하늘에서 "빛이여 바라!" 하는 말씀이 떨어지니까 우주에는 해와 달과 별들이 팍팍 꽂히게 되었습니다(창 1:1, 3, 6, 9, 17). 이 모든 피조물들에 '바라'라는 단어가 사용되었습니다.

'아사(צשׂה)'라는 단어는 영어의 '만들다(make)'와 같은 뜻으로, 기존 재료를 사용하여 지금까지 없었던 새로운 것을 만드는 것입니다(창 1:22~25). 흙이란 재료를 이용해 변형(變形)시켜서 창조된 것들입니다. 변형된 창조에는 새와 물고기와 짐승들이 있습니다. 온갖 식물들도 흙으로부터 솟아나기 때문에 여기에 속합니다.

'야차르(יצר)'란 단어는 매우 중요합니다. 하나님이 심혈을 기울여 창조하실 때 쓰인 단어입니다(창 1:27, 2:7).

"하나님이 자기 형상 곧 하나님의 형상대로 사람을 창조하시되 남자와 여자를 창조하시고." (창 1:27)

"여호와 하나님이 땅의 흙으로 사람을 지으시고 생기를 그 코에 불어넣으시니 사람이 생령이 되니라."(창 2:7)

하나님은 이렇게 흙이란 재료를 사용해서 마치 토기장이가 심혈(心血)을 기울여 멋진 작품(청자, 백자)을 만든 것처럼 인간을 만들었습니다. 그러므로 인간은 하나님이 만드신 최고의 작품이며, 하나님의 DNA로 완벽한 형태로 만들어진 최고 기술의 결과물입니다.

◈ 천지창조(창세기 1~3장)

청명한 밤하늘이 보이는 해변에 누워서 이런 생각을 해 보셨습니까? '지구는 얼마나 클까? 지구 저 너머 별들과 그 너머에 펼쳐져 있는 천체(天體)－우주에 존재하는 모든 물체－는 얼마나 광대할까? 저 별들의 빛은 어디서 왔을까?' 저 우주 세계도 하나님의 치밀한 설계에 의해 만드셨다는 것을 깨달았을 때는 감탄하지 않을 수 없습니다.

태초에

말씀을 보겠습니다. 창세기 1장 1절입니다. "태초에 하나님이 천지를 창조하시니라." 이 말씀은 하나님이 온 우주를 만드신 사건의 총체적 진술이라고 할 수 있습니다. 나머지 2절 이하부터는 창조의 과정과 방법에 대해 말씀하고 있습니다. 그런데 이 말씀에서 중요한 것은 창세기 1장 1절과 다음에 이어지는 2절 사이에는 인간이 이성과 과학적으로 증명할 수 없는 시간 차이가 있습니다. 그리고 첫째 날에서 셋째 날까지의 창조시간은 길이를 알 수 없는 장구한 시간이 됩니다.

하지만 창조과학을 연구하는 분들은 인류(성경)역사를 6,000년 혹은 7,000년으로 보고 있습니다. 진화론에서는 인류역사를 수십만 아니 수백만 년 이상을 주장합니다. 하지만 이는 어디까지나 그들의 학설이지 절대 진리는 아닙니다. 그냥 그렇게 말할 수 있겠구나 하면서 가볍게 받아 주면 될 것 같습니다. 인간의 이성과 과학으로 그 시간을 측정할 수 없기에, 이 부분(인류역사)의 기간에 대해서는 논(論)하지 않으려고 합니다.

그럼 우리는 지금부터 하나님의 창조 세계로 들어가 보겠습니다. 처음 지구의 모습입니다. 창세기 1장 2절에 "땅이 혼돈하고 공허하며 흑암이 깊음 위에 있고"라고 말했습니다. 지구의 처음 형태 모습을 표현하고 있습니다. 하나님이 천지를 창조하시기 전에는 "땅이 혼돈(무질서)하고 공허(텅 빈)하며 흑암(어둠)이 깊음 위에 있고"라고 했습니다. 그러니까 천지가 창조되기 전에는 만물과 세계는 아직 질서도 없고, 텅 비어 있고 캄캄한 상태였습니다. 지구는 이렇게 형체도 없고 어둠만이 있었다고 했습니다.

창조 첫 작업(창세기 1장) – 나누시고 채우시다

하나님의 창조 사역이 무(無) 상태에서 시작됩니다. 창조의 특징은 혼돈(무질서)에서 질서로 옮기는 것이고, 공허(텅 빈)한 곳에 만물들이 채워지고, 캄캄한 곳을 밝아지게 하는 것입니다.

먼저 첫째 날입니다. 하나님은 캄캄한 곳을 밝아지게 하셨습니다. 창조주 하나님의 말씀이 하늘에서 떨어집니다. "하나님이 이르시되 '빛이 있으라' 하시니 빛이 있었고"(창 1:3)라고 했습니다. 이 빛을 우주의 전파 망원경으로 관찰해 보면 너무나도 '아름다운 빛'이라고 합니다. 이 빛을 정밀 관찰했던 한 천문학자가 흥분한 나머지 "신의 손가락이 보인다"라고 했습니다(이영욱, 『우주 그리고 인간』).

이 빛은 태양 이전에 이미 있었던 것입니다. 많은 사람들이 태양만을 빛의 근원으로 생각하나 과학적으로 그렇지 않습니다.[12] 현대과학에서 보편적으로 받아들여지는 학설은 빛은 해와 달과 별로부터 나오지 않고 해 자체가 흑암의 덩어리이자 열 덩어리이며, 빛은 그것을 둘러싼 대기권에서 발산된다는 것입니다.[13] 엄

12) 제자원 편집, 『그랜드주석 제2권』(서울: 성서교제간행사), p.339.

13) 강용조, 『창세기 강해설교』(서울: 예수선교연구원), p.58.

청난 열 덩어리에 빛이 비추어지니까 그 결과 엄청난 에너지를 가진 빛을 발산하게 됩니다. 이 빛을 '코로나'라고 하는데, 섭씨 100만 도라고 합니다. 따라서 창세기 1장 3절의 "빛이 있으라"의 빛은 태양에서 나오는 태양 빛과 다르며, 넷째 날 태양(빛)을 만들기 이전에도 3절에서 말한 "빛이 있으라"는 빛이 비추고 있었다는 것입니다.

하나님은 이제 이 빛을 나누었습니다. "하나님이 빛과 어둠을 나누사"(창 1:4)라고 하셨습니다. 하나님은 이렇게 나누어진 빛을 낮과 밤을 구별해 놓으셨습니다. 창세기 1장 5절에 "하나님이 빛을 낮이라 부르시고 어둠을 밤이라 부르시니……"라고 했습니다.

세상은 항상 이렇게 환하게 비추고 있지만, 우리가 느끼는 밝음(낮)과 어두움(밤)이 찾아오게 된 것은 넷째 날 태양이 만들어진 후부터입니다. 첫째 날 만들어진 빛으로 태양을 비추니, 태양은 열과 믹서된 에너지 빛을 발산하여 모든 동식물이 잘 살아갈 수 있게 되었습니다. 빛에 대해선 이렇게 이해하시면 좋을 것 같습니다. 창세기 1장 5절 말씀입니다. "저녁이 되고 아침이 되니 이는 첫째 날이니라"라고 했습니다.

둘째 날입니다. 이때는 지구가 물에 잠겨 있었습니다. 하나님은 지구의 많은 양의 물을 제거하기 위해 궁창(하늘)을 만드셨습니다. 궁창이란 큰 공간(expanse)을 뜻합니다. 하나님은 궁창을 만드시고 엄청난 양의 물을 궁창에 저장해 두고자 했습니다.

지구가 물에 잠겨 있을 때 하늘에서 하나님의 말씀이 떨어집니다. "하나님이 궁창을 만드사 궁창 아래의 물과 궁창 위의 물로 나뉘게 하시매 그대로 되니라"(창 1:7)라고 했습니다. 천지의 거대한 양의 물이 아랫물과 윗물로 나누어지게 되었습니다. 궁창 아래 물은 땅 위에 있는 물을 말하고 있는 것이며, 나중에 이 물이 강과 바다의 근원이 되는 물입니다. 그리고 궁창의 윗물은 지구 대기권 속에 떠 있는 수분(구름, 수증기) 등을 가리킵니다(처음 원시적 대기권은 수분이 가득 차 있었음을 보여 줍니다). 이렇게 아랫물과 윗물이 나뉘게 되는 현상은 결국 지구와 우주 공간의 분화, 즉 지구 표면과 공기와 수분을 포함한 대기권의 분리를 보여 주고 있습니다. 저녁이 되고 아침이 되니 둘째 날입니다.

셋째 날입니다. 궁창에 물을 보관했는데도, 지구 표면에는 아직도 많은 물이 덮고 있어 생명체가 살아갈 수 없었습니다. 하나님은 대기권 아래에 있는 물을 한곳으로 모이라고 '바라(창조)'하셨습니다. 그랬더니 물 또는 수증기들이 낮은 곳으로 흘러가더니 강이 되었습니다. 그 강이 넘치니까 바다가 되었습니다. 드디어 땅과 바다의 형태가 드러났습니다. 창세기 1장 10절입니다. "하나님이 뭍을 땅이라 부르시고 모인 물을 바다라 부르시니 하나님이 보시기에 좋았더라"라고 했습니다.

지구 표면을 덮고 있는 많은 양의 물이 다 아래로 흘러가니, 이제는 청명한 하늘에서 두둥실 떠가는 구름도 볼 수 있게 되었습니다. 우리가 집이 완성되면 정원을 꾸미듯이 하나님께서도 이제 정원을 꾸미기 시작하셨습니다. 하늘에서 말씀이 떨어지니까 텅 비어 있는 촉촉한 대지(땅)에 온갖 풀 종류와, 채소와 각종 나무들이 솟아났습니다. 창세기 1장 11~12절에, "하나님이 이르시되 땅은 풀과 씨 맺는 채소와 각기 종류대로 씨 가진 열매 맺는 나무를 내라 하시니 그대로 되어, 땅이 풀과 각기 종류대로 씨 맺는 채소와 각기 종류대로 씨 가진 열매 맺는 나무를 내니 하나님이 보시기에 좋았더라"(창 1:11~12)라고 했습니다.

땅은 이렇게 자연을 소생시키는, 그 무엇의 신비한 것이 있는 것 같습니다. 대형 산불로 검게 변해 버린 숲도, 수년이 지나면 신비하게도 식물이 돋는 것을 봅니다. 참 감탄하게 됩니다. 이 모두가 하나님이 자연을 소생시키는 능력을 주셨기 때문입니다. 그래서 창조주 하나님을 믿는 우리는 땅과 바다를 망가지게 해서는 안 됩니다. 온갖 오물들을 갖다 버리면 안 됩니다. 그건 하나님께 엄청 잘못된 것입니다. 땅도 혹사시키지 말고 한 번쯤 편히 쉬게 내버려 두어야 합니다. 이것이 바로 자연을 아끼고 사랑하는 것이고, 하나님의 말씀을 지키는 것입니다. 씨 가진 각종 열매 맺은 나무와 각종 수목들이 솟아나게 되니, 하나님이 보시기에 좋았더라고 했습니다. 아침이 되니 이는 셋째 날입니다.

이제 넷째 날입니다. 이제부터 하나님은 나누시는 작업을 마치고 우주와 땅과 바다에 온갖 만물들을 채워 넣기 시작하십니다. 하늘에서 '바라(창조)'라는 말씀이 떨어지니까, 저 넓은 우주 공간에 해와 달과 수많은 별들이 채워졌습니다. 우주의 천체(天體)－우주에 존재하는 모든 물체－가 완벽하게 완성되었습니다. 우주세계가 이렇게 완벽하게 되니까 지구는 생명체들이 살기 좋은 환경이 되었습니다.

"……하늘의 궁창에 광명체들이 있어 낮과 밤을 나뉘게 하고 그것들로 징조와 계절과 날과 해를 이루게 하라."(창 1:14)

여기서 "궁창에 광명체들이 있어"라고 했는데 이것은 무엇을 말하고 있을까요? 이는 해, 달, 별 들을 말하고 있습니다. 여기 해와 달과 별이 생기게 되니까 낮과 밤이 나누어지게 됩니다. 오늘날 우리가 사용하고 있는 하루 24시간의 개념이 여기서부터 생겨납니다. 그 근거가 14절에 있습니다. "그것들로 징조와"라고 했습니다.

그럼 '그것들로 징조'는 무슨 징조일까요? 천체의 자연적인 현상들, 즉 지구와 달이 돌고 있다는 것입니다. 그러니까 지구(地球)의 자전(自轉)과 공전(公轉), 그리고 달 공전(지구 주위)을 말하고 있습니다. 히브리어 원어성경에는 '징조(徵兆)'라는 단어가 אתת(오토트)인데, 이는 광명체(해와 달)의 정기적인 움직임으로 말미암아 나타나는 자연 현상들을 말하고 있습니다.

'계절'이란 단어를 보면 더욱 확실해집니다. 여기 계절은 '춘분, 하지, 추분, 동지'를 말하고 있습니다. 춘분과 추분은 낮과 밤의 길이가 같다는 것입니다. 하지는 낮이 길고 밤이 짧은 것이며, 동지는 밤이 길다는 것을 말하고 있습니다. 왜 이런 현상이 일어납니까? 그것은 지구가 돌고 있기 때문입니다.

'날'이란 단어와 '해'라는 단어도 중요합니다. 여기 '날'은 지구가 한 번 자전(自轉)해서 일어나는 24시간이 되는 '하루'를 말하고 있습니다. '해'는 지구가 태양 주위를 한 바퀴 도는 '공전'을 말하는 것입니다. 지구가 태양 주위를 한 바퀴 돌아 공전(公轉)하니까 365일이 되어 1년이 된다는 것입니다. 이렇게 태양과 달의 움직임을 계산하여 태양력 달력이 나오고 음력 달력이 나오게 되었습니다.

우리가 읽고 있는 성경은 이렇게 명확한 과학적인 근거를 가지고 있습니다. 수천 년 전에 쓰인 성경이 이렇게 과학적으로 증명을 하고 있으니, 정말 놀랍지 않습니까?

저는 이 말씀을 연구하면서 새롭게 정리한 것이 있습니다. 하나님이 천지를 창조하실 때 사용된 6일 동안의 시간에는 '카이로스(kairos)'와 크로노스(chronos)의 시간이 있었습니다. '카이로스'는 하나님의 시간으로서 '특정한 시간 또는 정한 시간, 하루의 길이를 알 수 없는 장구한 시간'입니다. 오늘날 우리가 쓰고 있는 시간은 '크로노스(chronos)'입니다. 크로노스는 '하루를 24시간을 주기로 해서 흘러가는 시간'을 말하고 있습니다.

이 크로노스는 넷째 날 일월성신(日月星辰)이 만들어진 후 생긴 시간입니다. 더 정확히 말씀드리면 크로노스는 해와 달과 별이 만들어진 다음에 생긴 시간입니다. 인간(아담)이 창조됐을 때는 크로노스 시간이 사용되고 있었다는 것입니다. 그러니까 아담이 태어났을 때부터 사용한 시간은 크로노스여서 지구가 돌고 도는 1일은 24시간이며, 지구가 태양을 한 바퀴 도는 일 년은 365일이었습니다. 그래서 분명 아담은 태양이 지고 어둠이 오면 취침 시간인 줄 알고 잠자리에 누웠을 것입니다.

전에는 창세기에서 말한 6일 시간을 모두 하나님의 시간, 즉 카이로스의 개념으로만 한 자락 깔고 성경을 보았을 땐, 창조사건에 대해 난해한 부분이 참 많았는데, 지금은 그 부분이 시원스럽게 해결되었습니다. 또 중요한 말씀이 있습니다.

창세기 1장 16절에 "하나님이 큰 광명체를 만드사 큰 광명체로 낮을 주관하게 하시고 작은 광명체로 밤을 주관하게 하시며"라고 하였습니다.

이 말씀에서 "주관하게 하시고"라는 말을 눈여겨보시기 바랍니다. 먼저 달(작은 광명체)로 하여금 물을 주관하게 했습니다. 달을 만들어서 바닷물이 육지로 올라오지 못하도록 다스리게 하셨습니다. 그래서 물은 달에 의하여 움직이게 된 것입니다. 달의 움직임에 따라 밀물과 썰물이 생겨서 바닷물이 썩지 않습니다. 이렇게 하면 물고기들이 살 수 있게 되고, 생물들이 살아갈 수 있도록 공기를 제공합니다.

그리고 태양(큰 광명체)으로는 낮을 주관하여 열과 에너지를 전달해서 생물들이 잘 자라게 하셨습니다. 태양은 참 신비하기만 합니다. 태양의 열과 에너지가 제때 공급해 주지 않으면 농산물의 작황이 좋지 않게 됩니다. 태양 주위로 지구가 돌아가게 하셨습니다. 지구는 시속 1,700㎞라는 엄청난 속도로 돌고 있다고 합니다. 그런데도 우리가 튕겨 나가지 않고 어지럽지도 않습니다. 태양의 행성들도 엄청난 속도로 돌고 있는데 서로 충돌하지 않습니다. 왜 그렇습니까? 만유인력 때문입니다. 즉 물체가 서로 잡아당기는 힘이 있기 때문입니다. 우리의 우주가 이렇게 만들어졌습니다. 이 얼마나 신묘막측(神妙莫測)합니까? 그래서 시편 기자는 자연 만물이 하나님을 찬양한다고 했습니다.

> "하늘이 하나님의 영광을 선포하고 궁창이 그의 손으로 하신 일을 나타내는도다."(시편 19:1)

다섯째 날입니다. 하나님은 이미 넷째 날에 지구를 생명체들이 살아갈 수 있는 최적의 환경으로 만들어 놓으셨습니다. 이러한 최적의 환경에 생명체들을 채우셨습니다. 하늘에서 말씀이 떨어지니까, 하늘에는 온갖 날개 달린 새 종류들이 푸드덕거리며 날개 치게 되었습니다.

말씀이 떨어지니까 강과 바다에는 온갖 물고기들이 물살을 가르며 헤엄치게 되었습니다. 일순간 이 세상엔 멋진 장관(壯觀)이 연출되었습니다. 혼돈하고 공허한 세상이 산자수려(山紫水麗)한 경관으로 바뀌게 되었습니다. 이것을 보시고 하나님이 말씀하십니다. 창세기 1장 21절에 "하나님이 보시기에 좋았더라"라고 했습니다.

여섯째 날입니다. 이제 여섯째 날이 되었습니다. 하나님이 말씀하시니 땅에 숱한 동물들이 채워졌습니다. 맨 마지막에 사람이 만들어집니다. 사람은 지구를 가꾸고 다스려야 할 존재이기 때문에 특별하게 만들어졌습니다.

하나님이 직접 흙으로 빚으셔서 코에 생기를 불어넣었습니다. 그러자 사람은 하나님의 형상을 닮게 되었습니다. 하나님의 형상을 닮게 되니까 하나님과 영적이고 인격적인 교제를 할 수 있게 되었습니다. 하나님의 선하심과 거룩한 성품도 닮았습니다. 더 나아가 하나님의 창조기능을 닮아서 창의력도 갖게 되었습니다. 그러므로 인간은 이 세상에서 하나님을 대신해서 땅을 정복하고, 바다의 물고기와 하늘의 새와 땅에 움직이는 모든 생물을 다스리며 일할 수 있습니다(창 1:28).

여섯째 날 이렇게 만들어진 세상은 아주 좋은 자연 환경이었습니다. 궁창 위에는 물이 있으니까 태양으로부터 내리쬐는 열을 지구에 골고루 퍼트려서 지구 전체는 온도 차이가 없었습니다. 이때에는 남극도 없고 북극도 없고 적도도 없고 똑같이 고루고루 따뜻했습니다. 우리나라의 봄 날씨와 비슷한 아주 살기 좋은 날씨였습니다. 이러한 환경 때문에 공룡들이 살아갈 수 있었고 나무들은 어마어마하게 커서 거대한 숲을 이룰 수 있었습니다. 이때 인간 수명은 910세까지 살 수 있었습니다. 노아홍수 전 인간 평균 수명이었습니다.

일곱째 날입니다. 천지(天地)와 만물(萬物)을 다 만드시고 나니까 일곱째 날이었습니다. 하나님은 이날에 복 주사 거룩하게 하시고 안식(安息)하셨습니다.

창세기 2장 3절에 "하나님이 그 일곱째 날을 복되게 하사 거룩하게 하셨으니 이는 하나님이 그 창조하시며 만드시던 모든 일을 마치시고 그날에 안식하셨음이니라"라고 했습니다. 하나님은 이날을 거룩하게 구별하셔서 인간도 편히 쉬게 하셨는데, 이 날이 바로 '안식일'입니다. 인간의 안식 근본정신과 목적은 쉼에 있습니다. 그래서 쉬는 것도 계명입니다. 그러므로 이러한 안식일 제도는 하나님을 위한 것이 아니라 인간을 위한 것입니다. 인간의 정신과 육체를 하루 동안 편히 쉬어 건강하게 살아가라는 것입니다. 쉼의 충전을 통해서 한 주를 힘차게 출발하는 것입니다. 이런 의미에서 십계명의 제4계명 "안식일을 거룩하게 지키라" 하는 말씀은 어찌 보면 하나님을 위한 수직계명이 아니라 인간을 위한 수평계명이라고 할 수 있습니다.

영성탐구

잘 쉬는 것도 계명이다. 하나님이 만드신 인간은 쉬게끔 만들어 놓으셨기 때문에 그렇습니다. 인간이 이렇게 하나님의 만드신 목적대로 살지 않으면 몸이 망가지게 됩니다. 하나님이 만드신 우리 몸이 망가지지 않으려면 뇌의 활동을 조절해야 합니다. 뇌는 하나님이 만드신 최고의 걸작으로서 창조활동의 본산이자, 인간의 모든 행동과 감정을 주관합니다.

인간 뇌는 왼쪽 뇌와 오른쪽 뇌가 있는데, 왼쪽 뇌는 이성적이며 논리적인 사고를 하는 기능이 있습니다. 그래서 학생들은 왼쪽 뇌를 사용해서 열심히 배우고 공부하며, 직장인들은 외쪽 뇌를 사용해서 열심히 일합니다. 그런데 이 왼쪽 뇌가 '내 자신'을 위해서만 추구하면 문제가 발생합니다. 남보다 더 잘되기 위해서 치열하게 경쟁하게 되면 스트레스(stress)를 받습니다. 스트레스가 쌓이게 되니까 좌뇌에서 '메타'파가 흐르고, 과도한 아드레날린(adrenalin) 분비물이 나오게 됩니다. 아드레날린이 조금 나오면 건강에 좋은데, 많이 나오니까 세포를 굳게 해서 암 덩어리로 만들어 버립니다. 건강해 보이던 사람이 어느 날 갑자기 죽어 버립니다. 이것은 왼쪽 뇌가 혹사되었기 때문입니다.

이렇게 되지 않기 위해서는 오른쪽 뇌 활동을 많이 해야 합니다. 오른쪽 뇌는 선하고 아름다운 일을 하도록 만들어졌습니다. 선하고 아름다운 일을 많이 하면 마음에 감동이 됩니다. 감동이 되면 오른쪽 뇌에서는 '알파'파가 흐르고, 엔도르핀(endorphin)이 분비되고 곧이어 모르핀(Morphin)이 나옵니다. 이 모르핀이 스트레스로 생긴 나쁜 병균을 다 죽여 버린다고 합니다.

이렇게 엔도르핀을 많이 나오게 하려면 시간을 내어서 운동을 하는 것이 좋습니다. 연극 및 영화 관람도 좋으며, 산으로 강으로 산보하는 것도 좋습니다. 더 좋은 것은 봉사활동과 구제활동을 많이 하는 것입니다. 이렇게 아름다운 일을 많이 하면 마음이 흐뭇하고 기분이 좋아져서 엔도르핀이 많이 나옵니다.

이 모든 것보다 더 좋은 것이 있습니다. 하나님의 선한 일을 많이 하는 것입니다. 찬양을 듣고 성경말씀을 읽고 신앙생활을 열심히 하는 것입니다. 하나님께 뜨겁게 찬양하고 기도하고 헌신하게 되면 엔도르핀이 넘치게 되어 몸은 아주 건강하게 됩니다. 창세기에서 '야챠르'로 만들어진 인간의 모습은 이렇게 활동하도록 만들어졌습니다. 하나님의 생기, 즉 호흡을 불어넣어 놓으셨기에 "호흡이 있는 자는 다 하나님을 찬양하라"라고 했습니다. 이렇게 살기만 하면 건강하고 만수무강하고 잘되는 것입니다.

이렇게 잘 살게 하기 위해서 하나님은 인간에게 안식일을 있게 하셨습니다. 안식일은 우리 몸을 편히 쉬게 하신 계명이지 우리를 옭아매기 위한 계명이 아닙니다. 우리를 위해 주신 것입니다. 이런 안식일의 본질을 아셔야 합니다. 이런 원리를 무시하고 쉬지 않고 일만 하는 일벌레가 되면 어느 날 갑자기 죽어 버립니다.

현재 우리 대한민국은 OECD 국가 중 40대 남성 사망률이 1위라고 합니다. 과도한 스트레스 때문입니다. 제가 아는 사람들 중에도 좀 있습니다. 말씀대로 살면 건강하게 오래 살 수 있는 방법이 있는데 왜 빨리 죽습니까? 처자식 남겨 두고 무책임하게 왜 죽습니까? 자녀를 낳았으면 책임지셔야죠? 그렇지 않습니까? 그렇게 일만 하려면 혼자 살지 왜 결혼해서 처자식을 남겨 두고 먼저 죽느냐는 것입니다. 이건 전적으로 본인 책임입니다. 우리 정말 말씀대로 쉬면서 살아야 합니다. 성경 말씀대로 말입니다.

혹자는 이런 스트레스 때문에 담배도 피우고 술도 마신다고 합니다. 그러나 그것이 스트레스를 해소케 하는 것이 아니라 뒷골을 당기게 합니다. 이거 정말 위험의 적신호입니다. 신앙인은 이렇게 우리 몸의 예민한 반응에 민감해야 합니다. 우리가 몸이 불편해도 그렇습니다. 몸이 아프다 보니까, 인생이 되다(고되다), 되다 하여 인상만 찌푸리고 다니면 스트레스가 더 쌓이게 됩니다. 그러면 왼쪽 뇌에서는 과도한 아드레날린이 나와서 몸을 더 망가지게 합니다.

그러지 말고 남들과는 비교하지 말고 힘들고 괴롭지만 그래도 좋은 마음을 가지는 것이 좋습니다. 이렇게 좋은 공기 마시고 걸어 다닐 수 있는 것도 감사, 이 좋은 세상을 더 살 수 있게 해 주셔서 감사, 감사, 이렇게 감사하게 되면 하나님이 더 큰 은혜를 주셔서 찬양하게 하시고 기도하게 하십니다. 하나님께 찬양하고 기도하니까 성령의 충만함이 있으니, 엔도르핀이 넘쳐 나와 몸에 있는 나쁜 병균들을 다 죽입니다. 그러면 병이 낫습니다.

의학적으로 도저히 일어날 수 없는 기적을 믿음으로 경험하는 것입니다. 우리 영적인 세계에는 늘 이런 놀라운 신비가 있습니다. 신비란, 뭔가 있기는 있는데 보이지 않는 것입니다. 하나님이 우리 몸을 하나님 안에 있으면 잘되게 만드셨기에 신비가 가능합니다.

지상최대 최고 축복의 말씀(창세기 1:28)

드디어 이 세상의 주인공 아담이 탄생하게 되었습니다. 하나님은 이 감격스러운 상황에서 무엇이라고 말씀하셨을까요? "여기서 행복하여라, 여기에 있는 모든 것을 내가 너를 위하여 특별히 준비하였단다. 정말로 신기하고 놀랍지! 네 마음껏 다스려 보렴!" 하나님은 "저 하늘의 새와 땅에 있는 모든 동물과 수중에 있는 모든 물고기의 이름을 지어 보아라, 세상을 정복하고 다스리라!"고 하셨으며, 복도 주시고 명령하셨습니다.

> "하나님이 그들에게 복을 주시며 하나님이 그들에게 이르시되 생육하고 번성하여 땅에 충만하라. 땅을 정복하라 바다의 물고기와 하늘의 새와 땅에 움직이는 모든 생물을 다스리라 하시니라."(창 1:28)

여기 말씀에서 "생육하고 번성하여 땅에 충만하라"에 주목하셨으면 합니다. 쉬운 성경에는 **"자녀를 많이 낳고 번성하여 땅을 채워라"**라고 했습니다. 이 말씀은 우리 인간을 향한 축복의 말씀이자 현재 진행형의 계명입니다. 우리가 결혼해서 자녀를 많이 낳아 땅을 채우는 작업은 하나님의 창조사역을 돕는 가장 선한 일입니다.

그런데 오늘날 신세대 부부들 중에는 자녀도 낳지 않으면서 큰 평수 아파트만 선호하는 커플들이 있습니다. 그 집에 값비싼 호화 용품과 삐까번쩍한 제품으로 채웁니다. 그것은 "남이 보기에 좋았더라"입니다. "하나님이 보시기에 좋았더라"가 아닙니다. 하나님의 입장에서 보면 그것은 자기만족이요, 사치입니다. 신혼의 처음에는 작은 집에서 자녀를 낳아서 채워지면, 좁으니까 좀 더 넓은 집으로 이렇게 차츰차츰 널뛰기하는 것이 좋습니다.

아기를 낳아 채우지 않아 채우려 하지 않으려니까 우리 대한민국은 저출산 문제가 심각한 상태에 있습니다.－세계 저출산 국가로 분류됨－저출산으로 인해 대한민국의 미래는 심각해졌습니다. 출산인구 감소로 노동력이 약화되어 생산력이 감소됩니다. 소비시장이 위축되고 생산성이 악화됩니다. 아기를 낳지 않은 채 노인인구 증가는 사회적·경제적 부담을 가중시켜 국제적 경쟁력이 상실됩니다. 이는 국가적 대재앙을 초래하게 됩니다. 뭐 이런 문제의 해결은 간단합니다. 하나님의 창조원리 말씀대로 행해서 낳으면 됩니다. 여기에다 아이 많이 낳는 가정에 국가에서 적극적으로 지원하면 쉽게 해결될 것입니다.

창조된 처음 인간의 음식들(창세기 1:29)

창조된 우리 인간의 처음 음식은 채식과 과일이었습니다. 창세기 1장 29절에 "하나님이 이르시되 내가 온 지면의 씨 맺는 모든 채소와 씨 가진 열매 맺는 모든 나무를 너희에게 주노니 너희의 먹을거리가 되리라"라고 했습니다. 인간이 이렇게 채식을 하도록 만들어졌지만, 하나님은 홍수 후에 인간에게 육식을 허락하셨습니다(창 9:3).

뭐, 이유가 있었을 것입니다. 노아 홍수 때 궁창 위에 물이 쏟아지고 바닷물이 올라와 버리니까 옛날 경작했던 땅이 다 바다에 잠겨 버렸습니다. 물에 다 잠겨서 과일, 곡식, 채소, 아무것도 없었습니다. 방주에서 새끼를 몇 마리 더 낳았거나 이런 동물을 잡아먹을 수밖에 없었습니다. 온통 육식밖에는 없었기 때문에 육식을 허락했습니다. 그렇지만 나중에 출애굽 할 때 하나님께서는 육식을 하기는 하되 가려서 먹게 하셨습니다.

이렇게 해서 인간이 육식을 할 수 있게 되었지만, 원래 우리 인간의 신체구조는 채식 위주로 만들어져 있음을 알 수 있습니다. 고기를 뜯는 송곳니보다 씹는 어금니가 많습니다. 장의 길이가 긴 것이 그 증거입니다. 육식동물은 대장과 소장의 길이가 짧지만 초식동물은 반대로 대장과 소장의 길이가 모두 길게 되어 있습니다. 인간의 장의 길이는 8.5m로 몸길이의 5~6배 정도로 초식동물과 비슷합니다. 장이 가늘고 주름이 많기 때문에 육식동물의 장과는 다릅니다. 때문에 인간이 육식을 주로 하게 되면 육류의 고지방과 콜레스테롤을 소화시킬 때 발생되는 발암물질이 장내에 오래 머물게 됩니다. 그러다 보니 각종 성인 질병을 발생시키게 됩니다.

그러므로 우리가 건강하게 장수하려면 육식보다 채식 위주로 식단을 개선해야 합니다. 육식을 하더라도 풀을 먹는 채식동물을 먹는 것이 성경적입니다. 이렇게 인간의 먹을거리도 성경 말씀대로 따라가면 건강하고 장수합니다. 또한 좋은 물과 공기, 좋은 음식, 운동 이 세 가지만 잘 지키면 건강하게 살 수 있습니다.

그럼 좋은 음식이 뭔 줄 아십니까? 절대 비싼 음식이 아닙니다. 크고, 흔하고, 많고, 값이 싼 게 좋습니다. 즉 배추, 상추, 호박, 오이, 가지, 콩, 수박, 참외 등등 참 많습니다. 좋은 음식이란 이렇게 자기가 살고 있는 땅에서 생산되는 신토불이 생산물입니다. 발효시킨 배추김치며 무김치 그리고 된장국 등은 정말 좋은 음식입니다. 우리 대한민국의 전통음식들은 세계 어디에 내놓아도 손색이 없으니 패스트푸드를 선호하지 마시고 전통 음식을 많이 드셔야 건강합니다. 성경을 읽다 보니까 우리나라의 음식이 참 좋다는 것이 느껴집니다.

그런데 혹자는 고기를 먹어야 힘이 난다고 합니다. 그렇지만은 않은 것 같습니다. 힘세고 덩치 큰 것은 다 초식동물입니다. 기린, 코끼리, 황소 등은 풀을 먹습니다. 풀만 먹고도 그렇게 덩치가 크고 힘도 센 것입니다. 이것들은 무척 온순합니다. 육식동물을 보니까 사자가 있습니다. 사자는 육식을 하니까 급하고 사납습니다. 인간도 마찬가지입니다. 채식을 하면 온유하고 부드러운 사람이 됩니다.

그런데 육식을 좋아하는 사람은 성깔이 있고 급하고 사납다고 합니다. 시험해 보면 알 수 있을 것입니다. 강아지를 두 마리를 사다가 한 마리는 누룽지만 주고 한 마리는 고기류를 주어서 길러 보십시오. 고기만 먹고 자란 강아지는 아주 거칠고 사납게 될 것입니다.

결론은 이것입니다. 초식동물처럼 신체구조를 가진 인간도 채식 위주로 먹어야 건강하게 오래 살 수 있습니다. 그런데 혹시 신체가 단백질을 보충하기를 원하면 생선류와 육류를 드셔도 됩니다. 성경은 생선류를 먹을 때는 지느러미와 비늘이 있는 것을 먹으라고 했습니다(레 11:9). 육식은 굽이 갈라져 쪽발이 되고 새김질을 하는 것을 먹으라고 했습니다(레 11:3). 조류는 곡식을 쪼아 먹는 종류를 먹으라고 했습니다.

이렇게 하나님은 우리 식생활의 세세한 부분까지 신경 쓰고 계십니다. 우리가 건강하게 살아가기 위해서입니다. 먹지 말라고 한 음식을 먹는다고 해서 지옥에 가는 것은 아닙니다. 단지 우리가 건강하고 장수하라고 주신 말씀입니다.

사람 창조의 설계도(창세기 1:27, 2:7)

하나님은 사람을 지으실 때 동물과는 다른 존재로 만드셨습니다. "하나님이 자기 형상 곧 하나님의 형상대로 사람을 창조하시되 남자와 여자를 창조하시고"(창 1:27)라고 하신 특별한 존재, 즉 영적인 존재입니다. 여기 말씀에서 보니까 하나님은 사람(아담)을 흙으로 빚으시고 그 육체(basal)에다 하나님의 생기(숨, 호흡)를 코에 불어넣으니 생령(Mephesh Harah)이 되었다고 했습니다. 다른 말로는 혼(living soul)이라고 합니다.

이 혼(living soul)이 인간의 모든 '지, 정, 의'의 좌표가 됩니다. 즉 인간은 느끼고 생각하고 판단하는 주체로서 인간 그 자체를 의미합니다. 인간에게는 이러한 혼이 있기 때문에 사물의 이치를 따져서 생각하며 옳고 그름을 판단할 수 있는 능력을 지닌 인격적인 존재가 된 것입니다.

이렇게 인간은 하나님으로부터 나온 생기, 즉 '생명의 호흡(breach of life)'을 불어넣음을 받았기 때문에, 인간은 하나님의 형상을 지닌 영적이고 존귀한 가치가 있습니다. 이런 점에서 하나님은 인간 호흡(생명)의 근원이요, 주관자이십니다(행

17:24~25). 만일 하나님께서 인간의 생명을 취하시면 인간은 다시 흙으로 돌아갈 존재입니다(시 104:29).

오늘날 학교에서는 아이들을 가르칠 때 생명은 창조주가 만든 것이 아니고, 우연히 발생하여 진화되었다고 가르칩니다. 이렇게 가르쳐 놓으면 어떤 일이 일어나겠습니까? 생명 경시 풍조가 일어납니다. 어린이들과 신세대들에게 생명을 창조주의 피조물로 보지 않고 우연히 발생했다고 가르쳐 놓으면, '뭐 하나 죽여도 우연히 생겨난 것인데……' 이런 무시무시한 생각을 할 것입니다.

어설픈 과학자가 짜 놓은 진화론을 마치 과학적 사실인 양 가르치고 있는 한, 교육 제도 백 번을 바꿔도 인간성 변화가 일어나지 않습니다. 인간을 대하는 근본이 정립되어 있지 않아서 그렇습니다.

오늘날 우리 학교 교육만 가지고는 가치관, 인간관, 역사관 이런 것을 바르게 정립할 수가 없습니다. 학문을 인격이나 진리 위에 세우지 않은 한 그냥 한 기능인을 만들 뿐입니다. 그것도 돈만 잘 버는 기능인을 만들 뿐입니다. 그래서 성경적인 세계관에 입각한 기독교 교육이 참 중요하다고 봅니다.

사람은 돕는 배필이 필요한 존재(창세기 2:18)

> "여호와 하나님이 이르시되 사람이 혼자 사는 것이 좋지 아니하니 내가 그를 위하여 돕는 배필을 지으리라 하시니라."(창 2:18)

하나님은 사람(아담)이 독처하는 것이 좋지 못하므로 돕는 배필을 지으셨습니다. 피조물을 다스릴 사람이 혼자 있는 것이 좋지 못하고 고독해 보였습니다. 그래서 하나님께서는 아담을 잠들게 하시고 아담의 갈비뼈 하나를 취하여 여자를 만드셨습니다. 그런데 왜 갈비뼈입니까? 먼저 갈비뼈는 남자의 머리도 아니고 발도 아니며 신체의 중간에 있습니다. 남자의 심장을 에워싸고 있는 부분입니다. 이것은 하와(여자)도 '존엄성과 가치'에 있어서는 평등하다는 것입니다. 다만 '기능'상의 위계질서(수평적인 리더)에서는 아담의 순위가 먼저입니다.

아담의 갈비뼈를 취했다는 것에는 또 다른 이유도 있습니다. 두 몸(남녀)이 대화할 때 뇌로 하지 말고 심장(가슴)으로 하라는 것입니다. 보편적으로 남자들은 이론적이고 객관적인 대화를 좋아합니다. 그래서 가슴은 좀 차갑습니다. 그러므로 그 냉랭한 가슴에 여자(하와)의 따스한 온기를 넣어 줄 수 있는 여자가 필요합니다.

그래서 창세기 2장 18절에서는 여자를 '돕는 배필'이라고 했습니다. '돕는'은 히브리어로 '에제르'입니다. 구약성경에서 20회 정도 사용되고 있습니다. 시편 121편 1절에 "내가 산을 향하여 눈을 들리라, 나의 도움이 어디서 올꼬", "하나님께서 이스라엘을 도우시니 블레셋을 이겼더라", "하나님께서 고아와 과부와 나그네를 돕는 자이시니라"라고 표현할 때 쓰인 단어입니다. 이 말은 하나님께서 연약하고 부족한 사람을 도우실 때 쓰는 단어입니다. 여기에 '돕는'이라는 단어도 이와 같은 의미로 쓰이고 있습니다.

그러니까 이스라엘 백성을 하나님께서 돌보지 않으면 쓰러질 수밖에 없듯이, 아담(남자)이 홀로 있으면 쓰러질 수밖에 없으므로 돕는 배필로서 하와(여자)가 절대적으로 필요하다는 것입니다. 그러므로 남자가 여러모로 뛰어나고 훌륭하다 하더라도 옆에 여자가 없으면 불완전한 존재(정서적으로)입니다. 즉 남자는 여자의 도움이 있어야 불완전한 것이 완전해지고 부족한 것이 완전하게 채워지는 것입니다. 그래서 히브리어로 신부(여자)를 '칼라', 즉 '완성자(completion)'라고 부릅니다. 신부가 있어야 남자는 완성자가 되고, 창조의 최종적인 완성입니다. 하와를 만들어 아담에게로 데려왔을 때 이루어졌기 때문에 그렇게 부르고 있습니다.

돕는 배필에서 '배필'이라는 단어도 중요합니다. 결혼을 준비하는 미혼 청년들이 배우자를 선택함에 있어 아주 중요한 정보입니다. '배필'이란 단어의 히브리어 원어로는 '크네게도(כנגדו)'라고 합니다. 그 뜻은 '반대(against)' 또는 '대칭'입니다. 아담의 배우자인 하와는 아담과는 대조자 또는 반대자, 대칭자라는 것입니다. 그러니까 하나님이 정하신 아담(남자)의 배우자 하와(여자)는 아담과는 대조적인 외모와 반대의 성격과 반대의 라이프스타일을 지닌 소유자라는 것입니다. 하와는 반대이기 때문에, 아담에게는 보완적인 존재로서 연합이 가능하게 되었습니다.

이렇게 창조주 하나님은 배우자(아담, 하와)를 상호 배타적이 아닌 상호 보완적

관계로 만드셨습니다. 그래서 아담에게 없는 것이, 하와에게는 모두 있고, 하와에게 없는 것이 아담에게는 있는 것입니다. 그렇기 때문에 배우자가 자신과 대조적인 성격과 라이프스타일을 지닌 사람은 어쩌면 자신의 가장 연약한 점, 갖지 못한 점을 가장 많이 소유한 최상의 보완자입니다.

실제로 주변의 이웃 사람들을 보면 행복하고 금슬이 좋은 커플일수록 서로 대조적인 경우가 많습니다. 그러므로 배우자를 결정할 때 나와는 다르면서 나를 보완해 줄 수 있는 사람이면서, 이미 오래전부터 만나 왔던 사람 같은 느낌이 들면 그 사람이 나의 배필이라고 할 수 있습니다.

하나님께서 이렇게 인간을 서로 보완적인 남성과 여성으로 창조하셨습니다. 그러므로 성경적인 배우자를 선택할 때는 서로 부족함을 채워 주는 상호작용을 할 수 있는 요인으로 선택함이 좋습니다.

영성탐구

오늘날 우리 가정과 이혼문제 오늘날 신세대 가정의 부부생활은 어떻습니까? 성격과 행동이 나하고 다르면 다 틀린 것이고, 다 나쁜 것이라고 생각합니다. 거기서부터 부부의 문제가 대두되어, 성격이 안 맞는다느니, 좀 모자란다느니, 전혀 나를 이해하지 못한다느니 하면서 성격 차이를 극복하지 못하고 이혼하는 경우가 많습니다. 어찌 보면 이혼은 성격 차 때문이 아니라, 상대를 이해하고 인정하는 능력이 부족하고, 갈등을 조정하고 문제에 직면했을 때 그 문제를 해결하는 능력이 부족해서 생기는 경우가 많습니다. 이혼 커플 중 상당수가 알콩달콩 잘 살 수 있는 정상 부부임에도 불구하고 쉽게 갈라서는 '어설픈 이혼'이 많습니다. 이혼은 아니더라도 지금도 체면 때문에, 경제적 문제 때문에, 신앙 때문에 마음을 닫고 의무적 부부 관계만 유지하고, 각방 쓰며 자기대로 살아가는 가정도 있을 것입니다. 수년 전 어느 상담가의 조사에 의하면 서울 강남 부부 **60%**가 이런 상태로 살고 있다고 합니다. 이것이 강남 부자들만이겠습니까?

성숙하고 행복한 가정을 원한다면, 부부는 서로 다름을 인정해야 합니다. 상대가 나와 다르다고 해서 틀린 것이 아니라는 것과 서로는 자신의 생각과 행동에 정당한 권리가 있다는 것을 전제해야 합니다. 그리고 '결혼은 불완전한 두 개체가 만나서 하나의 성숙한 그리고 완전한 개체를 이루기 위해 노력하는 과정'이라는 것입니다. 이 성숙하고 완전한 개체를 이루기 위한 과정은 결코 거저 가져다주는 것이 아니라는 사실입니다. 서로 다른 배경에서 자라난 두 남녀가 부단한 노력과 인내가 없이는 결코 행복한 가정을 이룰 수 없습니다.

그러므로 결혼생활에서 그야말로 '자신의 모든 것을 드리는 헌신의 자세'가 절대적으로 필요합니다. 결혼은 내가 누리는 것이 아니고 섬기는 것이며, 철저하게 사랑으로 헌신하는 것입니다. '나의 모든 것을 드리는' 것이 결혼이기에 서로가 상대방의 좋은 점뿐만 아니라 단점까지도 이해하며 조정해 가면서 '나의 몸 일부'로 받아들이는 전적인 수용이 필요합니다. 받아들일 때는 상대방의 모든 것 약점까지도 수용하셔서 행복하고 잘되는 가정이 되었으면 합니다.

더불어 한마디 더 하고픈 말은, 성숙한 결혼은 부부가 상호 협력함으로써 뜻을 이루는 '연합성(聯合性)'이 필요합니다. 이것을 이루기 위해서는 서로 상호 이해와 신뢰와 인정과 인내와 헌신과 사랑을 바탕으로 해야 할 것입니다. 이것이 바로 가정이 잘되고 부부가 잘 사는 방법입니다.

지식탐구

남자가 되고 여자가 되려면 하나님이 최초로 만든 인간은 아담과 하와입니다. 히브리어 원어에는 참 재미있는 단어가 있습니다. 아담은 '흙'이라는 뜻이고 하와는 '존재'라는 뜻입니다. 아담은 흙에서 나왔기에 흙이라 부르고 여자는 남자를 위해 지음을 받았기에 '존재'라고 합니다. 그런데 아담과 하와라는 이름이 창세기 2장 22~23절의 결혼을 시점으로 확 바뀝니다. 아담은 '이쉬(איש)' 남자로 바뀌고, 하와는 '잇사(אשה)' 여자로 바뀝니다. 이게 무슨 뜻이냐 하면 남녀가 결혼하지 않으면 아직 아담은 남자가 아니고 하와는 여자가 아니라는 것입니다. 결혼하지 않으면 두 사람은 아직 '흙과 존재'에 지나지 않는 미완성 작품입니다.[14] 그러니까 인간이 남자가 되고 여자가 되려면 결혼해야 된다는 것입니다. 그래서 성경은 독신을 지지하고 있지 않습니다.

이쉬(남자)와 잇사(여자)는 아주 신비한 영적 비밀이 있습니다. 이쉬(남자)에는 '야훼' 하나님을 가리키는 Y 자가 들어가고, 여자 잇사에는 '엘로힘' 하나님을 가리키는 H 자가 들어 있습니다. 그래서 아담(남자)과 하와(여자)의 그 중심에는 반드시 하나님이 존재해야 한다는 것입니다. 결혼해서 남자와 여자가 된 그 가정에는 하나님이 계셔야 하고, 하나님의 말씀이 있어야 합니다. 가정이 잘되고 행복하기 위해서는 그 가정의 주인으로 하나님을 모셔야 한다는 것입니다.

그런데 보십시오! 남자와 여자한테서 하나님이 안 계시면 어떻게 되는 줄 아십니까? 참 재미있습니다. 남자, '이쉬'에서 하나님을 뜻하는 Y를 빼고, 여자 '잇사'에서 하나님을 뜻하는 H를 빼면 남자와 여자 이름이 이제는 '에쉬'로 변해 버립니다. 이 말이 무슨 뜻인가 하면 '불'이라는 뜻입니다. 그러니까 남자와 여자가 만난 가정에서 야웨, 엘로힘 하나님을 빼어 버리면 남은 것은 '에쉬', '불'만 남습니다. 사람과 가정을 불로 태우는 불만 남습니다. 소돔과 고모라 땅에 있는 모든 가정을 모조리 태워 버리는 불처럼 되어 버리고 만다는 것입니다. 결국 남자나 여자에게서 하나님이 없으면 그곳에는 '불'만 남습니다.

왜 오늘날 가정들이 이토록 문제가 많은지 아십니까? 왜 서로에게 상처 주고, 할퀴고 찌르고 헤어지고 죽이고 자살하는지 아십니까? 다 하나님이 안 계시기 때문입니다. 하나님이 안 계신 빈 공간에 남은 것은 결국 불입니다. 그래서 가정은 파괴되고 이혼의 상처만 남게 됩니다.

14) 이윤재, 『광야의 영성』(서울: 쿰란출판사, 2002), p.195.

◈ 인간타락(창세기 3~11장)

선악과 사건(창세기 3장)

하나님께서는 세상을 최고의 솜씨로 가장 좋은 환경으로 만들어 놓으시고 아담에게 생기를 불어넣어 영적인 존재로 만드셨습니다. 그래서 아담은 하나님의 다스림을 받아야 하고 순종해야만 하는 관계입니다. 이렇게 하나님과 아담은 암묵적 언약관계로 맺어져 있습니다. 그것을 증표로 나타낸 것이 '선악과'입니다. 이 부분이 정리가 되지 않으면 '바이블 가이드①_성경 속의 하나님 나라 개관'을 참조하셨으면 합니다.

하나님께서는 아담이 좋은 환경에서 살다 보면 하나님의 존재를 잊어 버리고 살아갈 수 있기 때문에 가장 눈에 잘 띄는 에덴동산 중앙에 과일나무를 만들어 놓았습니다. 저 구석 가장 자리가 아니고 중앙 한가운데에 울긋불긋한 선악과가 한눈에 들어오게 하셨습니다. 그러나 아담은 하나님과의 약속을 위반합니다.

> 창세기 3장 6절에 "여자가 그 나무를 본즉 먹음직도 하고 보암직도 하고 지혜롭게 할 만큼 탐스럽기도 한 나무인지라 여자가 그 열매를 따 먹고 자기와 함께 있는 남편에게도 주매 그도 먹은지라"라고 했습니다.

이렇게 아담과 하와는 사탄의 유혹을 물리치지 못하고 죄를 짓게 되었습니다. 그래서 인류조상 아담은 후손에게 죄의 유산(원죄)을 남겼습니다. 그 때문에 우리는 살아가는 동안 계속해서 여러 가지 죄를 짓게 되는 약한 존재입니다.

가인과 아벨(창세기 4장)

가인과 아벨의 제사사건은 아담에게서 유전된 죄의 결과가 어떻게 되었고 발전했는지 설명합니다. 아담과 하와의 첫아들인 가인은 자신의 제사를 받지 않고 동생 아벨의 제사를 받으시는 하나님의 뜻을 헤아리지 못하고 결국 아벨을 죽입니다(창 4:8). 하나님께 선을 행하지 않은 그 자신의 모습을 돌아보지 못하고 인류 최초 살인 사건을 일으킵니다. 그 결과로 가인은 땅으로부터 저주를 받아 유리하는 자가 되었고, 자기 아들 에녹의 이름을 딴 에녹의 성을 쌓고 세상의 나라를 시작합니다(창 4:17). 이 나라의 초대 왕은 라멕이었습니다(창 4:18~23).

노아 홍수시대(창세기 6장)

하나님의 품을 떠난 인간사회는 누가 누가 더 세냐 하는 교만으로 땅을 빼앗고 뺏기는 전쟁을 합니다. 사람들은 물이 흐르는 비옥한 땅을 찾아 모여들기 시작합니다. 거기서 '누가 힘이 센지'를 겨루었고 그 사람이 곧 '왕'이 되었습니다. 이 사람들이 창세기 6장에서 가리키고 있는 '네피림'입니다. 네피림은 '장부', '용사'라는 말로 통용되며, 영어로는 Giant(거인)입니다. 남보다 키가 크고 몸집이 크며 힘이 센 사람입니다. 이 네피림들이 만들어 놓은 시대가 노아시대입니다. 그 힘센 장부가 왕 노릇 하던 시대의 사람들은 악하고 죄악이 많았다고 성경은 이렇게 기록하고 있습니다.

> 창세기 6장 5~6절에 "여호와께서 사람의 죄악이 세상에 관영함과 그 마음의 생각의 모든 계획이 항상 악할 뿐임을 보시고 땅 위에 사람 지으셨음을 한탄하사 마음에 근심하시고"라고 했습니다.

이는 전인적인 타락입니다. 창조주이신 하나님은 이런 세상을 도저히 묵과하실 수 없으셔서 세상을 물로 쓸어 버립니다. 세상의 주관자 참왕은 '하나님'이라는 사실을 온 천하에 천명한 사건이 노아홍수입니다(창 6~9장). 하나님은 홍수 심판을 예고하신 뒤 수십년 동안(방주를 만드는 기간) 사람들이 회개하고 돌아오길 기다리셨습니다. 그래도 그들은 끝내 돌아오지 않았습니다. 하나님은 노아의 온 가족과 동물들이 배에 오르자 하나님께서 친히 방주의 문을 닫으십니다(창 7:16).

드디어 비가 오기 시작합니다. 때는 노아가 600세 되던 해, 2월 17일입니다. 홍수는 땅에서 깊음의 샘들이 터지고 하늘의 창들이 열리면서 하늘에서 비가 쏟아졌는데, 궁창 위에 설계되어 있던 물이 40일간 쏟아지면서 비가 오는 정도가 아닌, 그냥 장대같이 쏟아졌습니다. 그렇게 하기를 40주야, 그 쏟아지는 비로 인하여 마침내 모든 산봉우리가 물속에 잠기게 되었습니다.

하나님은 천지 창조 때 궁창 위의 물과 아래의 물로 나누어 혼돈을 질서로 바꾸어 놓으셨는데, 인간이 죄를 짓자 온 세상은 다시금 혼돈(무질서)의 시대로 돌아가고 말았습니다. 하나님이 천체의 활동을 정지시키니까 달과 해는 제 기능이 잠시 중단되고 하늘에서는 물이 쏟아져 내리고, 바다의 물들이 쓰나미로 인해 육지로 올라오게 되었습니다. 성경은 이날을 이렇게 표현하고 있습니다.

> "노아가 육백 세 되던 해 둘째 달 곧 그 달 열이렛날이라 그날에 큰 깊음의 샘들이 터지며 하늘의 창문들이 열려, 사십 주야를 비가 땅에 쏟아졌더라."(창 7:11)

여기 '깊은 샘들'은 땅속의 물과 바닷물을 말하고 있습니다. 땅속의 물까지 솟아오르고 바닷물이 밀려오니까 육지에는 어떤 물체도 보이지 않았습니다. 온 세상은 완전히 물속에 잠겼습니다.

혹자는 이런 대천체 변혁에도 노아 방주는 무사할 수 있겠느냐고 반문합니다. 물론 아주 완전했습니다. 미국의 조선 공학자 디키라는 사람이 미국의 전함을 설계할 때에 그 전함의 이름을 'USS오레곤호'라고 하였는데, 일부러 노아 방주의 치수를 맞추어서 배를 만들었습니다. 그 결과 다른 배에 비하여 월등하게 견고한 배가 되었고, 30미터의 파도가 달려와도 끄떡없이 견디어 냈다고 했습니다. 이렇듯 하나님께서 하시는 말씀은 완벽하고 정확합니다.

이쯤에서 생각해 보겠습니다. 세상을 만드신 하나님의 마음이 어떠했을까요? 온 천하가 일순간 살려 달라고 울부짖는 소리에 어떤 마음이었을까요? 창세기 1장에서 천지와 인간창조를 마치시고 "심히 좋았더라"라고 하신 하나님의 기쁨을 경험한 우리는 이 부분에서 하나님의 마음을 헤아릴 수 있습니다. 하나님은 그 처참한 광경을 차마 눈 뜨고 볼 수 없어 외면하고 말았을 것입니다. 그러므로 **노아 홍수는 하나님의 심판이 아니라 하나님의 눈물이라고 보아야 할 것입니다.**

노아 가족은 홍수가 끝나고 그 이듬해에 방주에서 나옵니다. 이날은 2월 27일입니다. 정확하게 말해 1년 10일 만에 방주에서 나오게 되었습니다. 홍수가 끝나고 노아 가족이 방주에서 나왔을 때 무지개를 보여 주셨습니다. 무지개는 다시는 홍수로 세상을 멸망시키지 않겠다는 언약의 증거입니다(창 9:12~14). 땅에 내려

온 노아와 노아 가족은 감사의 제사를 드렸습니다.

지식탐구

천지 대격변으로 생태계가 변하다

처음 창조된 세상은 하나님이 보시기에 심히 좋았더라고 했습니다. 그런데 인간의 죄악으로 인해 홍수 이후부터 아름다운 세상의 생태계가 급격하게 바뀝니다. 생태계의 파괴로 지구가 원래 창조 모습과는 다르게 일그러진 상태가 되어 버렸습니다. 노아 홍수 때문이었습니다. 노아 홍수 때 잠시 천체가 제 기능을 하지 못했습니다. 이 좋은 세상이 잠시 혼돈의 시대, 즉 무질서가 되어 버렸습니다.

창세기 7장 11절에서 "그날에 큰 깊음의 샘들이 터지며 하늘의 창들이 열려"라고 했습니다. 이 말씀은 무엇을 말하고 있는 것일까요? 창세기 1장에서 보니 하나님이 윗물과 아랫물로 나누어서 윗물을 하늘에 저장해 두었는데 '하늘의 창들이 열려' 하늘에 있는 물이 쏟아진 것입니다. 이때 우주가 창조 전의 혼돈(무질서)의 시대가 되어 버림을 말해 줍니다. 하나님이 잠시 손을 놓아 버리니까 천체에 대격변이 일어납니다. 달이 제 기능을 하지 못하니까 바다의 엄청난 물이 밀고 올라와 땅을 다 덮어 버립니다. 지구도 제 기능을 하지 못하니까 지진이 나고 화산이 폭발합니다. 바다에서 산이 올라오고 산이 바다로 가라앉는 사건이 일어났습니다. 뭐 이를테면 이런 것입니다. 강화도 앞바다가 남산으로 옮겨 오고, 남산과 명동에 있는 즐비한 건물들이 강화도 앞 바다로 옮겨 가서 가라앉아 버린 것입니다. 이렇게 노아 홍수는 어마어마한 천지 대격변이 있게 하여 생태계가 크게 파괴되었습니다.

자외선, 홍수전에는 궁창 위에 물이 있어 저주파 직사광선(자외선)이 바로 침투하지 못하도록 방어막이 쳐져 있었습니다. 그래서 자외선이 차단되어 태양으로부터 생명체를 보호할 수 있었습니다. 이때에는 여성들이 선크림이나 파라솔을 쓰지 않아도 되었습니다. 피부가 상하지 않는 아주 은은한 빛이 비치는 세상이었기 때문입니다. 그러나 홍수 후에는 궁창 위에 물이 쏟아지고 나니까, 태양에서 내리쬐는 직사광선과 적외선이 직접 닿게 되니 열대아 지역이 되었습니다. 직사광선이 내리쬐지 않은 곳은 얼음덩이 땅으로 변했습니다.

추위나 더위, 여름과 겨울이라는 말도 노아 홍수 이후에 생겨났습니다. 창세기 8장 22절에서 "땅이 있을 동안에는 심음과 거둠과 추위와 더위와 여름과 겨울과 낮과 밤이 쉬지 아니하리라"라고 했습니다.

앞에서 말한 바 있는 자외선과 적외선은 생태계를 심각하게 만듭니다. 자외선의 빛은 무지개 일곱 가지 색의 스펙트럼 가운데 보라색 바깥에 눈에 보이지 않는 빛을 말합니다. 이 보라색 바깥에 있는 빛이 여성들의 피부를 태우고 피부암에 걸리게 하는 무서운 광선입니다. 또 적외선은 빨간색 바깥에 있는 열선으로 이 빛이 지구에 침투하여 사막화를 만듭니다. 이 적외선은 어마어마하게 에너지가 강해서 지구상의 생물체를 타들어 가게 하여 황폐화시킵니다.

인간수명 단축, 결국 이러한 지구 환경의 변화로 인해 **인간의 수명이 급격하게 떨어지게 됩니다.** 홍수 이후에 인간의 수명이 절반으로 줄어든 것입니다. 홍수 이전의 평균 나이가 912세라면 지금은 평균 90살도 못 사니 수명이 엄청나게 줄어든 것입니다. 성경에서 보니까 홍수 이후 인간의 생명 곡선이 있었습니다. 600세→460세→240세→205세→175세→147세→110세→다윗은 70세로 갑자기 줄어든 것을 볼 수 있습니다.

생명체 손실, 노아 홍수라는 천지 대격변으로 생태계도 크게 파괴되고 수많은 종류의 생물들이 모습을 감추게 되었습니다. 아주 큰 동물인 공룡들은 방주에 타지 못하고 홍수 때 떠내려가서 한곳에 매몰되고 그곳에 지진과 화산이 터져 매몰된 공룡과 각종 큰 동물들이 석유가 된 것입니다. 그리고 그 많은 숲들도 한꺼번에 떠밀려 화산 열과 함께 갇혀 지압에 눌려 석탄이 된 것입니다. 여기 석탄이 되는 나무는 그냥 죽으면 거름이 되지 석탄이 되지 않습니다. 천지개벽이 나고 열이 가해져야 석탄이 되는 것입니다. 타기는 타는데 가스가 빠져나가지 못한 채 압력에 눌려서 석탄이 되는 것입니다.

오늘날 석유와 석탄이 많이 생산되는 곳이 노아 홍수 전에는 동식물이 살기에 아주 좋은 환경이었습니다. 그곳에 지진이 나고 화산이 폭발하니까 모든 동식물들이 매몰되었습니다.

성경은 이처럼 지구에 언젠가 큰 지각의 변동이 있었다는 것을 증명하고 있습니다. 지금까지 노아 홍수 사건에 대해서 관심이 없었던 분들은 지층의 변화와 사계의 변화를 봤을 때 성경이 역사적인 사실이란 것을 믿을 수 있을 것입니다.

민족의 기원(창세기 9~10장)

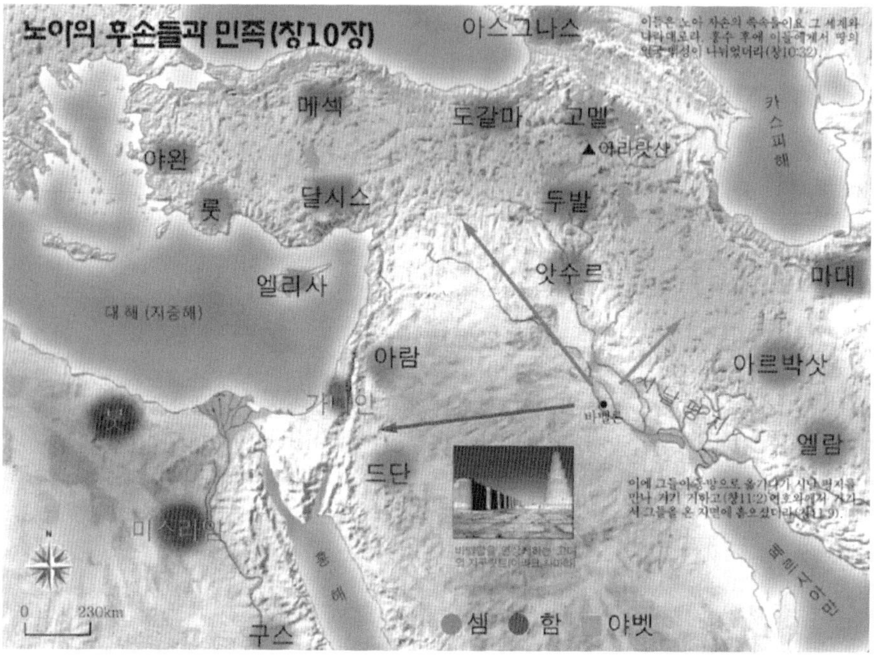

홍수 심판 후에 노아의 세 아들 셈, 함, 야벳에 의해 민족이 시작됩니다. 함은 아프리카 사람들인 흑인의 조상입니다. 이 조상들은 신체가 거구이고 힘이 셉니다. 성경에 등장하는 네피림(거인) 아낙 자손이 모두 함 계열의 후손입니다. 함의 장자 구스가 정착한 곳은 오늘날 에티오피아로 애굽의 나일 강 하류 부분입니다. 홍해가 있는 곳입니다. 둘째 아들 미스라임은 애굽 사람들의 조상이었다고 성경은 기록하고 있습니다. 셋째 아들 붓은 애굽 옆에 있는 리비아의 조상이 됩니다. 넷째 아들은 가나안인입니다.

백인의 조상은 야벳입니다. 노아는 "야벳은 창대케 되리라"고 축복합니다. 성경은 야벳이 지중해 해변을 따라서 쭉 내려간다고 했습니다. 지도를 보면 알 수 있겠지만 지중해 위쪽에 있는 곳이 유럽입니다. 유럽에 엄청난 물질의 축복을 주시고 이들을 창대케 해서 영토를 넓혀 주시겠다는 것입니다. 그래서 헬라에 의한 지배, 로마에 의한 전 세계 지배, 19세기 영국의 지배, 오늘날에는 미국의 지배가 바로 노아가 야벳을 축복했기 때문입니다.

셈은 동양 사람의 조상으로서 종교성이 있습니다. 성경에서는 셈의 셋째 아들 아르박삭에 대해 이야기하고 있는데 그의 손자 에벨[15]이 모든 히브리 족속의 조상이 되었다고 설명합니다. 에벨 후손에서 데라가 나오고 데라에서 아브라함이 나옵니다. 성경에는 나오지 않지만 고대사에는 수메르족(인류 최초 문명국가)이 나오는데 셈에게서 나온 족속입니다. 수메르족이 바벨론 근처에 있다가 니므롯에게 쫓겨 동쪽으로 이동하여 동아시아에서 소멸했다고 나옵니다.

이 세 민족(셈, 야벳, 함)이 노아 홍수 후에 흩어져 오늘날과 같은 인류의 계보로 정해졌습니다. 창세기 10장은 오늘날 살고 있는 세계의 족속들 조상이 누구인지에 대해 자세히 말해 주고 있습니다. 성경은 이렇게 세계 민족의 기원과 일반 역사에 대한 자세한 정보를 제공하고 있는 책입니다.

바벨탑 사건(창세기 11장) – 니므롯 등장

노아의 후예들은 물이 있고 들이 있고 빵을 위해 정착할 수 있는 좋은 땅[16]이 발견되면 꾸역꾸역 모여들기 시작했습니다. 모여든 사람들은 여기서도 예외 없이 '누구 누가 잘하나? 누가 제일 힘이 센가'를 겨루게 됩니다. 그러데 신기하게도 이번에도 홍수 전의 네피림과 같은 사람이 사라지지 않고 다시 나타난다는 것입니다.[17] 그 사람이 바로 니므롯입니다(창 10:8~14). 그는 에녹 성을 쌓고 살다 간 가인의 후예입니다. 노아의 증손자이며 함의 손자 구스의 막내아들입니다.

니므롯은 아라랏 산에서 내려와 멀리 가지 않고 유프라테스 강과 티그리스 강이 만나는 반달 모양의 비옥한 메소포타미아(두 강 사이의 땅이란 뜻) 광야 아래 시날 평지에 정착합니다. 그는 '특이한 사냥꾼'입니다(창 10:8~9). 어떤 사냥꾼이냐 하면 무기를 가지고 약육강식의 시대를 열어 간 사람 사냥꾼입니다. 그는 당시에 힘이 제일 센 '다스린 자'가 되었습니다. 창세기에서는 이때부터 '나라'(창 10:10)라는 개념을 언급하고 있는데 이 나라는 제일 힘이 센 사람 '니므롯'이 세운

15) '건너다' 또는 '유프라테스 강 건너편 지역'을 뜻한다. '히브리'라는 이 이름에서 유래되었다고 한다.

16) 고대 바벨론 국가가 건설된 지역으로 시날 평지. 티그리스 강과 유프라테스 강이 만나는 반달 모양의 비옥한 땅.

17) 이애실, 『어? 성경이 읽어지네!』(서울: 두란노, 2003), p.64.

국가입니다(창 10:8~12).

창세기 11장의 바벨탑[18] 사건은 니므롯이 통치하는 국가이념을 설명한 것으로 세상 나라의 샘플인 바벨론 국가입니다. 바벨론 나라는 인류문명을 탄생시키고 발전시키는 세력으로서 놀랍게도 기하학의 원리를 알아냈습니다. 기하학의 기초는 점이 모여서 선이 되고, 선이 모여서 면이 됩니다. 면이 모여서 입체가 되는 것을 알아내 벽돌을 만들었습니다. 이 벽돌을 가지고 바벨탑을 쌓은 것입니다.

창세기 11장 4절에 "성과 대를 쌓아 대 꼭대기를 하늘에 닿게 하여"라고 했습니다. 이것이 바벨탑 사건입니다. 이 탑으로 "우리 이름을 내고 온 지면에 흩어짐을 면하자"(창 11:4)고 했습니다. 그런데 이 말이 무슨 말입니까? 자기가 하나님과 대등(로마시대 황제숭배도 그랬음)하다는 것입니다. 교만의 극치를 보여 주는 것으로, 내가 하나님(권력, 힘)이니 자기 이름을 널리 알리자는 것입니다.

바벨탑은 신전의 형태로 만들었는데 맨 위층에 신상(神像)을 만들어 놓고 경배하게 했습니다. 바벨탑은 이러한 모습이었습니다. 그야말로 인간 교만의 최고 극치를 보여 주는 사건입니다. 그러니까 시날 평지에 바벨탑 사건을 일으킨 세력들은 창조자의 주권자 통치를 거부한 아주 교만한 악한 나라입니다. 창조주 하나님을 왕(주권)으로 인정하지 않고 정복하고 또 정복해서 광활한 땅을 차지하고 나니 교만해진 것입니다. 이제는 하나님처럼 행세하는 것입니다.

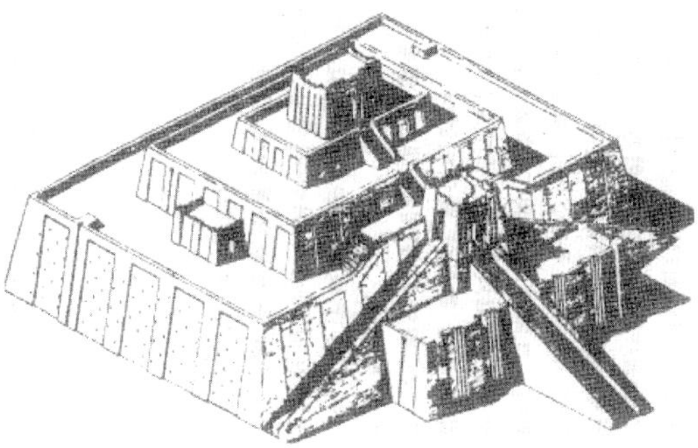

하나님께서는 그 거대한 바벨론 세력을 그냥 두지 않으셨습니다. 언어를 혼잡케 하여 각기 흩어지게 만들어 버렸습니다. 교만하지 못하도록 힘을 분산시켜 버렸습니다.

하나님은 그래도 그 바벨

18) '바벨'이란 '흩어지다'는 뜻인데, 이들의 목적은 탑을 높이 쌓아서 힘을 모아 자신들의 이름을 알리고 흩어짐을 면하려고 했다. 이는 바벨 사람들의 교만의 모습이다. 성경의 바벨탑 형식은(Zigurat, 탑 형식으로 높이 쌓아 올린 신 전탑)은 지구라트와 그 의미가 통한다(창 11:4). 원래는 3단으로 된 탑이었으나 고고학에서 발굴해 낸 것은 저층만 남아 있었다.

론 세력들을 그냥 내버려 두지 않으시고, 보듬고 계시는 장면이 창세기 12장에서 시작됩니다. "창조주는 나다! 나도 내 나라를 세우겠다! 아브라함 네가 필요해!" 바로 이것이 하나님의 '구원의 천명'입니다.

하나님은 산 따라 물 따라 흩어진 수많은 사람들 중에서 메소포타미아 지역(시날 평지)에 살고 있는 어떤 한 사람을 선별하여 한 나라를 건설하려고 하셨습니다. 바로 그 사람이 아브라함입니다. 아브라함은 하나님 나라의 통치를 거부한 바벨론나라 통치 가운데서도 의롭게 살았던 경건한 사람이었습니다.

어느 날 갑자기 하나님께서는 아브라함을 부르신 것 같지만 실은 니므롯이 다스리는 바벨론 세력 가운데서도 양심의 세미한 음성을 들었습니다. 그래서 하나님을 알고 하나님을 경외하는 사람이었습니다. 결국 모든 사람들의 양심에 동일하게 들려준 하나님의 계시를 아브라함은 들었다는 것입니다. 하나님은 이렇게 의로운 사람 아브라함을 통해서 온 세계 민족을 구원하고자 하셨습니다.

그래서 아브라함이 등장하는 창세기 12장부터는 인류의 구원을 위한 구속역사입니다. 창세기 1장에서 11장까지는 '인류 일반역사', 즉 원역사 관점에서 다루고 있지만, 창세기 12장부터는 하나님의 '구속사적 역사'에 초점 맞춰지고 있습니다. 그러므로 신구약성경은 구원역사를 기록한 책이라고 말하는 것입니다.[19] 그런데 여기서 아주 중요한 한 가지 진리를 발견할 수 있습니다. 성경역사에서 보면 악한 나라들이 수없이 등장하는데 왜 그런 악한 나라를 멸절시키지 않았냐는 것입니다. 그것은 '하나님의 사랑'입니다. 창세기 11장의 거대한 힘을 가진 악한 바벨론 국가를 멸절시킬 수 있었지만 그대로 두셨습니다. 대신에 아브라함을 통해서 세운 하나님 나라로 모든 족속(창 10~11장)을 보듬고 싶은 '하나님의 계획'이었습니다. 하나님은 그들도 사랑하셔서 아브라함을 통해 온 세계 민족으로 복을 받게 하시려는 것입니다.

---

19) 이애실, 『어? 성경이 읽어지네!』(서울: 두란노, 2003), p.68.

지식탐구 1

하나님의 통치를 거부한 바벨론 국가의 사회상

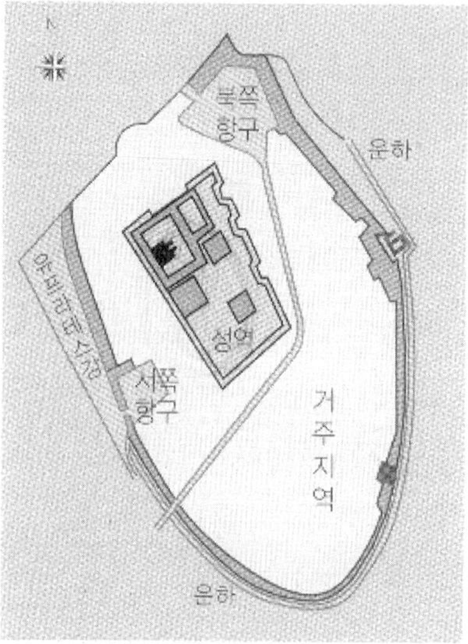

▲ 아브라함 때 우르 상세도

운하를 만들어 성안으로 배가 드나들게 설계가 잘된 도시

아브라함의 가족들이 살았던 곳은 갈대아인의 땅 우르라는 곳입니다(창 11:31). 우르는 지금의 이라크 땅 티그리스와 유프라테스가 만나는 지점에 있습니다. 이곳은 1800년 후반에 이르러 많은 고고학적 발굴이 이루어짐으로써 갈대아 우르 도시가 정말 있었음이 밝혀져 성경적 사실이 입증되었습니다.

우르(Ur)는 갈대아 지역에 있는 도시로 아브라함 당시 크게 번성했습니다. 북쪽은 산지와 구릉, 사막지대가 계속되고 남쪽은 저지대로 광대한 습지입니다. 산지는 강우량이 많아 농수산물이 풍부했습니다. 이 지방의 특산물로는 종려가 많고, 동・북쪽의 산지는 오늘날 유전지대입니다.

우르의 연대추정과 역사적 배경

초기 왕조 시대(주전 3000~2350년경)부터 크게 번성하였던 메소포타미아의 고대 수도입니다.[20] 주전 3000년간 계속된 우르의 역사에서 가장 전성기는 신수메르 제3왕조(주전 2113~2006년) 때로 신적인 권위를 내세운 왕들이 막강한 도시 국가를 형성하였습니다. 제3왕조 우르 남무 왕(주전 2113~2094) 때에 이르러 우르를 제국으로 발전시키는 기초를 놓았습니다. 그러다가 우르제국의 멸망은 주전 2002년 엘람족이 침공하여서 '입비 수엔' 왕을 잡아감으로써 멸망하게 되었습니다.

20) 『성서지명 강해대전 제7권』(서울: 도서출판 성지서원, 1997), p.389.

우르인의 주거생활

주택단지들을 발굴해 들어가던 울리경과 그의 동료들은 놀라 기쁨을 감추지 못했습니다. 성경에 기록된 갈대아 우르의 도시를 발견했기 때문입니다. 지금 세계사 책에는 인류 최초의 문명을 갈대아 우르 지역의 수메르문명이라고 기록하고 있습니다.[21]

위의 그림을 보면 세계 최초의 문명임에도 불구하고 놀랍게도 '건물 한 동에 수백 개의 방'이 있는 건물이 발견되어 굉장한 주거지역이 있었음이 증명되었습니다.

더욱 놀라운 것은 아래 그림에서 볼 수 있듯이 기원전 3000년경(초기 청동기시대)에 이미 완벽한 상하수도 시설이 완비되어 있었다는 사실입니다. 이는 도자기를 구워 만든 상하수도 시설이었습니다. 인류 최초의 문명이 고도로 발달된 문명을 가지고 완벽한 상하수도 시설을 갖추고 살았다는 것입니다. 우리나라는 상하수도 시설을 제대로 갖춘 것이 언제쯤일까요? 그뿐 아니라 그들은 아주 정밀한 수로를 만들어서 그 지역의 농사를 위해 물 관리를 철저히 한 것이 발견되었습니다.

개인 주택단지로 추정되는 곳에서는 우르 시민들은 집 한 채에 13개 내지 14개의 방이 갖추어져 있는 커다란 2층 저택에서 살았던 것입니다.[22] 아래층 바닥은 구운 벽돌로 건조하였고 위층 바닥은 진흙 벽돌로 건조하였습니다. 벽은 회반죽으로 말쑥하게 칠해졌습니다. 문을 통과하여 들어가면 현관에 손과 발을 씻을 수 있

21) 김성 교수 홈페이지, http://www.aspire7.org/belief-1-4-a.html

22) 베그너 켈러, 『역사로서의 성경』, 권정달 옮김(서울: 보이스사, 1991), p.68.

는 세숫대야가 있습니다. 안뜰 주위에는 응접실, 부엌, 안방 및 기도실이 있습니다. 돌층계를 딛고 위층으로 올라가면 세면장이 있고 회랑을 따라서 식구들의 개인방과 손님방이 있었습니다. 이로 볼 때 우르 시민들의 일상생활이 어떠했으리라는 것을 능히 짐작할 수 있습니다. 우르 시민들은 아주 유복하게 살았으며 넓고 안락한 집에서 살았습니다. '아브라함은 이와 같은 2층 집에서 태어나 그곳에서 성장했음이 틀림없습니다.'[23]

사회문화 및 교육

우르의 발굴 작업에서 유프라테스 강의 범람을 막기 위한 방파제, 공공건물들에서는 난방시설과 위생시설을 갖춘 시설들이 많이 발굴되었습니다. 또 일반주택가에서는 학교와 이방신을 경배하는 사당들이 곳곳에 산재하고 있었습니다. 학교 건물에서 발견한 진흙 서판을 보면 학교에서는 읽기와 쓰기, 문법, 산수 등이 교육되었습니다.[24]

우르 지역 발굴에서는 수많은 점토판이 발견되었는데, 우리가 눈여겨볼 것은 그 어순(語順)이 서양이나 중동 사람 말이 아닌, 한국어와 제일 비슷하다는 사실이 밝혀졌습니다.[25] 문장이 주어+목적어+동사의 순이고, ~'가', ~'을' 등의 토시를 붙여서 말을 구성합니다.

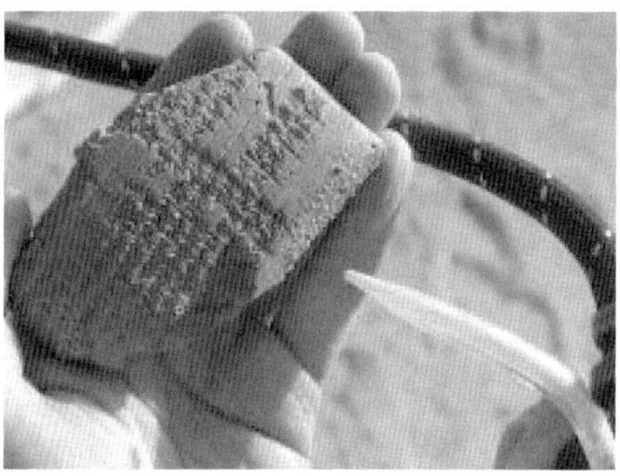

▲ 우르 지역 발굴에서 가장 놀라운 발견 중의 하나는 수메르 문자의 발견입니다. 인류역사상 가장 오래된 문자는 수메르 사람들이 쓰던 쐐기문자입니다.[1]

대영박물관의 조지 스미스라는 청년이 평생을 바쳐 연구하여 밝힌 '길가메시 에픽'에 관한 기록입니다.

수메르의 길가메시라는 족장이 기록한 서사시인데, 그 내용이 성경의 노아 홍수 이야기와 내용이 거의 같습니다. 인류 최초의 문명 기록에도 노아 홍수에 관한 사건이 나온다

---

23) Ibid., p.69.

24) cwp, 『톰슨 성경』(서울: 생명의 말씀사, 1984), p.310.

25) 김성 교수 홈페이지 http://www.aspire7.org/belief-1-4-a.html

▲ 갈대아 우르: 쐐기문자 토판 조각

는 것입니다. 이는 인류 최초의 문명 이전에 분명 노아 홍수 사건이 있었다는 것입니다. 이로 볼 때 우르의 수메르 문명이 홍수 이후에 생겨난 문명임을 알 수 있게 해 줍니다. 수메르라는 말의 어원은 '세메르'에서 왔는데, '셈의 나라'라는 뜻입니다. 노아의 아들 중에서 장자권을 가진 자 '셈의 나라'라는 것입니다.

종교생활

우르 지역에 살던 사람들이 섬기던 신들 중에서 가장 대표적인 신은 여자 달신 '닌갈(Ningal)'입니다. 협성대학교 성서고고학 김성 교수는 달의 여신 숭배사상을 다음과 같이 설명하고 있습니다.[26)]

"당시 사람들은 이 여신이 흥분하여 땀을 흘리면, 비가 많이 오고 농사도 잘된다고 생각하여, 봄철에 '닌갈'을 숭배하는 기간 동안 모든 여성이 남성들과의 자유로운 성교를 즐길 수 있게 하였으며, 신전은 공공연한 난교의 장이 되었습니다."

그런데 이 여신이 가나안 지역에서는 아스다롯(아세라) 여신으로 불렸고, 앗시리아와 바빌로니아로 들어가서는 이쉬타르 여신이 되었으며, 고대의 그리스로 가서는 미와 사랑의 여신 아프로디테가 되었으며, 로마로 가서 비너스가 되었습니다. 1923년 12월 초 미영 연합 '유프라테스 강 유역의 발굴 팀'은 성역(聖域)구역에서 바벨탑(Zigurat: 탑 형식으로 높이 쌓아 올린 신전) 5개를 발견했습니다. 제일 큰 것은

26) 김성 교수 홈페이지, http://www.aspire7.org/belief-1-4-a.html

▲ 위 그림은 우르의 바벨탑(Zigurat, 탑 형식으로 높이 쌓아 올린 신 전탑)은 하늘의 언덕이란 뜻입니다. 성경의 바벨탑과 비슷한 형식의 탑으로서 "대 꼭대기를 하늘에 닿게 하여"(창 11:4)라고 기록하였는데 지구라트와 그 의미가 통한다. 원래는 3단이었으나 지금은 저 층만 남아 있습니다.

3층 계단 탑 형식으로 길이가 200피트, 폭이 150피트, 높이가 70피트로 높이 치솟아 있었습니다.

중심부는 진흙벽돌로 건축되었으나 외부의 표면은 불에 구운 벽돌로 되어 있습니다. 기다란 기념비적 층계는 동쪽 정면의 중앙에 있는 첫 단으로 올라가게 되어 있습니다. 제2단과 제3단에 올라가면 제3단의 맨 위쪽에는 달 신 자체의 신전이 있었습니다.

사원 내부를 들여다보면 모든 사원마다 여러 개의 방으로 에워싸인 안뜰이 있었습니다. 이 건물군의 북서쪽에는 엔투 여사제의 숙소가 있었습니다. 엔투 여사제는 달 신의 인간 신부로 선택된 연례적인 성혼(聖婚) 제의를 집전하던 소녀입니다. 내부에 커다란 벽돌 테이블에 칼로 파인 깊은 흠이 있는 걸로 보아 제사 동물들이 절개되었던 곳을 보여 주었습니다. 그곳에는 빵 굽는 화덕도 있었습니다. 여기 사원에서 사제들은 제물을 받는 성직업무 이외에 십일조와 세금을 징수하는 일까지 담당하였습니다.

역법

수메르인은 달의 운행을 기준으로 하여 1년을 12달로 하는 태음력을 만들고, 다시 하루를 24시간, 한 시간을 60분, 1분을 60초로 하는 60진법을 만들었습니다. 원을 360°로 나누는 것도 그들에게서 비롯된 것으로 보입니다.

지식탐구2

우르 출신 아브라함의 초기성경 기록 가능성(?) 고고학자들이 우르의 문자 점토판을 발굴해 냄으로써, 성경(모세오경)이 오랜 구전기간을 거쳐 문자가 개발된 후 후대에 기록되었을 것이라는 자유주의 신학자들의 가정은 무너지고 말았습니다. B.C. 3000년경에 우르 사람들은 설형문자(楔形文字)를 개발해 내었습니다.

구약성경의 모세오경이 쓰인 연대가 B.C. 1450년대로 볼 때[27] 구약성경의 기록도 이러한 문자술(文子術)의 영향을 받았을 것임이 분명해집니다.

B.C. 3000년경부터 우르 사람들은 학교에서 읽기와 쓰기, 문법, 산수 등의 교육을 받았습니다. 아브라함이 하나님으로부터 부름을 받았을 때 문화적 고상함에 대한 식견을 획득하였을 것입니다. 부유하고 능력 있는 아브라함이 이런 교육적 기회를 잘 이용했으리라 믿습니다. "아브라함과 그 자손들은 법률을 좀 더 체계적으로 정비하였고 훌륭한 문학작품을 남기었다"[28]라고 했습니다. 이로 볼 때 아브라함은 작문을 배웠을 것이고, 후에 모세에 의해 쓰인 초기 이야기의 몇 부분을 기록할 수 있었을 것입니다.[29]

인간 역사의 주역(主役)은 사람입니다. 하나님은 역사 속에 일어나는 사건 중에 가장 중요한 요소인 사람을 택해서 역사하십니다. 가말리엘(Gamaliel) 문하생의 사도 바울을 택해서 신약성경을 쓰게 하셨고, 당대 최고의 애굽 문화에서 교육받은 지성인 모세를 택해서 모세오경을 쓰게 하셨습니다. 아브라함이 살았던 갈대아 우르 지역은 당시로서는 가장 융성한 문화를 꽃피웠던 곳의 하나였습니다. 여기서 훈련받은 아브라함은 능력이 있는 사람이라 그와 자손들은 족장의 역사들을 기록하였을 가능성이 있습니다.

---

27) 『셀프 성경』(서울: 아가페출판사, 1990), p.1.

28) 제임스 패커, 『구약성서시대의 세계』, 노광우 옮김(서울: 성광문화사, 1993), p.20.

29) 레온 우드, 『이스라엘의 역사』, 김의원 옮김(서울: 기독교문서선교회, 1985), p.49.

족장들(아브라함, 이삭, 야곱, 요셉)의 역사

－B.C. 2100년 전후－

바이블 스토리 ②

◈ 아브라함 언약(창 12:1~3)

－하나님 나라를 만드시겠다는 약속－

노아의 세 아들(함, 셈, 야벳)이 새 인류로 번성해 가다가 나라들로 발전합니다. 그러다가 함 계열의 니므롯 때에는 강력한 바벨론 국가가 출현합니다. 하나님께서는 교만해진 바벨론 국가를 보시고 언어를 혼잡케 하여 흩으셨습니다. 흩어진 그 사람들 중에서 셈 계열의 아브라함을 선택하여 하나님 나라를 세우려고 하셨습니다. 아브라함이 살았던 그때가 기원전 2100년경으로 추정됩니다. 창세기 저자는 그가 살았던 지역을 '갈대아 우르'라고 말하고 있습니다(창 11장). 하나님께서는 아브라함에게 바벨론 세력이 통치하는 그 갈대아 우르 지역을 떠나 하나님이 지시한 땅으로 떠나라고 하시면서 아브라함과 언약을 맺으셨습니다.

창세기 12장 1~3절에 "여호와께서 아브람에게 이르시되 너는 너의 고향과 친척과 아버지의 집을 떠나 내가 네게 보여 줄 땅으로 가라. 내가 너로 큰 민족을 이루고 네게 복을 주어 네 이름을 창대하게 하리니 너는 복이 될지라. 너를 축복하는 자에게는 내가 복을 내리고 너를 저주하는 자에게는 내가 저주하리니 땅의 모든 족속이 너로 말미암아 복을 얻을 것이라 하신지라"라고 했습니다.

세상 나라와 구별되는 하나님 나라의 시작은 이렇게 아브라함이 본토 친척 아비 집을 떠남으로써 시작됩니다. 떠난다는 것은 참 힘든 결단을 요구했습니다. 아브라함은 참부자였습니다. 그 모든 부와 명예를 버리고 척박한 땅으로 떠나는 것입니다. 믿음이 없이는 상상할 수 없는 결단입니다. 아브라함은 믿음의 조상답게 위대한 결단을 했습니다. 성경의 구속역사는 이렇게 창세기 12장부터 시작해서 마지막 장까지 '하나님 국민 만들기를 하시는 중'이라는 큰 그림이 그려집니다.

우리가 창세기를 읽을 때 이렇게 시작되는 아브라함과 족장(이삭, 야곱, 요셉)들의 역사를 주시하며 읽어야 할 것입니다. 왜 '그 나라가 있어야 하느냐' 하는 '이스라엘 나라의 존재 가치'에 의문을 가져야 합니다. 그러다 보면 이스라엘 민족이 애굽에서 출애굽 후, 하나님이 말씀하신 "세계가 다 내게 속하였나니…… 제사장 나라가 되며"(출 19:5~6)라고 한 말씀에 공감하게 될 것입니다.

하나님은 한 나라 이스라엘이 잘 세워져서 다른 나라들도 이 나라를 샘플로 삼아 하나님을 알고 잘살게 하기 위해서입니다. 성경은 이것을 '제사장 나라'라는 말로 표현합니다. 이를 위해 아브라함을 선택하여 '모든 민족이 복을 받을 것'이라는 것과 그 후손이 번성해지고 땅(가나안)을 차지할 것이라고 약속하셨습니다.

우리가 초등학교 때 사회시간에 배웠던 내용이 있습니다. '나라'를 이루려면 3가지 요소가 있어야 한다고 했습니다. 주권(왕)과 국민과 영토입니다. 하나님께서 아브라함을 통해서 시작하려고 하는 하나님의 나라도 국민, 주권, 영토에 의해 이루어집니다.

하나님이 왕(주권) 되시는 하나님 나라를 세우시기 위해 아브라함을 부르시고 이삭을 사랑하시고, 야곱 자손들(국민)을 보호하여 번성케 하여 자기 백성 숫자 늘리는 작업을 하셨습니다. 이제 때가 차매 모세를 통해서 그 자손을 구속하여 시내산 언약을 체결하시고 가나안 땅(영토)을 주셨습니다. 왕의 대리통치자로 다윗과 언약하시고 다윗 왕조를 세우셨습니다. 결국 예수님은 새 언약 성취로 이 땅에 오셔서 하나님의 나라를 확장시키셨습니다. 구약성경의 역사는 이러한 흐름으로 일관성 있게 진행되고 있습니다. 그러므로 하나님 나라의 전체적인 구도를 이러한 큰 틀에서 이해하셔야 성경의 맥을 잡을 수 있습니다.

지식탐구

땅, 왜 가나안 땅인가? 하나님께서 주시겠다고 한 땅은 하나님께서 아브라함에게 훗날 자손이 이 땅을 차지하게 될 것이라고 약속하신 땅, 가나안 땅입니다(창 15:16). 그럼 왜 가나안 땅인가요? 이 가나안 땅은 유럽과 아시아와 아프리카 세 대륙을 연결하는 중심지에 있는 교착점이기 때문입니다. 따라서 그 어떤 나라도 팔레스타인 지역을 차지하지 않고는 세계를 지배할 수 없습니다.

또한 이곳은 세계 최초 인류 문화의 진원지인 티그리스와 유프라테스 강 유역의 메소포타미아문명(수메르 문화)이, 동쪽으로는 인도(인더스문명)와 중국(황화문명), 서쪽으로는 이집트(나일 강 문명)와 지중해 해역의 유럽(에게 해 문명)[30]과 가나안, 소아시아(에베소)로 전달되는 중요한 지역입니다. 그렇기 때문에 이 지역의 도로는 고대 근동에 있어 국제적인 동맥이 되어, 정치적 · 문화적 · 종교적으로 매우 중요한 위치를 차지했습니다.

더군다나 가나안 땅(팔레스타인)의 굴곡과 특수한 지형으로 인해 새로운 도로를 만들기가 어려웠기 때문에 가나안 땅을 장악하는 것은 경제적, 군사적으로도 그 중요성이 지대합니다. 특히 경제적인 측면에서 볼 때 가나안 지역은 북쪽의 헷, 두로와 시돈, 동북쪽으로 앗수르, 바벨론 그리고 남쪽으로 애굽과 구스(에피오피아)에서 중간무역을 할 수 있는 요충지입니다. 솔로몬은 이 지리적인 이점을 잘 이용한 왕으로서 막대한 통행세와 중계무역의 수입으로 부강한 국가를 이루게 되었습니다.

가나안 지역은 이러한 특성 때문에 하나님의 나라를 선포하는 데 가장 적합한 지역입니다. 이 땅을 지나가는 수많은 사람들에게 하나님의 백성으로 거룩하게 살면 이렇게 복받게 된다는 것을 보여 주고 싶으셨던 것입니다. 그리하여 하나님을 등지고 있는 모든 족속을 하나님 품으로 보듬고 싶으셨습니다.

◈ 아브라함 자손(이삭, 야곱, 요셉)의 역사(창세기 21~50장)

하나님께서는 언어를 혼잡하게 하사 모든 족속들을 흩어 보내셨습니다. 흩어진 자 중에서 하나님을 경외하는 아브라함을 선택하시고 복을 주셨습니다. 그의 아들 이삭이 가는 곳마다 인도하시고, 야곱을 지켜 주셨다가 결국 요셉을 애굽에 보

30) 지중해 동부 에게 해 주변지역(키클라데스제도, 그리스 본토의 남부, 소(小)아시아 서해안의 트로이 등 광범위한 지역에 걸쳐 있음)에서 번영한 고대문명이다. 크레타 섬, 에게문명의 세계는 과수재배와 해상교역을 생활의 기반으로 한 독자적인 것이었으며, 지리적으로나 역사적으로도 오리엔트와 그리스, 즉 아시아와 유럽을 연결하는 중요한 의미를 갖고 있다.

내어 총리가 되게 하셨습니다. 이런 이야기가 창세기입니다. 이러한 맥락으로 족장들(아브라함, 이삭, 야곱, 요셉)의 역사를 보아야 합니다.

약속의 자손, 첫아들(이삭)이 태어나다(창세기 21~26장)

하나님께서는 하나님의 첫 백성인 아브라함의 첫아들이 반드시 출생할 것이라고 말씀하셨습니다.[31] 이것을 증명하기 위해 하나님께서는 아브라함하고 계약을 체결하셨는데 이 계약에 목숨을 거십니다(창 15:17~18).[32] 드디어 아브라함이 100세가 되던 해 사라는 약속된 아들을 낳습니다. 그 이름은 이삭입니다.

이삭은 아브라함이 약속받은 지 25년이 지난 후에 태어났습니다. 이삭은 아브라함이 100세에 얻은 자식이라 눈에 넣어도 아프지 않을 자식입니다. 이런 자식을 위해서라면 자신의 모든 것을 희생할 수 있다고 여기는 아들입니다. 행복한 시기였습니다. 이러한 시기에 하나님은 아브라함에게 말씀하십니다. **"자, 이삭과 함께 행복을 누리는 이 순간에도 나를 하나님으로 여기느냐"**고 물으신 것입니다.[33] 하나님을 통치자로 인정할 수 있느냐고 물으신 것입니다. 하나님께서는 아브라함에게 그것을 행동으로 보이라고 하십니다. 모리아 산에 올라가서 이삭을 제물로 바치라는 것입니다. 사람을 불로 태워서 번제로 드리라는 것입니다. 아브라함 가슴속에 간직한 이삭에 대한 감정까지도 모두 태워 버리라는 것입니다.

이것은 아브라함에게는 고통 중의 고통이었습니다. 아브라함은 하나님께 묻고 싶은 마음도 있었을 것이고, 항의하고 싶었을 것입니다. 그러나 아브라함은 하나님께 그 이유를 묻지 않고 순종했습니다. 하나님이 하라고 하시니까 하는 것이었습니다. 하나님의 무모한 요구에도 아브라함은 기꺼이 하나님을 선택합니다. 과연 믿음의 조상답습니다.

아침 일찍 일어나 아브라함은 하나님께서 번제로 드리라고 한 모리아 산을 향해 떠납니다. 브엘세바로부터 모리아 산까지 거리는 직경거리 65㎞가 넘은 험한 산길이었습니다. 모리아 산에 올라온 아브라함은 단을 쌓고(이곳에 훗날 솔로몬

---

31) "하나님의 아들, 약속의 자녀"(갈라디아서 4장 28절).

32) 계약의 중대성. 계약을 맺은 당사자가 계약을 위반하면 쪼개진 짐승처럼 죽음을 각오해야 한다.

33) 이연걸, 『에덴에서 가나안으로』(서울: 쿰란출판사, 2009), p.82.

성전이 세워집니다), 아들을 결박하고[34] 번제단에 올립니다. 이제 시퍼런 칼로 이삭을 내리치려고 하는 순간, 하늘에서 음성이 들렸습니다.

창세기 22장 11~13절에 "여호와의 사자가 하늘에서부터 그를 불러 이르시되 '아브라함아 아브라함아 하시는지라 아브라함이 이르되 내가 여기 있나이다. 하매 사자가 이르시되 그 아이에게 네 손을 대지 마라. 그에게 아무 일도 하지 마라. 네가 네 아들 네 독자까지도 내게 아끼지 아니하였으니 내가 이제야 네가 하나님을 경외하는 줄을 아노라'라고 했습니다. 아브라함이 눈을 들어 살펴본즉 한 숫양이 뒤에 있는데 뿔이 수풀에 걸려 있는지라 아브라함이 가서 그 숫양을 가져다가 아들을 대신하여 번제로 드렸더라"라고 했습니다.

하나님께서는 칼을 든 아브라함에게 이삭에게 손을 대지 못하게 하셨고 대신 숫양으로 번제를 드리도록 하였습니다. 이것은 하나님 나라 백성으로서 믿음의 승리였습니다. 하나님의 백성으로 선택된 아브라함이 믿음의 시험을 무사히 통과하는 영광스러운 순간입니다. 아브라함 같은 믿음의 사람은 이전에도 없었고 후에도 없을 것입니다. 하나님께서 믿음을 말씀하실 때 모델로 제시되는 사람이 아브라함입니다. 그래서 성경은 아브라함을 믿음의 조상이라고 부르게 된 것입니다. 이러한 시험을 통과한 아브라함은 하나님 나라 시민으로서 자격을 갖춘 사람이 되었습니다. 하나님께서는 아브라함의 믿음에 흡족해하셨고 창세기 12장에서 약속한 언약을 다시 한 번 확인시켜 주었습니다.

창세기 22장 16~18절에 "이르시되 여호와께서 이르시기를 내가 나를 가리켜 맹세하노니 네가 이같이 행하여 네 아들 네 독자도 아끼지 아니하였은즉 내가 네게 큰 복을 주고 네 씨가 크게 번성하여 하늘의 별과 같고 바닷가의 모래와 같게 하리니 네 씨가 그 대적의 성문을 차지하리라. 또 네 씨로 말미암아 천하 만민이 복을 받으리니 이는 네가 나의 말을 준행하였음이니라 하셨다 하니라"라고 했습니다.

이제 아브라함은 나이가 들었습니다. 숨지기 전에 그의 아들을 결혼시키고 싶었습니다. 이삭의 아내를 현재 살고 있는 가나안 지역에서 구하지 아니하고 자신의 고향, 친척집에서 구합니다. 아브라함은 그의 종 엘리에셀을 고향 땅으로 보내서

34) 어린아이가 아닌 장성한 청년이라 아버지께 반항할 수 있을 법한데도 아버지께 순종하는 모습, 그 아버지의 그 아들인 믿음이 하나님을 감동시켰다.

자부(리브가)를 어떻게 찾아서 데려올 것인가의 지침을 내려 줍니다(창 24:1~9). 그 지침에는 "가는 길도 하나님이 인도하시고, 사람의 선택도 하나님이 해 주실 것이고, 너는 데려오기만 하면 된다"라고 했습니다. 이는 거룩한 혈통으로의 보존을 통한 하나님 나라의 시민으로서 창세기 12장의 언약을 신뢰했기 때문입니다.

영성탐구

우상숭배란? 하나님은 아브라함의 믿음에 불순물(우상숭배)이 있는지 없는지 시험(test)을 하셨습니다(창 22:1). 아브라함은 믿음의 조상답게 그 시험에 거뜬히 합격했습니다. 등급을 매겨 본다면 1등급의 믿음으로 합격한 것입니다. 그 1등급 믿음이 어떤 것인지 말씀을 보면 확실합니다.

창세기 22장 12절에 "…… 네가 네 아들 네 독자까지도 내게 아끼지 아니하였으니 내가 이제야 네가 하나님을 경외하는 줄을 아노라"라고 했습니다. 이 말씀에서 "내가 이제야 네가 하나님을 경외하는 줄을 아노라"라고 했는데, 이 말씀은 아브라함의 온 마음의 중심은 오직 하나님께만 있다는 것입니다. 그러니까 하나님의 절대 주권을 인정했다는 것입니다. 마음의 중심이 하나님께 향하지 않았다면 귀한 자식(이삭)이 우상이 되었을 텐데 아브라함은 그렇지 않았습니다.

원래 우리 인간은 영원(永遠)을 사모하도록 창조되었으므로, 하나님의 절대 주권이 무너지면 그 자리는 우상숭배, 자기주장이 대신 차지하게 됩니다. 우상숭배란 것이 사실 우상을 섬기는 것 같지만, 사실은 자신을 만족하게 하기 위하여 우상을 섬기는 것이기 때문에 언제나 자기가 우상숭배의 중심이 됩니다. 반면에 하나님을 경외하고 섬긴다는 것은 자기중심이 하나님께로 옮겨지는 것입니다. 그래서 우상숭배는 자기주장이 강한 것을 말합니다. 그러므로 교회에서 자기주장을 강하게 내세우는 것은 어떤 면에서 죄를 짓고 있는 것이란 사실을 기억해야 합니다.

하나님을 섬기면서도 자기중심이 하나님께 옮겨 가지 못한다면 그것은 자신을 섬기는 자기 우상인 것입니다. 또한 자신의 편안과 정신적 만족을 위하여 재물이나 명예, 지위 등을 하나님보다 더 우선시하여 받드는 것은 일종의 우상숭배라고 할 수 있습니다. 그러니까 이 모든 탐심들이 우상입니다(골 3:5).

우리가 생각하기에 어떤 대상과 형상한테 절하는 것만이 우상숭배라고 알고 있지만, 피조물을 하나님보다 더 사랑하는 것이 우상입니다. 뭐 이를테면 자기 자식들이 우상이 될 수 있습니다. 이성 친구(연인)가 우상이 될 수 있으며, 요즘 유행하는 자기스펙(지식)들도 우상이 될 수 있습니다.

우리가 아브라함을 '믿음의 조상'이라고 부를 수 있는 것은 100세에 낳은 가장 귀한 자식보다도 하나님을 더 사랑했기 때문입니다. 눈에 넣어도 아프지 않을 만큼 사랑하는 이삭까지도 태워서 드리려고 했습니다. 그 믿음이 하나님을 흡족하게 하셨으며, 후대에도 길이길이 빛나는 믿음이 된 것입니다. 할렐루야!

이삭의 온유한 성품(창세기 26~27장)

"이삭이 저물 때에 들에 나가 묵상하다가 눈을 들어 보매 약대들이 오더라."(창 24:63) 이 말씀은 아버지 아브라함이 그 아들 이삭을 위하여 그의 배우자를 구하러 보냈던 종이 돌아올 때의 광경입니다. 그때에 이삭의 연령은 40세였습니다. 그는 자기의 배우자를 선택할 때도 경거망동하지 않고 그것을 아버지에게 맡길 뿐만 아니라 그 일을 위하여 하나님 앞에 간절히 기도하는 그 모습을 보면 마음을 넉넉히 볼 수 있습니다.

"이삭이 저물 때에 들에 나가 묵상하더라" 하는 이 말씀은 그가 어떻게 고요히 모든 일에 순종과 기도에 준비하는 사람이었던가를 잘 묘사해 줍니다. 고요한 중에 하나님 뜻을 이루기 위하여 기도하던 모습이야말로 얼마나 아름다운 신앙인지를 보여 주고 있습니다.

그의 아버지 아브라함의 신앙을 전수받은 신앙 2세 이삭도 하나님이 항상 인도합니다. 브엘세바에 흉년이 찾아왔습니다. 이삭은 흉년을 피해 이집트로 내려가기 위해 그랄로 갔습니다. 그러나 그때 하나님께서는 이삭에게 이집트로 내려가지 말고 하나님이 지시하는 땅에 거하라고 하셨습니다.[35] 하나님이 지시한 그 땅에서 살면 모든 땅을 너와 네 자손에게 줄 것이며, 자손을 하늘의 별과 같이 번성케 하리라고 축복하셨습니다.

> "그 밤에 여호와께서 그에게 나타나 이르시되 나는 네 아버지 아브라함의 하나님이니 두려워하지 마라. 내 종 아브라함을 위하여 내가 너와 함께 있어 네게 복을 주어 네 자손이 번성하게 하리라 하신지라."(창 26:24)

이삭 또한 아버지 아브라함처럼 복 주신 그곳에 제단을 쌓고 주의 이름을 불렀습니다. "이삭이 그곳에 제단을 쌓고, 여호와의 이름을 부르며 거기 장막을 쳤더니"(창 26:25) 은혜에 감사가 있는 그 믿음, 과연 그 아버지에 그 아들입니다. 이삭 또한 하나님의 사람이었고, 하나님의 백성으로서 신뢰할 수 있는 반석 같은 사람이었

---

35) 창세기 26장 1~2절, "아브라함 때에 첫 흉년이 들었더니 그 땅에 또 흉년이 들매 이삭이 그랄로 가서 블레셋 왕 아비멜렉에게 이르렀더니 여호와께서 이삭에게 나타나 이르시되 애굽으로 내려가지 말고 내가 네게 지시하는 땅에 거주하라."

습니다.

그는 누구나 싸울 법한 문제 앞에서도 다툼이 없는 온유한 사람이었습니다. 가는 곳마다 우물을 파면 그때 그랄 사람들이 쫓아와서 자기네 것이라고 우겼습니다. 싸우지 않고 그냥 넘겨주고 떠나기를 반복했는데, 가는 곳마다 우물을 파면 물이 나오곤 했습니다. 그랄 땅은 척박한 땅인데도 이삭이 가서 땅을 파기만 하면 샘물이 솟았습니다. 척박한 땅도 사람을 알아보는지, 이삭이 농사를 짓기만 하면 풍년이 들었습니다. 창세기 26장 12~13절에 "이삭이 그 땅에서 농사하여 그해에 백 배나 얻었고 여호와께서 복을 주시므로 그 사람이 창대하고 왕성하여 마침내 거부가 되어"라고 했습니다.

어찌 보면 이삭은 예수님께서 하신 말씀, "온유한 자는 복이 있나니 그들이 땅을 기업으로 받을 것임이요"(마 5:5)라고 하신 말씀을 온전히 실천하여 복받았습니다. 결국 그랄 사람들은 이삭의 온유한 성품에 감탄해서 이삭에게 사과하고, 이삭이 섬기는 하나님을 경외하게 되었습니다.

> "그들이 이르되 여호와께서 너와 함께 계심을 우리가 분명히 보았으므로 우리의 사이 곧 우리와 너 사이에 맹세하여 너와 계약을 맺으리라 말하였노라. 너는 우리를 해하지 마라. 이는 우리가 너를 범하지 아니하고 선한 일만 네게 행하여 네가 평안히 가게 하였음이니라. 이제 너는 여호와께 복을 받은 자니라."(창 26:28~29)

이스라엘 이름으로 명명되는 야곱(창세기 28~37장)

이삭에게서 쌍둥이 두 아들 에서와 야곱이 태어납니다. 창세기 12장부터 시작된 하나님 나라의 백성 만드는 작업에 심각한 문제가 발생합니다. 야곱의 형 '에서'는 하나님 나라의 가문을 이어야 할 중요한 위치에 있는 사람입니다. 그러나 그는 헷 족속 이방 사람의 딸 유딧과 바스맛과 결혼합니다(창 26:34).

이는 하나님 나라의 시민으로서 순수성을 무시하는 혼인으로서, 곧 하나님의 나라 백성으로서의 권리를 포기한 결혼이었습니다. 이전에 장자의 명분을 경홀히 여긴(창 25:34) '에서'는 아브라함의 언약, 가문의 순수한 혈통과 하나님 나라 신앙의 정통성을 무시하는 망령된 행동을 했습니다.[36] 이와 같은 에서의 결혼은 부모의 마음을 아프게 하는 불효의 결혼이었습니다(창 27:46).

에서의 이러한 행실을 지켜본 부모는 야곱에게 결혼만큼은 밧단 아람 브두엘 집에서 아내를 취하라고 부탁하며 외삼촌 라반의 집으로 보냅니다. 창세기 2장 27절의 "**생육하고 번성하라**"는 축복의 말씀과 조부 아브라함에게 하신 '약속한 땅'을 취하라는 축복의 말씀이 이어집니다.

창세기 28장 3~4절에 "전능하신 하나님이 네게 복을 주시어 네가 생육하고 번성하게 하여 네가 여러 족속을 이루게 하시고 아브라함에게 허락하신 복을 네게 주시되 너와 함께 네 자손에게도 주사 하나님이 아브라함에게 주신 땅 곧 네가 거류하는 땅을 네가 차지하게 하시기를 원하노라"라고 했습니다.

믿음의 조상 아브라함이 아들(이삭)의 결혼을 위해 "내 고향 내 족속으로 가서"(밧단 아람) 브두엘의 딸 리브가를 데려왔듯이, 이삭 또한 아들 야곱의 결혼만큼은 밧단 아람의 브두엘 집으로 가서 네 외삼촌 라반(브두엘 아들)의 딸들 중에서 아내를 취하라고 합니다. 이는 하나님 나라의 신앙혈통을 이어 가는 아주 중요한 신학의 흐름이며 신구약성경 전체 흐름이기도 합니다.

하나님 나라의 혈통을 이어 가기 위해 브엘세바에서 600km나 되는 밧단 아람에로의 여정이 시작됩니다. 광야의 먼 길을 홀로 가는 것은 고달프고 외로운 길이었습니다. 지치고 허기진 몸으로 야곱은 벧엘 벌판(브엘세바로부터 약 85km 거리)에 누워 잠들게 되는데, 바로 그때 그곳에서 하나님이 야곱에게 나타나셨습니다. 일찍이 아브라함과 이삭에게 언약하셨던 가나안 땅과 후손에 대한 언약을 재차 보장해 주셨습니다. 더불어 언제나 함께 동행할 것을 약속해 주심으로써 무한한 은총과 위로를 베풀어 주셨습니다.

창세기 28장 13~15절에 "또 본즉 여호와께서 그 위에 서서 이르시되 나는 여호와니 너의 조부 아브라함의 하나님이요, 이삭의 하나님이라. 네가 누워 있는 땅을 내가 너와 네 자손에게 주리니 네 자손이 땅의 티끌같이 되어 네가 서쪽과 동쪽과 북쪽과 남쪽으로 퍼져 나갈지며 땅

36) 개역한글 27:46, 리브가가 이삭에게 이르되 내가 헷 사람의 딸들을 인하여 나의 생명을 싫어하거늘 야곱이 만일 이 땅의 딸들 곧 그들과 같은 헷 사람의 딸들 중에서 아내를 취하면 나의 생명이 내게 무슨 재미가 있으리이까.

의 모든 족속이 너와 네 자손으로 말미암아 복을 받으리라. 내가 너와 함께 있어 네가 어디로 가든지 너를 지키며 너를 이끌어 이 땅으로 돌아오게 할지라. 내가 네게 허락한 것을 다 이루기까지 너를 떠나지 아니하리라 하신지라"고 했습니다.

이에 야곱이 깨어나 확신에 찬 믿음과 뜨거운 감사의 마음으로 하나님께 서원기도를 드렸습니다.

창세기 28장 17~19절에 "이에 두려워하여 이르되 두렵도다. 이곳이여 이것은 다름 아닌 하나님의 집이요, 이는 하늘의 문이로다 하고 야곱이 아침에 일찍이 일어나 베개로 삼았던 돌을 가져다가 기둥으로 세우고 그 위에 기름을 붓고, 그곳 이름을 벧엘이라 하였더라 이 성의 옛 이름은 루스더라"라고 하였습니다.

야곱은 이렇게 축복도 많이 받지만 인간적인 기준에서 본다면 형 에서가 받아야 할 축복까지도 가로챈 비윤리적인 사람입니다. 어찌 보면 야곱은 나쁜 사람의 특징을 많이 가지고 있는데도 복을 받습니다. 그래서 성경을 선과 악이라는 기준으로 읽으면 이해가 되지 않는 것이 많습니다. 때에 따라서는 성경은 도덕률을 넘어서는 믿음의 원리도 있습니다. 하지만 그런 비윤리적인 처신으로 말미암아 겪어야 하는 삶의 아픔도 있었습니다. 성경은 이 과정도 상세히 기록하고 있습니다.

야곱은 밧단 아람에서 가정을 꾸리고 열두 아들을 갖게 됩니다(이들이 후에 이스라엘 12지파가 됩니다). 외삼촌 라반의 집 밧단 아람에서 20년이라는 파란만장한 생활을 청산하고 모든 재산과 식구들을 이끌고 꿈에도 그리던 고향 땅 가나안으로 돌아갑니다. 하지만 귀향의 길은 야곱에게는 넘어야 할 산이었습니다. 바로 형 에서와의 만남이었습니다. 이를 위해 얍복강 나루터에서 하나님과 겨루어 다시 얻은 이름 '이스라엘'은 하나님 나라의 이름으로 확정되고, 에서와도 극적인 화해를 합니다.

영성탐구

야곱의 파란만장한 삶[37] 야곱은 **'하나님의 나라 백성 만들기'**의 측면에서 볼 때 분명 축복받은 사람입니다. 그래서 오늘날 교회에서는 에서와 야곱 이야기를 할 때마다 야곱의 신앙의 긍정적인 부분만 이야기합니다. 하지만 비윤리적이고 거친 삶의 발생했던 문제들도 보아야 합니다. 성경은 목적이 옳았을지라도 과정과 방법이 잘못되었을 땐 고통스러운 결과를 가져온다는 것도 동시에 보여 주고 있습니다. 축복받기 위해 수단과 방법을 가리지 않고 어떤 방법을 사용해도 된다는 생각은 하나님 나라 백성으로서 바른 모습이 아닙니다.

혹 목적이 바르면 방법이야 상관없다고 생각하는 사람들이 있다면 야곱의 삶에서 교훈을 얻어야 할 것입니다. 야곱은 '바로 왕'을 알현한 자리에서 바로 왕이 "그대의 연세가 얼마뇨"라고 물으니까 "내 나그네 길이 우리 아버지나 할아버지에 비하면 그렇게 오래 산 것은 아닌데 험악한 세월을 보내었나이다"라고 했습니다. "내 나그네의 길이 130년인데 한 줄로 줄이면 험악한 세월을 보냈었나이다"라고 했습니다. 그럼 여기서 험악한 세월은 누구 탓이냐? 다 자기 탓이지 누구 탓이겠습니까, 자기 성질 탓입니다. 하나님을 믿고, 맡기고, 기다려야지 그러지 않고 꽉 움켜쥐고 벌벌 떨고 꽁생원처럼 쩨쩨하게 따지니까 결과는 그의 평생 동안에 평안이 없었습니다.

그러나 요셉을 만난 후 모든 것 다 내려놓고 나니까 마치 오뉴월에 눈 녹듯이 다 해결되는 것입니다. 요셉도 있고 돈도 있고 먹을 것도 풍족했습니다. 하나님의 나라 백성은 하나님 약속의 때가 되어서 하나님 방법으로 이루어지기를 기다려야지, 그냥 움켜쥐고 빼앗고 쟁취하고 속이고 그래 가지고 복받았다고 해서는 안 됩니다. 그렇게 해서 일평생 무슨 복이 있습니까? 죽을 고생만 한 것입니다. 야곱은 요셉을 만나고 나서 17년을 더 살아서 147세까지 향수했는데 애굽에 내려간 이후의 17년간은 모든 것을 놓고 나니까 비록 육신의 눈은 어두워지지만 영적인 눈은 밝아집니다. 아주 신령한 삶을 살게 됩니다. 끝이 좋은 사람이 되었습니다.

애굽으로 옮겨진 요셉의 일생(창세기 37~50장)

창세기의 하나님 나라 백성 만들기를 위한 작업에서는 '아브라함의 하나님, 이삭의 하나님, 야곱의 하나님'으로 이어지고 있습니다. 그런데 창세기 저자는 이제 야곱의 12아들 중 요셉에게 초점을 맞추어 아브라함, 이삭, 야곱 수준으로 그 생애를 다루고 있습니다. 하나님의 나라 만들기 작업의 이야기가 애굽으로 옮겨지면서 그 역할의 장본인이 요셉이기 때문입니다.

37) 노후호 목사, "138회 에스라 창세기 강좌"에 대한 강의안.

앞으로 전개되는 하나님 나라 백성들의 역사는 '출애굽의 역사'입니다. 요셉은 어린 시절 형제들 사이에서 따돌림을 당했습니다. 결국 요셉은 애굽 상인에게 팔려 애굽에 팔려 갔습니다(창 37:27~28). 오늘날로 말하면 '인신매매'가 되어 버린 것입니다. 요셉은 에굽에서 비참한 노예생활을 합니다. 요셉도 아버지 야곱처럼 부모를 떠나 혼자 살며 하나님을 믿었지만, 아버지보다 훨씬 성숙한 인생을 살았습니다.

> 창세기 50장 20~21절에 "당신들은 나를 해하려 하였으나 하나님은 그것을 선으로 바꾸사 오늘과 같이 많은 백성의 생명을 구원하게 하시려 하셨나니 당신들은 두려워하지 마소서. 내가 당신들과 당신들의 자녀를 기르리이다 하고 그들을 간곡한 말로 위로하였더라"라고 했습니다.

창세기 50장 20~21절의 말씀은 요셉이 지닌 삶의 철학과 인생관을 들여다볼 수 있습니다. 이러한 차원 높은 역사관을 가지고 있었기에 그는 모든 역경을 이길 수 있었을 뿐 아니라 역경 속에서도 최선을 다하는 삶을 살아갈 수 있었습니다. 하나님이 계획하시고 이끄셔서 악을 선으로 바꾸셨는데 자기가 누구이기에 하나님을 대신하여 복수를 할 수 있겠느냐는 것입니다.

이러한 삶의 정신이 있었기에 하나님은 옥중에서 함께하셨고 가는 곳마다 축복으로 화답하였습니다(창 39:2~23). 결국 그는 이집트에서 정치적으로 큰 지도자(총리)가 되어(창 41:39~41) 아버지와 그 열한 형제들을 이집트로 오게 했고, 새로운 이민생활을 시작하는 내용으로 창세기는 끝을 맺습니다.

야곱의 가족들이 애굽으로 이동하다(창세기 46~47장)

요셉의 이야기를 끝내면서 다시 야곱의 가족사 이야기가 시작됩니다. 하나님은 야곱에게 애굽으로 내려가라고 말씀하셨습니다. 큰 민족을 이루게 하시겠다고 약속하셨습니다.

> 창세기 46장 3절에 "하나님이 가라사대, 나는 하나님이라. 네 아비의 하나님이니 애굽으로 내려가기를 두려워 마라. 내가 거기서 너로 큰 민족을 이루게 하리라"라고 하셨습니다.

이는 창세기 12장에서 언약하셨던 아브라함과 한 약속을 이루시기 위한 것이었습니다. 야곱과 그 가족 70명은 애굽으로 떠납니다. 야곱이 애굽으로 갈 때는 초라한 차림이었지만 아주 당당했습니다. 애굽 바로 왕의 머리에 손을 얹고 축복했습니다(창 47:10). 당시에는 머리에 손을 얹고 축복할 수 있는 사람은 왕 아니면 제사장이었는데 야곱은 그와 같은 위치에 있었습니다.

이때부터 야곱 자손은 430여 년을 애굽에서 살았습니다. 그러다 보니 하늘의 별과 같이, 바닷가의 모래같이 많아져서 200여 만이나 되는 큰 민족을 이룹니다. 하나님은 '하나님 나라 백성'들 숫자를 불리시려고 아브라함 후손들을 애굽으로 보내셨던 것입니다.

지식탐구

창세기를 마치면서 창세기 12장에서 처음 시작한 주제는 "누가 하나님인가, 누가 하나님 나라의 국민인가"였습니다. 창세기 뚜껑을 열어 보니 아브라함, 이삭, 야곱으로 이어지는 혈통에서 야곱의 70식구로 귀결되었습니다.

지금 생각해 보니 유목민인 이들이 가나안 땅에 70인을 가만히 두었으면 풀을 찾아 이리저리 다니면 흩어졌을 것입니다. 그래서 하나님께서는 요셉을 먼저 이집트로 보내 준비케 하시고, 애굽의 고센 땅(목축하기에 좋은 곳)을 바로로부터 할애받아 흩어지지 않고 살게 되었습니다. 이들은 고센 땅에서 자손이 번성하였다고 출애굽기 기자는 말하고 있습니다.

우리 하나님은 이렇게 하나님 나라 백성 만들기를 잘하셨던 것입니다. 하나님은 이집트에서 하나님 나라 국민 만들기를 위해 가장 기름진 땅, 고센지역을 400여 년 동안 사용하셨습니다.

출애굽기가 시작되면 이 백성은 장정 남자만 60여 만 명이었고, 전체 인구는 약 200여 만 명으로 번성되어 있었습니다. 이제 다른 나라에 영향을 미칠 수 있는 공동체 단위가 되었다는 뜻입니다.[38] 창세기와 출애굽기 사이에 하나님의 국민들이 70명에서 200만 명가량으로 늘어난 것입니다.

38) 이애실, 『어? 성경이 읽어지네!』(서울: 두란노, 2003), p.85.

탈출, 시내산 계약, 광야 생활 & 가나안 정복

－B.C. 1450년 전후－

바이블 스토리 ③

처음 애굽에 올 때 야곱 식구들은 70명이었습니다(창 46장). 이들이 430여 년을 애굽에서 살다 보니 하늘의 별과 같이, 바닷가의 모래같이 많아져서 200여 만 명이나 되는 큰 민족을 이룹니다.

이제부터는 아브라함으로부터 시작된 족장들의 역사가 끝나고, 이스라엘 민족의 애굽 탈출과 광야 생활 그리고 가나안 정복의 역사가 펼쳐지게 됩니다. 구약성경의 모세오경(창세기, 출애굽기, 레위기, 민수기, 신명기)과 여호수아서가 이쯤에서 쓰입니다. **이 시기는 대략 B.C. 1500~1450년경으로 추정되고 있습니다.**

〉〉〉 애굽 탈출 및 시내산 계약 〈〈〈

흔히들 출애굽기의 주제를 '이스라엘 족속의 애굽 탈출', 이렇게 단순하게 생각합니다. 물론 틀린 말은 아니지만 더 깊은 영적 의미가 있습니다. 애굽 탈출은 아브라함 언약이 성취된 것입니다(창 15:10~14). 창세기 12장 아브라함 언약[39]에서 말씀하셨던 예언이 시내산에서 그 실체적 목적이 이제 드러나게 된 것입니다. 이는 출애굽기 19장 5절의 "세계가 다 내게 속하였나니"에서 분명해집니다. 세계 모

39) 창세기 12장 3절, 모든 민족이 복을 받을 것이다.

든 족속을 보듬고 계시는 하나님의 사랑입니다.

◈ 애굽 탈출

생육하고 번성하는 복

애굽에 있는 아브라함 후손들이 그 현장(노예)에서 부르짖었을 때 하나님이 들으셨습니다. 하나님은 아브라함과 이삭과 야곱에게 했던 언약을 기억하셨기 때문입니다(출 2:24~25). 이 백성은 누구입니까? 창세기 12장에서 언약한 아브라함 후손입니다. 하나님이 갈대아 우르에서 불러내서 하늘의 별과 같이 바다의 모래알 같이 많은 후손을 주시겠다고 했습니다. 오직 하나님만을 섬기게 하여 세계 만민이 복을 받도록 하겠다고 약속하셨기 때문입니다.

아브라함의 후손인 야곱과 그 자손 70명은 애굽으로 내려가 정착했습니다(창 46:27). 애굽 고센 땅에서 야곱의 후손들은 430년 동안 살면서 생육하고 번성하는 축복을 받았습니다(출 1:7). 그러다 보니 그 수가 제법 불어나 200여 만 명이나 되었습니다.

모세의 출생

그러자 왕권의 위협을 느낀 바로 왕은 하나님 나라 백성들을 노예로 삼고 강력한 남아 제한 정책을 실시합니다. 바로 왕은 히브리의 산파들에게 명령하여 이스라엘 백성이 남자아이를 낳으면 모두 죽이라고 했습니다. 그러나 산파들은 하나님을 경외하는 사람들이었으므로 왕 명령을 따르지 않았습니다. 그러자 이번에는 갓 태어난 이스라엘 남자아이는 다 나일 강에 던져 버리라는 만행(蠻行)을 단행(斷行)합니다(출 1:22).

이때 레위족속 중 한 남자아이가 태어나는데, 그 용모가 뛰어났습니다. 이 아이를 3개월간 숨겨서 키워 오다가 바로의 학정(虐政)을 두려워하여 갈대 상자에 아이를 담아서 하수에 버렸습니다. 때마침 바로의 공주가 목욕하러 강가에 나왔다가 이를 발견하고 궁중으로 데려가 양육하게 되었는데, 물에서 건졌다는 뜻으로 이름을 '모세'라고 지었습니다.

아이를 강가에 버릴 때 아이의 누나 미리암이 뒤따라가다가 공주가 아이를 궁전으로 데려가는 것을 보았습니다. "공주님 이 애기에게 젖을 먹일 유모가 필요하지 않으세요?"라고 묻자 공주는 가서 아이의 유모를 불러오라고 말했습니다.

그래서 친어머니가 유모로 소개되었습니다. 바로 궁정에서 아이는 어려서는 어머님의 품에 안기어 젖을 빨며 글을 배우게 되었습니다. 아이가 말을 배울 때부터는 유모가 된 친어머니는 성경이야기를 들려주었을 것입니다. 하나님이 만드신 천지창조 이야기며, 이스라엘 백성이 오늘날 애굽에 들어와 살게 된 이야기를 들려주고 또 들려주었을 것입니다.

아브라함 후손의 고통(출애굽기 2:23~24)

아브라함 후손들에게 가해진 혹독한 탄압으로 그들이 탄식하여 부르짖으니 그 호소가 하나님께 상달되었습니다. 출애굽기 2장 23~24절에 "여러 해 후에 애굽 왕은 죽었고 이스라엘 자손은 고된 노동으로 말미암아 탄식하며 부르짖으니 그 고된 노동으로 말미암아 부르짖는 소리가 하나님께 상달된지라 하나님이 그들의 고통 소리를 들으시고 하나님이 아브라함과 이삭과 야곱에게 세운 그의 언약을 기억하사 하나님이 이스라엘 자손을 돌보셨고 하나님이 그들을 기억하셨더라"라고 했습니다. 때가 되니 하나님은 애굽 탈출의 대계획을 세우시고 모세와 함께하고자 하셨습니다.

모세를 부르시다(출애굽기 2~3장) – 사람을 준비하심

드디어 하나님은 이스라엘 백성들을 불러내기 위해 먼저 지도자를 세우셨습니다. 그 지도자는 태어날 때부터 생과 사의 갈림 길에서 살아난 아이였습니다(출 2:5~6). 그가 바로 모세입니다. 도저히 살아날 수 없었던 아기가 살아났습니다. 살아나는 것은 기적이었습니다. 왜 이집트 공주가 히브리인 아이를 보고 기르고 싶은 마음이 생겼을까요? 또 히브리 유모를 데려다 준다고 했을 때도 거절하지 않고 받아 주었을까요? 성경에는 그를 불쌍히 여기는 마음이 일어났다고 했습니다

(출 2:6). 하나님께서 공주의 마음을 움직이셨습니다. 그런 마음 때문에 아버지 바로의 명령도 어겨 가면서까지 두려움도 없이 모세를 키웠습니다.

출생 즉시 죽을 수밖에 없는 상황에서 태어난 모세는 자라면서 애굽의 모든 학술을 다 배웠습니다(행 7:22). 당시 애굽은 자연과학, 천문학, 의학, 수학 들이 상당히 발달되었는데, 모세는 이 모든 학문을 습득하여 학문적으로도 상당한 수준을 갖추었습니다. 이 모든 과정은 훗날을 위해 준비시키신 하나님의 섭리였습니다.

모세의 나이가 40세에 이르러서, 그 마음에 '나는 누구일까?'라는 생각에 잠겼다가 이스라엘 자손을 치는 것을 보고 애굽 사람을 쳐 죽였습니다. 이 사건이 바로에게 탄로(綻露)가 되어, 결국 모세는 도피하여 미디안 광야로 도망가게 되었습니다. 적막한 광야 생활에서 40년의 풍상을 겪는 모세는 이제 초라한 노인이 되어 가고 있었습니다.

그런데 어느 날 양 떼를 치고 있을 때 호렙산 근방에서 하나님께서 모세를 부르셨습니다. 사라지지 않는 불꽃 가운데서 모세를 부르신 것입니다. 지금 언약의 이스라엘 백성이 애굽에서 당하는 고통을 아신다고 하시면서, 그들을 구출해 내기 위해 모세를 바로 왕에게 보내시겠다고 하셨습니다. 그러나 모세는 사양했습니다. 자신은 이제 나이도 많아 늙었고, 말이 우둔하여 백성을 이끌 수 없다고 하였습니다. 하지만 하나님은 모세를 설득하여 능력을 주시며 바로 앞에 보냈습니다(출 5:1~2).

이처럼 하나님께서 어떤 시대에 어떤 일을 하려고 할 때, 준비된 사람을 쓰십니다. 사람이 준비되지 않으면 하나님께서 일을 하려고 해도 어렵습니다. 모든 족속 구원을 위해 전능하신 하나님도 모세 같은 사람을 준비시키기 위해 애굽에서 40년, 광야 생활 40년, 도합 80년 동안을 기다리셨습니다. 어리면 어려서 안 되고, 성질부리면 성질 때문에 안 되고 충분히 온유함과 인내와 덕망과 지혜와 재덕을 겸비하여 사람들에게 신뢰받을 때까지 기다리십니다.

하나님의 자기 계시(출애굽기 3:14) – 스스로 있는 자

하나님은 모세를 바로 왕 앞에 보내서 **'열 가지 재앙'**을 내리십니다.[40] 하나님은 처음부터 장자 죽음이라는 재앙으로 바로의 기를 꺾을 수 있었지만 그렇게 하지 않았습니다. 그 이유는 열 가지 재앙 모두가 애굽인들이 신으로 섬기고 있었기 때문입니다.[41] 애굽의 신들은 아무것도 아니며, 하나님만이 살아 계신 창조주임을 애굽 온 지역에 보여 주고 싶었습니다.

그리고 애굽 왕과 그 신민(臣民)들에게 아브라함의 하나님이 어떤 분이신지를 알게 하심에 있었습니다. 하나님은 모세를 애굽 바로 왕에게 보내서 "여호와의 말씀에 내 백성을 보내라고 하셨다"라고 하니까, 바로 왕이 "여호와 나는 그런 것 몰라. 여호와가 무엇 하는 거야"라고 했습니다. 그러자 하나님께서는 "그럼 내가 알게 해 줘야지"라고 하시면서 재앙을 내리셨습니다.

탈출(Exodus)(출애굽기 12장)

유월절 그날 밤, 하나님이 장자를 치실 때 천사가 집집마다 돌아다니며 첫아들과 첫 새끼를 모두 죽였습니다. 여기저기서 곡하는 소리가 들리기 시작합니다. 하지만 문설주에 양의 피가 있는 유대인의 집은 천사가 그냥 지나갔습니다. 그래서 이날을 '넘어서 지나간다(pass over)'는 뜻의 유월절(출 12:1~27)이라 합니다.

유대 달력으로는 니산 월(태양력 3~4월) 14일입니다. 모든 하나님 나라의 백성들 가정은 니산 월의 10일 날 흠 없고 1년 된 수컷 양이나 염소를 택하였다가 14일 저녁에[42] 그것을 죽이기로 되어 있었습니다.

그 피로 양을 먹을 집의 문 좌우설주와 인방에 바르고(출 12:7), 그 밤에 고기를 불에 구워 무교병과 쓴나물과 아울러 먹었습니다(출 12:8). 그날 밤 죽음의 재앙은 동물의 초 태생을 포함하여 애굽 사람의 맏아들만 공격했습니다. 장자들의 죽음으로 말미암아 애굽 전체가 울부짖음으로 가득했지만 피를 바른 이스라엘 가정은

---

40) 출 7~10장. 10가지 재앙: 물이 피가 되다, 개구리, 이, 파리, 가축의 죽음, 악성종기, 우박, 메뚜기, 흑암, 장자의 죽음.

41) 신현주, 『딱 50일 만에 끝내는 성경통독』(서울: 도서출판 넥서스, 2009), p.48.

42) 레온 우드, 『이스라엘의 역사』, 김의원(서울: 기독교문서선교회, 1985), p.167. 히브리어 말로는 '저녁 사이(between the evenings, ben ha arbauyim)'라고 하는데 해가 진 후 완전한 어둠 사이를 의미하는 것 같다.

평온하고 고요했습니다(11:5~7, 12:29~30).

바로 왕은 항복했습니다(출 12:31~34). 금붙이까지 쥐어 주며 이스라엘 백성들을 떠나보냅니다. 하나님은 이 중요한 사건을 기념하여 해마다 유월절을 지키라고 지시하였습니다(출 12:14).

홍해 바다 건넘(출애굽기 14장)

애굽에서 출애굽 한 이스라엘 백성의 수는 장정이 60만 명이었습니다(출 12:37~38). 어린이나 여자까지 합치면 200여 만이 됩니다. 거기다 거느리는 양, 소 등 가축까지 합치면 그 수는 대단합니다. 매일 양식을 먹기 위해 필요한 땔감의 양은 2,400톤입니다.[43] 이런 어마어마한 수의 백성들이 무리를 지어 광야를 행진하는 모습은 생각만 해도 정말 장관(壯觀)입니다. 이들을 인도한다는 것은 하나님이 아니시면 불가능합니다.

그러나 애굽을 탈출한 이스라엘 백성들이 가는 여정(旅程)은 결코 순조로운 것이 아니었습니다. 앞에는 홍해 바다가 그들을 가로막고 있었습니다. 뒤에는 애굽의 군대가 쫓아오고 있었습니다. 그야말로 진퇴양난에 처해 있었습니다.

백성들은 크게 두려워하여 떨고 있었습니다(14:9~12). 이런 위기에서 하나님께서 함께하신다는 사실을 믿었던 사람은 오직 모세뿐이었습니다. 그렇기 때문에 그는 자기 백성들에게 담대하게 말합니다.

> "모세가 백성에게 이르되 너희는 두려워하지 말고 가만히 서서 여호와께서 오늘 너희를 위하여 행하시는 구원을 보라. 너희가 오늘 본 애굽 사람을 영원히 다시 보지 아니하리라. 여호와께서 너희를 위하여 싸우시리니 너희는 가만히 있을지니라."(출 14:13~14)

여기 말씀에서 보니까 모세와 이스라엘 백성들은 차이가 있었습니다. 모세는 하나님이 함께 계심을 믿는 믿음이었고, 백성들은 두려움과 기적만 좋아하는 믿음이었습니다. 원래 기적과 표적을 믿는 사람들은 하나님이 함께하신다는 것을 굳게 믿는 사람들보다 더 쉽게 낙심할 때가 많습니다. 기적을 좋아하는 사람들은

43) 이대희, 『성경탐험 1』(서울: 엔크리스토, 2002), p.60.

기적적인 현상만을 좋아할 뿐, 기적을 주시는 하나님을 보지 못하기 때문에 그렇습니다. 모세는 하나님이 함께하신다는 사실을 믿었기 때문에 손을 내밀 수 있었습니다.

> "모세가 바다 위로 손을 내밀매 여호와께서 큰 동풍이 밤새도록 바닷물을 물러가게 하시니 물이 갈라져 바다가 마른땅이 된지라. 이스라엘 자손이 바다 가운데를 육지로 걸어가고 물은 그들의 좌우에 벽이 되니."(출 14:21~22).

홍해 바다가 갈라지는 동안 바로가 보낸 병거들과 기병들은 점점 가까이 오고 있었습니다. 시각을 다투는 위기 상황이 아닐 수 없었습니다. 그때 이스라엘의 진 앞에서 행하던 하나님의 사자가 무리의 뒤로 옮겨 갔습니다. 그러자 애굽 군대 앞에는 짙은 구름으로 이뤄진 흑암이 있었고, 이스라엘의 앞은 밤인데도 환하게 밝아서 밤새도록 바로의 군대가 이스라엘 백성에게 접근할 수 없었습니다. 마지막 통쾌한 장면을 보겠습니다.

> "모세가 곧 손을 바다 위로 내밀매 새벽이 되어 바다의 힘이 회복된지라. 애굽 사람들이 물을 거슬러 도망하나 여호와께서 애굽 사람들을 바다 가운데 엎으시니, 물이 다시 흘러 병거들과 기병들을 덮되 그들의 뒤를 따라 바다에 들어간 바로의 군대를 다 덮으니 하나도 남지 아니하였더라. 그러나 이스라엘 자손은 바다 가운데를 육지로 행하였고 물이 좌우에 벽이 되었더라. 그날에 여호와께서 이같이 이스라엘을 애굽 사람의 손에서 구원하시매 이스라엘이 바닷가에서 애굽 사람들이 죽어 있는 것을 보았더라"(출 14:27~30).

모세와 애굽 왕 바로의 대결은 이렇게 끝을 맺었습니다.

◈ 시내산 도착(출애굽기 19:5~6) – 세계가 다 내게 속하였나니

이스라엘 백성은 홍해 바다를 건넌 후 수르 광야를 거쳐 아말렉과 전쟁을 하고 모세의 장인 이드로를 만난 후 도착한 곳이 시내산입니다.

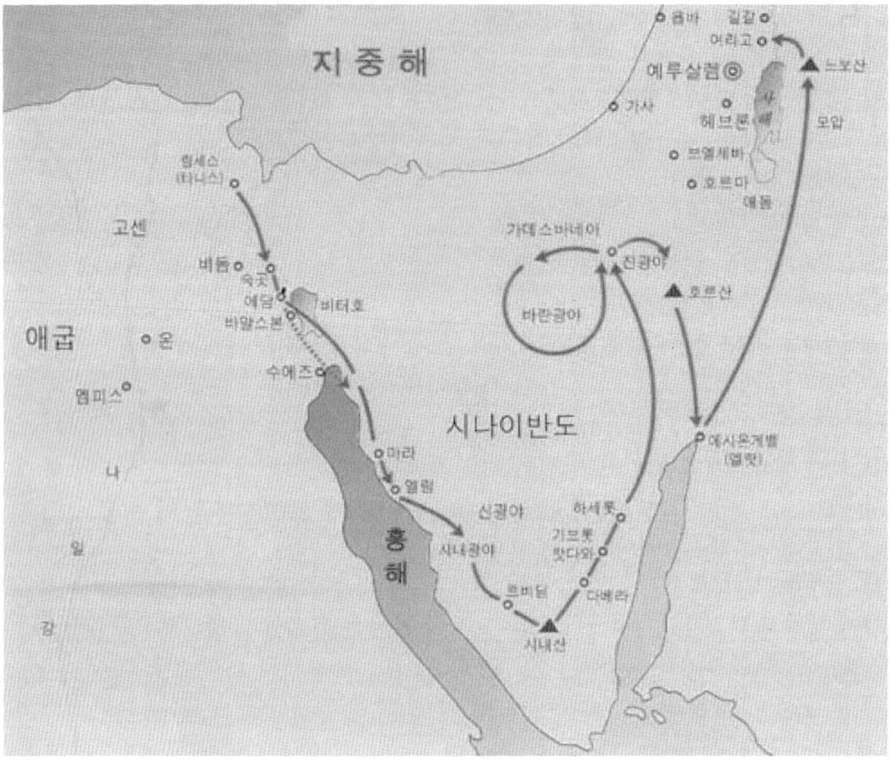

▲ 출애굽 경로

출애굽한 후 여기 시내산 아래 평평한 광야에 도착할 때가 47일째입니다(출 19:1).[44]

실은 애굽에서 출애굽하여 14일이면 가나안 땅에 들어갈 수 있는 길이 있었습니다. 그런데도 하나님은 47일이 걸리는 시내산으로 이들을 데리고 오셨습니다. 왜 그랬을까요? 이들과 시내산 계약을 체결하기 위해서입니다. 이스라엘 백성이 이곳 시내산에 도착하자마자 하나님이 하신 말씀을 보면 알 수 있습니다.

"세계가 다 내게 속하였나니 너희가 내 말을 잘 듣고 내 언약을 지키면 너희는 열국 중에서

44) 이진희, 『율법? 그건 알아서 뭐해?』(서울: 쿰란출판사, 2008), p.60. 출애굽기 19:1(개역한글) '제 삼월 곧 그때'는 3월 1일이다. 그리고 그곳에서 사흘 후에(출 19:11) — 유월절 후 50일째 되는 날 — 모세가 시내산에서 율법을 수여받았다. 그래서 유대인들은 오순절을 율법을 받은 날로 기념하고 있다.

내 소유가 되겠고 너희가 내게 대하여 제사장 나라가 되며 거룩한 백성이 되리라. 너는 이 말을 이스라엘 자손에게 고할지니라."(출 19:5~6)

출애굽기 19장 5~6절의 이 말씀은 **구약성경의 축이 됩니다.**[45] 이 말씀에서 "세계가 다 내게 속하였나니"라고 하시는 것은 하나님께서 창조하셨기 때문에 하나님의 것입니다. 세계가 하나님이 창조하신 것인데 한 나라도 하나님 편에 서 있는 나라가 없습니다. 한 민족이라도 하나님의 통치를 받아야 하는데 한 나라도 없었던 것입니다.

"너희가 내 말을 잘 듣고"라고 하신 말씀은 세상 모든 나라가 하나님 말을 안 듣더라도 너희는 내 말을 들어야 되지 않느냐고 말하고 있습니다. 그들에게 '잘 듣고'라고 했습니다. 여기 '잘 듣고'에는 처음부터 끝까지 잘 들어야 합니다. 알아들었으면 순종하라는 것입니다.

"언약을 지키면"이라는 말씀은 모세가 시내산에 올라가서 하나님으로부터 수여받은 '레위기'입니다. 자세한 설명은 '2장 스터디 가이드 ①'를 참조하셨으면 합니다.

"너희는 열국 중에서 내 소유가 되겠고", 세계는 다 하나님 것인데, 인간들이 어찌어찌해서 하나님에게 등을 돌리고 있어 문제가 되고 있는데, 너희를 소유로 삼겠다는 것입니다.

"제사장 나라가 되며", 소유가 된 백성은 제사장 나라가 되는 것입니다. 원래는 모든 족속들은 하나님의 것인데 관계가 잘못되어서 내게 등을 돌리고 있으니까, 너희 이스라엘 백성이 내 말을 잘 듣고 내 언약을 잘 지켜서 너희가 일차적으로 내 편이 되어서 세상 모든 나라가 돌아오도록 중간역할, 즉 제사장 역할을 해 달라고 하는 것입니다.

제사장이라는 말의 라틴어는 폰티팩스, 즉 '다리 놓는 자', '중간역할을 하는 자'라는 말입니다. 그래서 하나님께서 이들을 통해서 세상의 모든 나라가 하나님께 돌아올 수 있도록 중간역할을 잘해 달라는 것입니다.

---

45) 에스라하우스 홈페이지 http://www.ezrahouse.or.kr

그러나 이 어마어마한 사실을 유대인들은 당시나 지금이나 모르고 있습니다. 그들은 하나님께서는 유대인만 선택하셨다고 믿고 있습니다. 아브라함의 자손, 이삭의 자손, 야곱의 자손만 사랑하고 자기들만 하나님께서 선택하셨다고 믿고 있습니다.

"거룩한 백성이 되리라", 제사장 나라 백성들은 세상 나라와 다르게 거룩해야 합니다. 거룩하지 않고, 구별되지 않고, 그냥 세상 사람들과 같게 제 마음대로 살아가면 제사장 나라가 되지 않는 것입니다. 선교하는 민족으로 이방세계와 구별되는 모습이 되어야지 똑같으면 선교가 되지 않습니다.

세계 모든 족속의 나라들과 엄격히 구별되는 성결한 선민(選民)이어야 합니다. 거룩한 하나님 나라 백성들은 이전의 430년간의 애굽 풍습과 관습에 따라 생활해서도 안 되고 흉내 내서도 안 됩니다. 달라도 뭔가 다르고 거룩해야 합니다.

하나님 나라의 법(율법)(출애굽기 20~23장) – 시내산 언약서 이해

한 국가로 건국되기 위해서는 '국법'이 있어야 하듯이, 하나님 나라 국민들도 가나안 땅에 들어가기 전에 반드시 '국법'이 있어야 했습니다. 애굽에서 탈출한 아브라함의 후손들에게도 무엇보다도 법이 필요했습니다. 이 법이 시내산에서 맺은 언약서(레위기)인데, 모세가 시내산에서 하나님께로부터 받은 말씀입니다.

언약서는 넓은 의미에선 '율법'이라 할 수 있지만, 정확히 말하면 십계명을 기초한 레위기[46]입니다. 레위기 26장 46절에 "이상은 야훼께서 시내산에서 자기와 이스라엘 자손 사이에 모세로 세우신 규례와 법도와 율법이라"라고 했습니다.

여기 '규례와 법도와 율법'은 레위기를 말하는 것이고 '옛 언약'이며 '시내산 계약'입니다. 이렇게 레위기를 가지고 맺어진 시내산 언약은 구약성경 중에서 '제일 먼저 기록한 책'[47]이며, '율법서의 핵심'입니다. 이는 폭넓은 주제를 망라하여 제사제도와 사회통치 유지를 위한 법 등이 있습니다.

우리가 성경을 읽을 때 이 언약의 말씀(레위기)으로 가나안 땅에서 살아가는 하

---

46) 노우호, 『성경통독집』(서울: 도서출판 하나, 1993), p.49. 모세가 시내산에서 십계명만 받은 것이 아니라 레위기의 내용을 받아 기록하였고, 성막의 설계를 하나님께서 보여 주신 식양대로 설계했다.

47) Ibid., p.49.

나님 백성(이스라엘)의 모습을 견주어 가면서 살펴보았으면 합니다. 그러면 하나님의 애틋한 사랑과 슬픔과 끓어오르는 노여움을 헤아릴 것입니다. 또한 성경의 역사적 배경과 상황을 시내산 계약 말씀과 견주어 보면서 읽다 보면 가슴이 미어지기도 할 것입니다. 이런 책이 바로 성경책입니다. 그래서 성경은 눈물 없이는 읽을 수 없는 책이라고 할 수 있습니다. 결코 희희낙락할 수만은 없는 책입니다.

◈ 시내산 계약 체결(출애굽기 24:4~8)

하나님은 거룩한 백성이 되기 위해 계약을 체결하자고 말씀하셨습니다. 하나님은 이스라엘 백성들에게 언약서(레위기)를 낭독하고 언약의식을 맺습니다. 하나님은 시내산에 임재하시고 이스라엘 백성은 산 아래 있을 때 모세가 그 사이를 오가면서 시내산 언약을 맺습니다.

그 장엄한 모습이 출애굽기 24장에 있습니다. 모세는 수송아지를 잡아 그 피를 취하여, 절반은 양푼에 담아 놓고, 나머지 절반은 제단에 뿌립니다. 그런 후 모세가 언약서(레위기)를 가지고 백성들에게 낭독합니다. 그러고 나서 "주께서 명하신 모든 말씀을 받들어 지키겠나이다"라고 한 하나님의 백성들에게 뿌리며 말합니다. "보아라! 이것은 주께서 모든 말씀을 따라, 너희에게 세우신 언약의 피라"고 했습니다. 이때 짐승의 피가 백성을 향해 뿌려져 백성들의 머리와 얼굴, 옷 등을 젖게 합니다. 참 끔찍하기도 하고 피비린내가 나지만, 그 광경은 참으로 장엄하고 엄숙했습니다.

이러한 언약을 히브리어로 '베리쓰(הירכ, Beriyth)'라 하여 '계약'으로 번역합니다. 그 의미는 '서로 묶인다'는 뜻입니다. 계약은 곧 약속입니다. 약속은 곧 법입니다. 피를 제단에 뿌렸다는 것은 하나님이 약속을 책임지시겠다는 것입니다. 하나님이 이 계약을 지키지 않았을 때는 이렇게 죽으시겠다는 것입니다. 마찬가지로 반을 백성들에게 뿌렸으니 이스라엘 백성들이 이 언약을 지키지 않았을 때는 피로써 갚으시겠다는 것입니다. 이렇게 해서 이스라엘은 하나님의 나라 백성으로 선택되었습니다.

이것이 시내산 언약이며 피로 맺어진 계약입니다. 애굽에서 살 때에는 율법(언약서)이 없어서 애굽 풍습을 답습하며 애굽 사람처럼 살았지만 계약 후에는 거룩한 백성이 되는 것입니다. 즉 카도쉬(קדא, vAdôq)하다는 것입니다. '카도쉬'란 말은 구별하여 거룩하다는 것입니다. 애굽 사람하고 다르게 되고 가나안 사람하고 다르게 되는 것입니다. 계약을 맺을 때는 어떤 경우든지 상대방이 지켜야 할 조건이 있고 내가 지켜야 할 조건이 있는 법입니다. 그러므로 하나님의 다스림을 받는 하나님 나라 백성들은 세상적인 풍습과 습성을 버리고 언약의 말씀을 지켜야 하는 의무가 주어졌습니다.

시내산 계약이 체결된 후, 모세와 나답과 아비후와 이스라엘 장로 70인은 하나님을 뵈었습니다. 언약 맺기 전에는 모세 이외에는 산에 올라가지 못했지만 이제는 제사장들과 장로들이 여호와께 올라갈 수 있었던 것입니다. 그때 그 장엄한 보습을 출애굽기 24장 10~11절에는 이렇게 기록하고 있습니다.

> "이스라엘의 하나님을 보니 그의 발아래에는 청옥을 편 듯하고 하늘같이 청명하더라. 하나님이 이스라엘 자손들의 존귀한 자들에게 손을 대지 아니하셨고 그들은 하나님을 뵙고 먹고 마셨더라."

지식탐구

시내산 계약에서 오순절(맥추절 ,칠칠절)의 중요성, 시내산 계약에서 50일(오순절) 날짜는 아주 중요한 신학적 의의가 있습니다. 유대인들은 이날을 유월절 이후 50일째 되는 날로서, 모세가 시내산에서 언약한 율법(레위기)[48]을 받은 날로 기념하고 있습니다.[49] 이날을 유대인은 '오순절(칠칠절, 맥추절)'이라 명명하여 3대 절기 −유월절, 오순절, 초막절− 중의 하나로 아주 성대하게 지냅니다.

그러므로 우리가 출애굽기를 읽으면서 눈여겨보아야 할 말씀이 있습니다. 출애굽기 19장 11절에 있는 '제 삼일'이라는 단어입니다. 그 전에 먼저 출애굽기 19장 1절(개역한글) 말씀부터 보겠습니다. "이스라엘 자손이 애굽 땅에서 나올 때부터 제 삼월 곧 그때에 그들이 시내 광야에 이르니라"라고 했습니다.

여기 '제 삼월'은 이스라엘이 출애굽한 날(1월)로부터 계산해서 삼 개월째 되는 날(3월, Sivan월)입니다. 그리고 '그때'는 3월이 시작하는 첫째 날을 가리키고 있습니다.[50] 유대인의 달력은 애굽에서 출애굽한 1월 15일이 새해의 첫 시작이므로(출 12:2), 이스라엘 백성이 시내산에 도착한 '삼월 곧 그때'는 출애굽한 지 47일째[51] 되는 날입니다.

출애굽기 19장 10절에 "여호와께서 모세에게 이르시되 너는 백성에게로 가서 오늘과 내일 그들을 성결케 하여 그들로 옷을 빨고"라고 했습니다. 이 말씀에서 '오늘과 내일'은 탈출한 후 47일, 48일째가 되는 날이며 유대 달력으로 3월 4~5일이 됩니다.[52] 그리고 시내산 계약을 체결하는 날인 출애굽기 19장 11절의 '제 삼일'은 출애굽한 지 49일이며, 유월절 후 50일째(유월절 밤은 14일)입니다. 여기 50일(오순절, 칠칠절 맥추절)이라는 숫자에는 심오한 영적 의미가 있습니다. 오순절은 성부 하나님께서 시내산에 현현하신 날이요, 인간이 떡으로만 살 수 없기에 영의 양식 말씀(율법)을 주신 날입니다. 맥추절(칠칠절)은 보리추수가 끝나는 절기가 되는데, 육신의 양식(보리추수)을 주신 날입니다.

그리고 신약에서는 성자 예수님이 유월절에 인간의 죄를 위해 돌아가셨습니다. 성령 하나님은 예수님이 십자가에 죽으신(유월절) 후, 50일째(오순절) 되는 날에 마가 다락방에 강림하여

48) 남병식, 『바이블 문화코드』(서울: 생명의 말씀사, 2006), p.66.
유대인들에겐 두 개의 율법책이 있다. 하나는 모세가 시내산에서 받은 성문율법이고, 다른 하나는 성문율법에 대한 설명을 장로들이 전수받아서 입으로 전해 온 구전율법이 있다. 이를테면 안식일에 해서는 안 되는 39가지 금지율법은 37. 불을 끄지 말 것, 38. 불을 켜지 말 것, 39. 한 집에서 다른 집으로 이사하지 말 것이 있다. 이 법이 예수님 때에도 하나님의 율법과 동일시하고 있었다.

49) Ibid., p.115.

50) 『톰슨 성경』(서울: 생명의 말씀사, 1984), p.111.

51) 유대달력은 1월은 29일, 2월은 30일로 짜여 있어서 두 달을 합하면 59이다. 그래서 59 − 15(출애굽한 날 1월 15일을 새해 첫날) = 47(3월 첫째 날, 3월 그때)일이다.

52) 『그랜드주석 제2권』(서울: 성서교제간행사), p.260. 유대인들은 이날을 종교력으로 4, 5일로 한다.

교회를 탄생케 하셨습니다(사도행전 2:1~4). 그러니까 이날은 예수님이 승천 후(행 1:9~10) 1주일 만에 성령이 오신 것입니다. 이 모두가 인류를 위한 하나님의 구속사적 사건의 연속으로 볼 수 있어, 그 의미가 어마어마한 사건들입니다.

이렇듯 하나님과 이스라엘 백성이 체결했던 시내산 언약의 50일(오순절, 칠칠절, 맥추절)의 날짜는 심오한 신학적 의의(意義)가 있는데도, 대부분의 모든 기독 도서와 성경주석과 심지어는 성경(개역개정)까지도 이날을 2개월 혹은 3개월로 표기하여 그 의미를 살리지 못하고 있습니다. 분명 이스라엘 백성이 시내산에 도착한 후, 셋째 날에 하나님이 시내산에 강림하시고, 시내산 계약을 체결한 날이 오순절(50일, 유월절 후)인데도 말입니다(출 19:11).

오늘날 우리 교회가 지키고 있는 맥추감사절도 오순절(성령강림절)에 맞추어서 지킬 수만 있다면 그 의미를 더 살릴 수 있을 것 같습니다. 이렇게 맥추절 감사는 우리가 알고 있는 것보다 훨씬 더 깊은 의의가 있고 감사가 있습니다.

영성탐구

잠깐만요, 1997년 3월 모 교수는 한 중앙일간지[53]와의 인터뷰에서 구약을 믿는 것은 성황당을 믿는 것이라고 했습니다. 정말 그럴까요? 그는 구약성경에서 흐르고 있는 구원사적 의미(아브라함 언약, 시내산 계약)가 신약의 오순절 사건으로 그 절정을 이루고 있는데 이 부분을 놓친 것 같습니다. 구약의 "세계가 다 내게 속하였나니…… 너희가 내게 대해서 제사장 나라가 되고……."(출 19:5~6) 말씀과 신약의 "그러므로 너희는 가서 모든 민족을 제자로 삼아 ……"(마 28:19~20)라고 한 말씀의 연관성을 이해하지 못한 것 같습니다. 그 연장선에서 신약의 성령강림(오순절) 사건이 있었는데도 말입니다.

53) 한겨레신문, 2007년 3월 2일, 사회면, 그는 "〈요한복음〉에 보면 예수께서 '너희가 모세 율법을 믿느냐, 나를 믿느냐'는 물음을 한다"면서 "구약의 모세를 믿으려면 유대교로 가야 하고, 우리나라에서 보면 성황당을 믿는 것과 다름이 없다"고 말했다.

◈ 광야 생활(민수기, 신명기)－약속의 땅을 향하여

광야 생활－민수기 전망대

시내산에 머무는 11개월 동안 시내산 계약을 맺으시고, 레위기(율법)를 주셨습니다. 이제 하나님 나라 백성들은 국가로 건국되기 위해 필요한 '법'이 제정되었습니다. 지금부터 진행되는 역사는 하나님의 백성들이 창세기 12장에서 **'약속하신 땅'**을 향해 갑니다.

애굽에서 나온 지 2년째 되는 2월 20일,[54] 이스라엘 백성들은 시내산을 출발하여 가데스바네아를 향합니다(민 10:11). 그러나 12정탐꾼 사건으로 인해 광야에서 40년간 훈련을 받아야 했습니다. 이 훈련 내용을 다루고 있는 책이 '민수기'입니다.

▲ 구름기둥

▲ 불기둥

아브라함의 후손, 하나님 나라 백성들은 구름기둥과 불기둥으로 인도되어 가데스바네아에 도착했습니다. 이곳에서 모세는 가나안 땅으로 12정탐꾼을 보냈습니다. 40일 동안 가나안 땅을 정탐하고 돌아온 정탐꾼들은 아주 상반된 보고를 하였습니다.

10명의 정탐꾼들은 그 지역은 과연 좋은 땅이지만 그 땅 사람들과 비교해 보면 자신들은 '메뚜기'와 같다고 한 것입니다(민 13:33). 그런데 더욱 가관인 것은 그런 정탐꾼들의 보고에 "그렇다! 우리는 메뚜기다"라고 맞장구를 친 군중들의 태도입니다. 메

54) 홍성환, 『구약의 숲을 걷다』(서울: 도서출판 넥서스, 2010), p.149.

뚜기 같은 우리는 그들과 싸워서는 이길 수 없으니 다시 애굽으로 돌아가자고 한 것입니다. 그러자 여호수아와 갈렙이 나섰습니다. "아니다, 우리는 이길 수 있다! 하나님이 함께하시므로 승리할 수 있다! 저들은 우리의 밥이다"라고 하면서 싸우자고 했습니다(민 14:6~9).

그런데 문제는 하나님의 반응이었습니다. 구약성경에서 유래를 찾아볼 수 없을 만큼 어마어마한 반응을 보이신 것입니다. 아브라함의 자손을 다 멸절시키고 모세의 자손으로 하여금 다시 시작하시겠다는 것입니다(민 14:12 참조. 출 32:10). 창세기 12장의 아브라함 후손을 허물어 버리고 모세를 믿음의 조상으로 하겠다는 것입니다.

이런 말씀을 듣고 모세는 팍 엎드리고 기도합니다(출 14:13:19). 모세의 기도를 들으신 하나님은 위의 생각을 철회하시지만(출 14:20) 두 가지 조건을 제시합니다.

첫째는 이곳에서 여호수아와 갈렙만 빼고 출애굽 1세대(20세 이상)가 광야에서 다 죽게 된다고 했습니다(14:30). - 모세는 므리바 물 사건으로 인해 가나안 땅에 들어가지 못함(민 20:12).

둘째는 20세 이하인 사람들과 광야에서 새로 태어나는 자녀들이 40년 후에 약속의 땅 가나안에 들어간다는 것이었습니다. 그래서 '광야 40년'이라는 말이 생긴 것입니다.

이스라엘 백성들은 바란 광야 일대를 이리저리 이동하기도 하지만, 전체적으로 이 지역에서 37년 6개월이라는 긴 세월을 보냅니다(민 14~20). 하나님은 출애굽한 제1세대들, 이들을 가지고는 가나안 땅을 정복할 수 없으므로, 가나안 입성을 그다음 세대로 미루셨습니다. 대신 신세대를 데리고 광야에서 40년 동안 훈련시키십니다. 그 훈련의 목적은 하나님의 백성으로서 사명을 자각하고 그 사명을 감당하게 하기 위해서입니다.

어찌 보면 이스라엘 백성들 고된 광야 생활을 하지 않고 그냥 쉽게 가나안 땅에 입성할 수 있었는데 그만 놓쳐 버렸습니다.[55] 가데스바네아에 도착하자마자 하나님이 주신 '가나안 땅 정탐 명령'이었던 것을 보니까 그렇습니다(민 13:2). 그

55) 이애실, 『어? 성경이 읽어지네!』(서울: 두란노, 2003), p.95.

런데 들어가지 못한 것은 그들이 가진 정체성이 문제였습니다. 그들은 자신의 존재가치를 '메뚜기' 같다 했습니다.

그 많은 세상 나라와 사람들이 있는데 왜 이스라엘을 선민으로 선택하였을까요? 제사장 나라가 되게 하여 하나님을 선전하라는 것입니다. 이들은 이런 하나님의 마음을 헤아리지 못했습니다. 구원은 괜히 받는 것이 아닙니다.

하나님이 함께하시는데 그들(네피림, 아낙 자손)이 뭐가 두렵습니까? 정작 하나님의 백성들은 싸워야 할 대상이 나타나자, 그만 메뚜기로 변해 버린 것입니다. 그러니 여기까지 인도해 내신 하나님이 얼마나 당황하실 일입니까? 아브라함에서부터 시작해서 여기까지 왔는데 말입니다.

사명 없이 '메뚜기 같다' 하는 이런 사람들로는 가나안 정복을 못 하시겠다는 것이 하나님의 입장이었습니다. 그렇습니다. 가나안 땅은 아무나 들어가는 곳이 아닙니다. 여호수아와 갈렙 같은 '사명'을 자각하고 영적인 배짱이 있는 사람만이 들어갈 수 있습니다.

늙은 종 모세의 고별설교 – 신명기 엿보기

출애굽 한 지 40년 11월 1일(신 1:3) 출애굽 당시 20세 미만이었던 세대들과 광야에서 새로 태어난 신세대들은 드디어 사해바다 동쪽인 모압 평지에 다다르게 되었습니다. 앞에는 요단강이 흐르며 요단강 건너 저 먼 발치에는 난공불락의 여리고성이 버티고 있습니다.

바로 이곳에서 죽음을 앞둔 모세는 그의 생을 정리하면서 40년 동안 있었던 역사와 하나님의 법들을 가르쳐야 할 사명이 있었습니다. 새로 태어나 출애굽의 현장과 광야 생활을 제대로 모르는 신세대에게 그동안의 경험과 율법으로 고별설교를 합니다. 이것이 '신명기'입니다. 시내산에서 받은 레위기(율법)를 2세대들에게 아주 쉽게 재해석해 놓은 책입니다.

요단강 자락을 넘어 저 앞에 멀리 보이는 가나안 땅을 바라보고 있는 이 무리들, 만나와 메추라기를 먹고 광야에서 살아남은 이 신기한 무리, 새 백성들에게 늙은 종 모세는 가나안 땅에 들어가기 전에 '하나님의 말씀'을 듣고 가라고 고별

설교를 합니다.

이 신명기 말씀은 시내산에서 받은 레위기(율법)의 딱딱한 법을 재해석해 준 것으로, 우리가 놓치지 말아야 할 가르침이 있습니다. "이스라엘아 들으라"라는 말로 시작되는 신명기 6장 4~9절입니다. 이 말씀을 '쉐마'[56]라고 부르는데 그 의미가 깊습니다.

> "이스라엘아 들으라. 우리 하나님 여호와는 오직 유일한 여호와이시니 너는 마음을 다하고 뜻을 다하고 힘을 다하여 네 하나님 여호와를 사랑하라. 오늘 내가 네게 명하는 이 말씀을 너는 마음에 새기고 네 자녀에게 부지런히 가르치며 집에 앉았을 때에든지 길을 갈 때에든지 누워 있을 때에든지 일어날 때에든지 이 말씀을 강론할 것이며 너는 또 그것을 네 손목에 매어 기호를 삼으며 네 미간에 붙여 표로 삼고 또 네 집 문설주와 바깥문에 기록할지니라."(신 6:4~9)

이 말씀은 하나님을 사랑하되 모든 생각과 온 정성을 다해서 그리고 매일 삶으로 하나님을 사랑하라는 것입니다. 이렇게 말씀대로 살면 하나님께서 꿈꾸시는 이상적인 나라로 만들어 주시겠다고 했습니다.

> "네가 네 하나님 여호와의 말씀을 삼가 듣고 내가 오늘 네게 명령하는 그의 모든 명령을 지켜 행하면 네 하나님 여호와께서 너를 세계 모든 민족 위에 뛰어나게 하실 것이라. 네가 네 하나님 여호와의 말씀을 청종하면 이 모든 복이 네게 임하며 네게 이르리니"(신 28:1~2)라고 했습니다.

이 말씀은 하나님이 사랑하는 나라, 모든 민족 위에 뛰어나게 해 주는 나라는 어떤 나라인가를 분명하게 보여 줍니다. 이 말씀을 붙잡고 산 이스라엘 민족(유대인)은 현재 인류의 가장 뛰어난 민족이 되었습니다. 객관적인 성적표로도 입증됩니다. 이스라엘 민족 출신 중에는 세계에서 제일 우수한 석학(아인슈타인, 프로이트 등), 비범한 예술가, 엄청난 부호들이 많습니다.

20세기를 빛낸 가장 위대한 지성인 21명 중 15명이 이스라엘 사람입니다.[57] 미

---

56) 조병호, 『쉬운 성경통독』(서울: 통독원, 2007), p.112. 신명기 6장 4~9절의 문장을 가리켜 히브리어로 '쉐마(shema, 들어라)'라 한다. 이것은 유대교의 기반이 되는 성서의 핵심 텍스트인데, 이스라엘 가정에서는 매일 아침저녁으로 쉐마를 묵상하였다.

57) 차동엽, 『무지개 원리』(서울: 위즈앤 비즈, 2008), p.15.

국 명문대학에 속하는 하버드, 예일, 컬럼비아, 프린스턴 같은 일류대학의 교수 중 30%가 유대인(이스라엘 민족)입니다. 할리우드의 걸출한 영화감독과 스타들도 대부분 유대인입니다. 또한 미국 내 40위 안의 부호들 중 절반이 유대인입니다.

이렇듯이 유대인(이스라엘) 민족은 세계적으로 두각을 나타내는 민족입니다. 이 민족을 이렇게 위대한 민족으로 만들어 낸 것은 성경적인 세계관이 있어서 그렇습니다.

모세의 죽음

신명기의 긴 설교 후 이제 모세는 죽음을 맞이하려 합니다. 모세의 나이 120세입니다. 하나님께서 가나안 땅에 들어가는 것을 허락하지 않았기 때문에 백성들에게 설교한 후 조용히 사라져 갑니다. 그는 백성들 앞에서 마지막 부탁을 합니다.

> 신명기 31장 7~8절에 "모세가 여호수아를 불러온 이스라엘의 목전에서 그에게 이르되 너는 강하고 담대하라. 너는 이 백성을 거느리고 여호와께서 그들의 조상에게 주리라고 맹세하신 땅에 들어가서 그들에게 그 땅을 차지하게 하라. 그리하면 여호와 그가 네 앞에서 가시며 너와 함께하사 너를 떠나지 아니하시며 버리지 아니하시리니 너는 두려워하지 마라. 놀라지 마라"라고 했습니다.

이후 모세는 이스라엘의 각 지파를 축복하고, 느보산의 비스가 봉우리에 올라가 하나님께서 보여 주시는 약속의 땅(가나안)을 바라보았으며 생명을 다했습니다. 하나님은 혈기 많고 지혜가 모자란다고 거드름을 피우던 모세를 붙잡아 온유하고 지혜로운 사람으로 만들었습니다. 그리고 거칠고 불평 많은 사람들을 이집트에서 가나안으로 인도해 내는 위대한 지도자로 만들어 내었습니다.

모세가 모압 평지에서 설교한 신명기 내용(말씀)은 앞으로 사사기부터 열왕기까지 역대 왕들의 삶을 견주어 보는 기준이 됩니다. 그러므로 신명기를 바르게 이해하는 것은 이스라엘 역사(구약성경)를 바르게 이해하는 척도가 됩니다.

지식탐구

이스라엘 민족의 성공법칙-쉐마 이스라엘 , 세계 역사를 빛낸 이스라엘 민족의 우수성의 바탕이 바로 '쉐마 이스라엘(이스라엘아, 들어라)'입니다. 신명기 6장 4~5절(쉐마)은 오늘날도 매일 아침, 저녁 최소 두 번 낭송합니다. 이 말씀의 핵심은 '마음'과 '목숨'과 '힘'을 다하는 삶의 자세가 있습니다.

"이스라엘아 들으라. 우리 하나님 여호와는 오직 유일한 여호와이시니 너는 마음을 다하고 뜻을 다하고 힘을 다하여 네 하나님 여호와를 사랑하라."(신 6:4~5)

여기서 '마음'은 히브리어로 '레브'라 하는데, 모든 정(情)을 합해서 하나님을 사랑하라는 말입니다.

'목숨'은 히브리어로 '네페쉬'라고 하는데 이는 영혼을 다하라는 말입니다. 그런데 영혼의 핵심적인 기능은 '의지'입니다. 이는 곧 모든 의(意)를 다해서 하나님을 사랑하라는 말입니다.

'힘'은 히브리어로 '메호데'라고 하는데 이는 생각의 힘을 모아서 하나님을 사랑하라는 말입니다.

이렇게 평소 마음과 성품과 힘을 합하여 하나님을 사랑하는 것이 습관화되면, 어느 분야라도 최선의 결과를 이끌어 낼 수 있습니다. 그런 습관을 지니고 있는 사람은 스포츠, 예술, 학문 등 어느 분야에서든 반드시 최고를 달성할 수 있게 되는 것입니다. 여호와를 경외하는 것이 지혜의 근본(잠 9:10)이며, 여호와는 경외하는 지식의 근본(잠 1:7)이기에 그렇습니다.

"하나님의 영을 그에게 충만하게 하여 지혜와 총명과 지식과 여러 가지 재주로 정교한 일을 연구하여……."(출 31:3~4)

영성탐구

선택은 우리의 몫이다. 우리는 복을 받으려고 합니다. 그러나 복은 내가 노력해서 받는 것이 아니라, 하나님의 말씀을 지킬 때 주시는 상급입니다. 우리가 하나님의 마음에 합하게 살기만 하면 복이 우리가 살아가는 동안에 따릅니다. 그러니까 복은 인간 삶의 결과이며 어떤 자격증을 취득하는 것이 아니므로, 하나님을 떠난 곳에는 복이 존재할 수 없습니다.

하나님을 떠난 곳에서는 신명기 28장 15절부터 나오는 저주받는 인간들이 됩니다. 결과적으로 행복과 저주는 말씀대로 '사느냐', '안 사느냐' 하는 인간의 선택입니다. 하나님께서 인간에게 말씀을 주신 것은 복과 저주를 우리 앞에 놓아두셨기에 이제 남은 것은 우리의 선택입니다. 모세는 이 사실을 30장 1절에서 "내가 네게 진술한 모든 복과 저주가 네게 임하므로"라고 말했습니다.

◈ 가나안 전역(全域)을 정복하라 – 여호수아 등장

약속의 땅(가나안)을 차지하라!

위대한 지도자 모세는 죽었습니다. 이제는 모세의 후계자 여호수아를 좇아 가나안에 들어가야 합니다. 가나안은 사실 470여 년 전 그들의 조상 아브라함, 이삭, 야곱이 살았던 땅, 그 땅입니다. 이집트에서 종살이하다 나온 3세들이 발붙일 땅입니다. 이미 하나님은 아브라함에게 이 사실을 가르쳐 주셨습니다(창 15:16). 이제 창세기 15장에서 하나님이 목숨을 걸고 언약하신 대로 신실하게 이루시게 됩니다.

하나님의 백성들이 향하는 이곳 가나안 땅은 아브라함 때에도 일곱 족속이 자리잡아 살고 있던 땅이었습니다(신 7:1). 얼핏 보면 "왜 남이 살고 있는 땅을 빼앗나?" 하는 의문이 생깁니다. 하나님은 가나안 땅에 들어갈 때 그곳에 호흡이 있는 모든 것, 아이들까지도 온전히 진멸시키라고 하셨습니다(신 20:16~20). 그들과는 언약도 하지 말고 불쌍히 여기지도 말고 결혼도 하지 말라고 하셨습니다(신 7:2~3). 그럼 왜 그랬을까요? 하나님이 잔인하고 편협해서 그런 명령을 내렸을까요?

바로 이런 질문의 답으로 창세기 노아홍수 사건(창세기 6장)과 소돔과 고모라 멸망(창세기 19장)을 한눈에 볼 수 있는 전망대(展望臺)가 필요합니다. 그때 그 땅 사람들은 창조주 하나님을 등진 채 음란한 문화를 가지고 있었습니다.

하나님은 죄악을 싫어하시므로, 노아 시대 때 "죄악이 세상에 관영함을 보고 사람 지으심을 한탄하사" 하시면서 홍수로 멸망시켰습니다. 소돔과 고모라 땅은 유황과 불을 비같이 내려 태워 버렸습니다. 하나님의 백성들이 들어가야 할 약속의 땅도 이러한 관점으로 들여다보면 이해가 갑니다. 이런 악한 문화를 가지고 있는 땅은 결국 심판을 받습니다. 하나님은 추악하고 가증스러운 일을 일삼은 가나안 지역을 이스라엘 손을 빌어 의로운 칼을 사용하신 것입니다.

앞으로 구약성경을 쭉 살펴보면 아시겠지만, 이곳 가나안 지역도 노아시대, 소돔과 고모라 땅 못지않게 악했습니다. 가나안 지역의 풍습은 동성연애를 하찮게 여겼으며, 근친상간과 수간 등을 당연시했습니다(레 18:20~27 참조). 종교는 바알(비를 내리게 하여 농식물을 주관하는 신)과 아세라(풍요, 다산, 사랑의 신)를 섬겼습니다. 바알과 아세라는 단순한 미신이 아니라 신당에 미모의 여사제를 두었습니다. 신도는 제사 의식을 마치고 나면 여사제는 물론이고 신도들끼리 성적 접촉을 자유롭게 허용한 음란 종교였습니다. 이런 비윤리적인 종교 행위는 필연적으로 사생아를 출생시키게 되고. 이를 합리화시키기 위한 수단으로 아이를 희생 제물로 삼았습니다. 즉 아이를 불태워 드리는 종교(몰렉신)였습니다.

세상나라 문화와 하나님의 법(레위기)이 부딪히는 순간입니다. 역사적으로 볼 때 언제나 미개한 문화가 발달된 문화에 동화되고 흡수된다는 것이 원리입니다.

아브라함의 후손들을 선택하시고 보호하신 이유가 그들을 거룩한 백성으로 삼아서 온 세상을 향하여 제사장이 되도록 하려는 데 있습니다(출 19:5~6). 그런데 음란종교와 향락에 섞이게 되면 이곳까지 인도해 오신 하나님의 의도는 허사로 돌아가고 말 것입니다. 하나님은 거룩한 백성들이 가나안 사람들의 사악한 풍습에 물드는 것을 원치 아니하셨기에 그들을 철저히 진멸할 것을 요구하셨습니다.

오늘날 우리가 악은 그 모양이라도 척결해야 하는 까닭 역시 이러한 맥락으로 이해하며 돌이켜야 하는데 세상은 그렇지 않은 것 같습니다. 지금도 세상은 바알(재물, 돈)과 아세라(풍요, 사랑, 성 탐닉)의 지배를 받고 있습니다.

마지막 때가 되면 세상은 물질주의와 향락주의, 이기주의가 만연하게 된다고 했는데(딤후 3:1~7), 정말 그렇게 되고 있습니다. 지금 세상의 어리석은 사람들은 '편안하다, 안전하다' 합니다. 이렇게 되어 가니 인간들의 영성(靈性)은 침체되고 쾌락주의가 판을 치게 되었습니다. 이럴 때일수록 하나님을 경외하는 우리는 "밤이 깊고 낮이 가까웠으니 그러므로 어둠의 일을 벗고 빛의 갑옷을 입어야"(롬 13:12) 할 것입니다.

전쟁은 시작되다(여호수아 1장)

이제 선민 이스라엘은 약속된 땅을 향하여 전진하고 있습니다. 약속의 땅에 들어갈 준비단계에서 가장 먼저 준비된 사람이 여호수아입니다. 여호수아는 우연히 지도자로 세워진 것이 아닙니다. 모세는 오래전부터 여호수아를 후계자로 훈련시켜 왔고 하나님은 그를 지도자로 세우신 것입니다.

그는 출애굽의 전 과정에서 언제나 모세 다음으로 중심에 서 있는 인물이었습니다. 아말렉과 싸울 때 모세가 산에서 손을 들고 기도하고 있을 때 여호수아는 지휘관으로 군대를 이끌고 아말렉과 싸웠던 사람입니다(출 17:10~13). 그리고 모세가 시내산에 올라갈 때 보좌관으로 같이 올라갔으며(출 24:13), 12정탐꾼의 보고에서도 갈렙과 함께 '그 땅을 차지할 수 있다'며 진격해 들어갈 것을 주장한 사람입니다(민 14:6~9).

이런 훈련을 받은 여호수아였지만, 백성을 인도하여 약속의 땅에 들어가려는 지금 이 순간에는 지도자로서 가지는 책임과 두려움이 있었습니다. 요단강 건너편 튼튼한 요새 속에 무장을 하고 있는 네피림(거인)들과 싸워야 하는 것입니다. 어찌 두렵고 불안하지 않겠습니까! 여호수아가 불안하고 초초해 할 때 하나님께서 찾아오셔서 약속해 주셨습니다.

> "네 평생에 너를 능히 대적할 자가 없으리니 내가 모세와 함께 있었던 것같이 너와 함께 있을 것임이니라 …… 강하고 담대하라 두려워하지 말며 놀라지 말라 네가 어디로 가든지 네 하나님 여호와가 너와 함께 하느니라 하시니라."(수 1:5~9).

여호수아에게 오신 하나님은 그를 담대하게 세우기 위해 또 다른 약속을 재확인해 주셨습니다.

> "이 요단을 건너 내가 그들 곧 이스라엘 자손에게 주는 그 땅으로 가라 내가 모세에게 말한 바와 같이 너희 발바닥으로 밟는 곳은 모두 내가 너희에게 주었노니".(수 1:2~3)

이 약속의 말씀은 '미래'이면서 동시에 '과거 완료'시제입니다. '주는 그 땅'은 현재형 동사입니다. 지금 '주신다(do give)'는 것입니다. 걸어가서 그냥 차지하기만 하면 됩니다. 그리고 '내가 너희에게 주겠노니'는 과거완료 동사 이미 '주신(has given)' 땅을 의미합니다. 그러니까 이 땅은 과거 아브라함에게 주시겠다고 약속한 땅입니다. 그냥 믿고 믿음으로 가기만 하면 되는 땅입니다. 그리고 그 땅의 경계까지 정해 주셨습니다. 광야에서 레바논까지, 큰 강 유프라테스에서 지중해까지 정해 주셨습니다. 굉장한 땅이 아닐 수 없습니다. 이 정도 경계라면 지금 이라크, 시리아, 레바논, 그리고 팔레스타인 사람이 살고 있는 모든 지경을 다 주신 것입니다.[58)]

하나님께서는 이처럼 이스라엘 백성에게 큰 비전을 주셨습니다. 그 다음에 요구하는 것은 순종입니다. 순종하며 앞으로 나아갈 때 구체적인 방법은 점차 나타나게 됩니다. 이처럼 하나님의 약속에는 반드시 순종이 따라야 합니다. 이것이 하나님이 우리를 인도하는 방법입니다.

하나님의 약속은 구체적인 방법까지 제시하지 않습니다. 단지 커다란 비전을 주실 뿐입니다. 막중한 책임 아래 가나안 땅을 어떻게 정복해야 할까를 놓고 두려워하는 여호수아에게도 어떻게 정복하라고 구체적으로 말씀하지 않으셨습니다. 단지 너희 발바닥이 닿는 곳은 어디든지 주겠다고 약속하셨고, 그 경계만 지정해 주셨습니다.

여호수아는 하나님께서 모세를 어떻게 쓰셨는지 잘 알고 있었습니다. 그런 하나님이시라면 무엇이든지 할 수 있다는 사실을 모세를 통해서 보았습니다. 그런

58) 이연걸, 에덴에서 가나안으로(서울: 쿰란출판사, 2009), p. 338.

데 지금 하나님이 "모세와 함께한 것과 같이 너와 함께하겠다"고 다짐해 주신 것입니다. 그리고 "네가 사는 날 동안 아무도 너의 앞길을 가로막지 못할 것이다"라고 하셨습니다.

어떤 인간도 완벽하게 위대하고 용감하지 못합니다. 큰일을 당하면 불안하고 두려움이 앞섭니다. 하나님이 세워주시고 함께 하실 때만이 인간은 강하고 담대할 수 있습니다. 지금 하나님은 그의 마음을 읽으시고 여호수아를 튼튼한 기둥으로 세워주셨습니다. 하나님의 격려와 약속을 받은 여호수아는 즉시 순종합니다. 그리고 백성에게 명령을 내립니다.

> "진중에 두루 다니며 그 백성에게 명령하여 이르기를 양식을 준비하라 사흘 안에 너희가 이 요단을 건너 너희의 하나님 여호와께서 너희에게 주사 차지하게 하시는 땅을 차지하기 위하여 들어갈 것임이니라 하라."(수 1:11).

여호수아의 명령을 받은 백성들은 모두 용기백배(勇氣百倍)하여 여호수아의 명령에 절대 복종하겠다고 선언하였습니다. 그들은 여호수아가 명령하는 것은 무엇이든지 모세에게 순종한 것처럼 순종하겠다고 하였습니다.

요단강 도하(여호수아 3장)

드디어 여호수아의 지휘 아래 요단강 도하 작전은 시작되었습니다. 요단강 도하는 홍해를 건넌 사건과 함께 이스라엘 역사에서 가장 감격적인 순간입니다. 그날의 광경을 성경기자는 이렇게 말하고 있습니다.

> "백성이 요단을 건너려고 자기들의 장막을 떠날 때에 제사장들은 언약궤를 메고 백성 앞에서 나아가니라. 요단이 곡식 거두는 시기에는 항상 언덕에 넘치더라. 궤를 멘 자들이 요단에 이르며 궤를 멘 제사장들의 발이 물가에 잠기자 곧 위에서부터 흘러내리던 물이 그쳐서 사르단에 가까운 매우 멀리 있는 아담 성읍 변두리에 일어나 한곳에 쌓이고 아라바의 바다 염해로 향하여 흘러가는 물은 온전히 끊어지매 백성이 여리고 앞으로 바로 건널새 여호와의 언약궤를 멘 제사장들은 요단 가운데 마른땅에 굳게 섰고 그 모든 백성이 요단을 건너기를 마칠 때까지 모든 이스라엘은 그 마른땅으로 건너갔더라."(수 3:14~17)

이스라엘 백성들의 요단강 도하의 성공은 이제 방랑과 방황의 세월에 종지부를 찍고, 여호와께서 허락하신 새 땅에서 하나님의 백성으로서의 생활을 시작하게 됩니다. 요단강을 건넌 후 가나안 정복 싸움은 크게 먼저 중부전투, 남부전투, 북부전투 이렇게 3단계 순서로 진행되었습니다.

중부전투(여호수아 4~9장)

길갈(4~5장)

요단강 도하 후 처음으로 진 친 장소가 길갈입니다. 이곳이 초기 정복지의 진지였고, 중부전투를 위한 베이스캠프였습니다. 이곳에서 제단을 쌓고 할례를 행했습니다. 후에 초대 왕 사울은 이곳에서 왕으로 세움을 받았으며, 한동안 이스라엘의 중심지 역할을 한 중요한 장소입니다.

난공불락의 여리고성 함락(6장)

요단강을 건너자마자 제일 먼저 부딪치는 성이 난공불락의 여리고성입니다. 당시 여리고성은 견고하게 건설된 가나안 지역 중심에 있는 성읍으로, 물 샐 틈 없이 지어진 요새였습니다. 성벽은 이중으로 되어 있었고 성안에 우물도 완벽하게 준비되어 있어 누구도 넘볼 수 없는 성(城)이었습니다.

40년간 광야에서 고생을 하면서 꿈에도 소원했던 가나안 땅을 목전에 두었는데, 그 앞에 여리고라는 견고한 성이 그들을 가로막고 있었습니다. 이스라엘에는 막강한 군사도 없고, 백성들은 지쳐 있어서 여리고성을 함락시킬 수 없었습니다. 그러나 하나님은 견고한 여리고성을 함락시킬 수 있도록

▲ 여리고성이 무너지다.

준비해 두셨습니다.

여호수아는 전쟁을 위하여 준비해 놓은 것이 없었습니다. 다만 하나님이 명령하신 대로 순종하는 것밖에 없었습니다. 여호수아는 이스라엘 백성들을 하나님께서 지시하신 대로 여리고성을 매일 한 번씩 육 일 동안 돌았습니다. 칠 일째 되는 날은 일곱 번 돌고 제사장들은 양각 나팔을 길게 불며 백성들이 큰 함성을 지를 때 성벽이 무너졌습니다. 그날의 광경입니다.

> "이에 백성은 외치고 제사장들은 나팔을 불매 백성이 나팔 소리를 들을 때에 크게 소리 질러 외치니 성벽이 무너져 내린지라 백성이 각기 앞으로 나아가 그 성에 들어가서 그 성을 점령하고……."(수 6:20)

여리고성이 함락될 때 모든 사람들은 죽게 되지만 기생 라합은 살았습니다. 그녀가 살수있었던 것은 여리고성을 정탐하기 위해 온 두 정탐꾼이 위기에 처했을 때 그들을 구해 주었고 그들이 무사히 돌아갈 수 있도록 도와주었기 때문입니다(수 2:1~7, 15, 16).

아이성 함락(7~8장)

여리고 다음으로 공격한 성이었습니다. 아간의 불순종(탐심의 죄)으로 첫 번째 공격이 실패하고 두 번째 공격으로 성공합니다.

기브온 거민(9장)

기나안 중부 지역의 기브온 거민들은 용감한 전사들이었는데, 겁을 먹고 스스로 종이 될 것을 원해 이스라엘에 종속되므로 기브온 지역을 얻습니다. 이들은 이스라엘을 위하여 나무를 패며, 물 긷는 일을 하면서 살아갑니다.

남부전투 – 기브온 전투(여호수아 10장)

기브온 사람들이 여호수아와 화친을 맺었다는 말을 듣고 헤브론 왕, 예루살렘 왕, 아르못 왕, 라기스 왕, 에글론 왕 등 다섯이 연합하여 기브온으로 쳐들어옵니다. 다급해진 기브온 사람들은 여호수아에게 도움을 청하게 됩니다. 그래서 시작된 전투입니다. 여호수아는 정예부대를 포함한 전군을 이끌고 기브온으로 올라갑니다. "태양아 머무르라! 달아 너도 머무르라" 하는 유명한 전투입니다(수 10:12~14). 이 전투로 그 유명한 남 유다 지역의 성읍들을 얻습니다. 이 밖에도 '산지와 남방과 평지와 경사지'의 모든 왕들을 쳐서 성읍들을 빼앗고 길갈 진으로 돌아갑니다.

북부전투 – 메롬 물가의 전투(여호수아 11장)

이번에는 여호수아의 군대는 에발 산을 거쳐 북쪽으로 진행하여 북방 연합군과 전쟁합니다. 가나안의 수많은 성읍들이 여호수아에게 점령되었다는 소식을 들은 북방 연합군들이 여호수아 군대와 전투하려고 메롬 물가에 집결합니다. 메롬은 북쪽 지역입니다. 지금까지는 남부지역 성읍들과 전투해서 남부지역을 점령했는데 이번 전투에서는 갈릴리 북부지역을 점령하는 전투였습니다.

점령하지 못하고 남겨진 땅 – 블레셋

"그 땅에서 전쟁이 그치고 사람들은 평화를 누리게 되었다"라고 하는 것을 보면 여호수아 11장의 메롬 전투를 마지막으로 정복 전쟁이 끝난 것처럼 느껴집니다. 12장에서 그동안 빼앗은 성읍들을 총정리하고, 14장부터는 그 땅을 지파별로 나누었고 여호수아가 고별설교를 하기 때문입니다.

그러나 아직 정복하지 못하고 남은 땅들이 있습니다(수 13:1~6, 삿 3:1~3). 블레셋이 살고 있는 지역, 가사와 아스돗과 아스글론과 가드와 에글론, 그리고 블레셋 남쪽에 위치한 그술 사람들이 사는 지역입니다. 북쪽 아벡, 레바론 땅과 남쪽으로 가나안의 모든 지역이 그것이었습니다. 블레셋 지역은 거인 네피림이 거주하고 있었고 철 병거를 가지고 있었기 때문입니다(삿 1:19). 이들 지역들은 훗날 다윗시대에 가서야 완전히 정복됩니다.

저 산지를 내게 주소서(여호수아 14:6~15)

아브라함의 후손들은 가나안 땅을 정복하고, 그 땅에서 지파별로 땅 분배를 합니다. 땅 분배를 시작하는 과정에서 단연 돋보이는 사람이 있습니다. 그니스 사람 여분네의 아들 갈렙입니다. 그는 유다지파를 대표해서 산간지역(헤브론)을 자기들에게 달라고 합니다. 이때 그의 나이는 85세, 노병의 당찬 믿음을 봅니다.

> "그날에 여호와께서 말씀하신 이 산지를 지금 내게 주소서 당신도 그날에 들으셨거니와 그곳에는 아낙 사람이 있고 그 성읍들은 크고 견고할지라도 여호와께서 나와 함께하시면 내가 여호와께서 말씀하신 대로 그들을 쫓아내리이다 하니."(수 14:12).

헤브론 지역은 아낙 자손 중에서도 강력한 사람들이 살고 있는 땅입니다. 그 아낙 자손을 자기 손으로 무찌르고 그 땅을 정복하겠다고 했습니다. 그 옛날(가데스바데아) 아낙 자손을 보고 "그들은 우리의 밥이다"(민 14:9)라고 외쳤던 갈렙이 이번에도 "저 산지를 지금 내게 주소서"라고 합니다. 자기가 가서 아낙 자손을 물리치고 그 땅을 차지하겠다는 것입니다. '믿음은 바라는 것들의 실상'이라고 했는데 그대로 이루어졌습니다. 갈렙은 유다 자손들과 땅을 정복하여 유다 자손의 땅이 됩니다. 그곳은 자기 조상 아브라함과 사라, 그리고 이삭과 야곱이 잠들어 있는 역사 깊은 곳이었습니다.

영성탐구

세상 나라 상징 블레셋, 여호수아 생전에 점령하지 못한 '블레셋'은 이스라엘이 가나안 땅에서 살아가는 동안(사사기, 왕정 초기) 가장 위협적인 대적국가로 등장합니다. 블레셋은 세상 나라를 상징합니다. 그 중심인물은 골리앗이며, 네피림 아낙 자손입니다. 가나안 정복시대 이후 다윗과 골리앗과의 싸움은 성경역사의 흐름을 가르는 중대한 사건입니다. 다윗이 골리앗과 싸운 싸움은 우리가 생각하는 것보다 훨씬 의미가 깊습니다. 여호수아 이후 사사시대와 초기 왕정시대에까지 블레셋은 존재합니다. 그러므로 사무엘서에 등장하는 다윗의 전쟁사도 '하나님의 통치를 거부하는 세상 나라를 하나님 나라가 어떻게 정복하는가'에 초점을 맞추게 된다는 것을 잊지 말아야 합니다. 다윗이 세상 나라를 정복하는 하나님 나라의 싸움이 이제 시작됩니다.

◈ 약속의 땅 분배(여호수아 13~22장)

드디어 가나안 땅을 점령한 뒤 땅 분배가 시작되었습니다. 창세기 12장에서 아브라함에게 약속하셨던 언약이 이루어지는 순간입니다. 아브라함이 세겜 땅에 왔을 때 "내가 이 땅을 주리라"(창 12:6~7) 약속하신 언약입니다. 야곱이 외삼촌 집으로 도망하다가 벧엘에서 돌베개에서 잘 때도 "네가 누운 이 땅을 너에게 주겠다"라고 하셨습니다(창 28:12~13). 그 언약이 500년 만에 이루어진 것입니다.

이미 모세 때 요단 동편을 분배받은 갓 지파와 르우벤과 므낫세 지파 중 반에 해당하는, 두 지파 반을 제외하고 나머지 아홉 지파 반에게 약속하신 땅을 유업으로 분배받습니다. 이스라엘 백성들은 자신들이 받은 기업을 끝까지 붙듭니다. 그것을 절대 팔지도 않고 넘기지도 않고 지키며 살아갑니다.

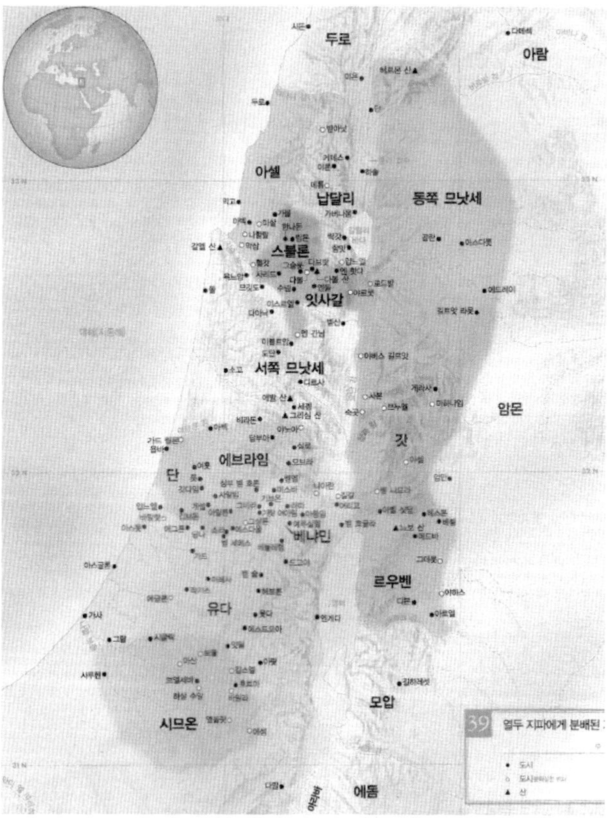

12지파의 땅 분배

레위지파는 땅 분깃이 없게 하라(여호수아 21:1~41)

레위지파는 제사 업무를 관장하는 지파로서 열한 지파와는 달리 땅을 분배받지 못합니다. 대신 나머지 지파에서 48개 성읍을 구별하여 뽑아 레위지파에게 줍니다. 이스라엘 48개 성읍에 흩어져 살면서 자기 주변의 이스라엘 백성들에게 하나님 말씀을 가르치고 제사장으로서 하나님의 법도를 지키고 전수하라고 하신 것입니다. 이렇듯 하나님 나라 백성답게 선도할 책임이 레위지파에게 있었습니다. 그래서 그들은 농사짓는 일 등을 하지 않았으며, 대신 열한 지파가 열심히 농사지어서 가져오는 십일조를 받아서 생활하게 됩니다.

◈ 여호수아가 잠드니, 곧 이스라엘은 배교하다(출애굽기 23장, 사사기 2:10~15)

여호수아도 모세가 죽었듯이 죽습니다. 그 백성들을 이끌어 가나안 땅에 들인 후 수많은 전쟁을 치르고 나서 땅 분배를 마치고 죽습니다. 그는 아브라함 때부터 지금까지 있었던 모든 역사를 회고하면서, 이 땅 가나안 신(바알, 아세라)을 섬기지 말고 '시내산에서 맺은 계약'대로 여호와를 섬기며 순종하라고 합니다(수 23:6~8). '이 후손들이 말씀대로 잘 살아야 될 텐데……' 하는 간절한 마음을 갖고 눈을 감습니다.

그런데 기가 막힌 일들이 일어납니다. 그 세대가 간 이후부터(수 24:31 참조)는 이들은 여호와를 배반하고 가나안 종교에 빠져들었습니다. 사사기 기자는 당시 상황을 이렇게 말하고 있습니다. "이스라엘 자손이 여호와 목전에 악을 행하고 자기들의 하나님 여호와를 잊어 버리고 바알과 아세라을 섬긴지라"(삿 3:7)라고 했습니다. 하나님의 법대로 사는 것이 그렇게도 힘듭니까!

언약의 후손, 하나님 나라 백성으로서 타 민족에 대해서 '제사장 나라'의 역할을 해야 하는 거룩한 사명은 고사하고 오히려 다른 신, 다른 문화에 먹히고 말았습니다. 사사시대는 이렇게 비극의 역사로 시작됩니다. 그럼에도 불구하고 하나님의 구원역사는 멈추지 않습니다. 혼탁한 사사시대에도 하나님의 사람들이 일어나는데, 그 하나님의 사람들은 패역한 백성들을 위해 일하게 합니다. 그들이 사사기, 사무엘상·하에서 등장합니다.

암흑의 사사시대(사무엘상 전기)

-B.C. 1370년 전후-

바이블 스토리 ④

지금까지 언약의 후손을 통한 구원의 역사가 흘러가고 있는 것을 보았습니다. 흘러가는 이야기를 놓치면 연속극 중간에서 보는 것처럼 힘듭니다. 아브라함을 통해 '백성'을 만드셨고, 모세를 통해 '법'을 주어 계약을 체결하고, 여호수아를 통해 '땅'을 주셨습니다. 규모를 제대로 갖춘 반듯한 나라로 기틀이 세워졌습니다.

이제 세상 나라를 향해 영향력을 미칠 수 있는 단위가 된 것입니다. 이제 이 땅에서 결혼하여 아이도 낳고, 농사도 짓고 가축을 기르면서 말씀을 지키면서 하나님을 섬기면서, 이웃나라에 하나님을 선전하면서 행복하게 살아가면 되는 것이었습니다. 시내산에서 레위기로 계약하셨던 제사장 나라 사명 아시겠죠? 그렇게 살아가는 것입니다.

그러나 언약의 후손 이스라엘은 편안한 삶이 주어지니까 빠르게 타락합니다. 가나안의 신 바알과 아세라를 섬깁니다. 번뜩이는 향락문화에 빨려 들어 세상문화에 '섞이기 시작'하여 세속화되어 갑니다. 그러자 하나님은 대적들의 손을 사용하여 이스라엘을 치셨고 그때서야 깨닫고 정신을 차려 회개하며 부르짖으면, 그때마다 '사사'를 보내 구원하셨습니다. 사사기의 전체적인 흐름은 이러한 패턴이 반복적으로 진행되고 있습니다. 여기서 하나님의 오래 참으심과 애끓는 사랑의 마음을 읽을 수 있습니다.

☞ **전망대(展望臺)**

우리는 하나님이 그 백성을 향해 얼마나 오래 참으시면서 여기까지 오셨는지 생각해 보면서 성경을 읽어 봅시다. 그리고 그 백성들이 그렇게 실패해도 오래 참으시면서 하나님 나라를 세워 가셨습니다. 우리는 이러한 과정을 잘 살펴보면서 역사의 줄기를 놓치지 말아야 합니다.

◈ 사사기시대 살펴보기

사사기는 여호수아 죽음 이후부터 나서 사무엘 시대까지 약 350년간을 말합니다. 여호수아가 죽은 후 하나님 나라 백성은 가나안 종교와 문화에 동화되어 버리는 혼탁한 국가가 되어 버립니다. 따라서 사사기 전체 내용은 3류 현대 영화에나 나올 법한 폭력, 전쟁, 살인, 지도자들의 무능력으로 야기된 사회의 혼란, 여자에 빠진 지도자들의 추한 모습, 극단적 개인주의, 도덕적 혼란, 그리고 사회적 혼란 등 불확실성의 이야기로 가득 차 있습니다.

이때마다 사사들을 보내셔서 백성들을 구원하지만 하나님의 이상적인 나라 세우기에는 역부족입니다. 사사(士師)라는 말의 뜻은 '재판관 혹은 지도자'라 할 수 있습니다. 때로는 장군처럼, 구원자처럼 전쟁을 수행하는 것을 볼 수 있습니다. 이때 사회 분위기는 '왕이 있었으면……' 하는 분위기입니다.

여호수아 연결선상에서 이루어지는 땅 정복(사사기 1:1, 2:9)

사사기는 가나안 땅을 정복하는 과정에서 있었던 일들을 여호수아서와 연결시켜서 기록하고 있습니다. 여호수아서는 가나안 땅을 정복해 나가는 일을 다루고 있지만, 사사기는 지파별로 정복해 가는 내용을 기록하고 있습니다. 사사기 1:1~2:5에는 유다지파가 앞장서서 정복한 기사와, 갈렙의 가문에서 아낙 자손을 무찔러 정복했다는 내용들을 언급하고 있습니다.

☞ **징검다리**

이렇게 사사기 역사는 여호수아서의 연결선상에서 가나안 정복과 그 이후의 생활상을 보여 주고 있습니다. 그러므로 사사기, 룻기, 사무엘서 전체를 한 시대의 역사로 뭉뚱그려서 생각해도 될 것 같습니다.

사사들이 등장하게 된 배경(사사기 2:9~3:7)

> "무리가 그의 기업의 …… 이스라엘 자손이 여호와 목전(目前)에 악을 행하여 자기들의 하나님을 잊어 버리고 여호와를 잊어 버리고 바알들과 아세라들을 섬긴지라."(사 2:9~3:7)

하나님은 이스라엘 민족을 택하셔서, 그들과 시내산 계약(언약)을 체결했습니다. 그러나 사사기에 와서 보니까 이스라엘 백성은 그 언약을 깨뜨리고 있습니다.

> 사사기 2장 1~2절에 "여호와의 사자가 길갈에서부터 보김으로 올라와 말하되 내가 너희를 애굽에서 올라오게 하여 내가 너희의 조상들에게 맹세한 땅으로 들어가게 하였으며 또 내가 이르기를 내가 너희와 함께한 언약을 영원히 어기지 아니하리니 너희는 이 땅의 주민과 언약을 맺지 말며 그들의 제단들을 헐라 하였거늘 너희가 내 목소리를 듣지 아니하였으니 어찌하여 그리하였느냐"라고 했습니다.

시내산에서 계약을 맺은 이스라엘 백성들이 이렇게밖에 될 수 없었던 것은 그들이 가나안 족속들을 진멸시키지 않았기 때문입니다. 하나님은 분명히 신명기 7장 1~3절에서 말씀하셨습니다. '이스라엘 민족이 가나안 땅에 들어갔을 때, 그곳에 있는 호흡이 있는 모든 것을 온전히 없애 버리라고, 그들과는 언약도 하지 말고 불쌍히 여기지도 말고 결혼도 하지 말라'고 말입니다.

그런데 이스라엘 백성들은 행하지 않았습니다. 하나님 명령하신 것이면 해야 하는데 하지 않으니까 그 결과 가나안 사람들과 섞게 되고, 그 신들이 이스라엘 백성에게 올무가 되어 버린 것입니다. 그들이 가나안 종교(바알과 아세라)를 받아들임으로써 하나님을 배신하게 되었습니다.

이쯤에 와서 보니 여호수아의 가나안 정복 작전에서 그 땅을 진멸하라는 하나님의 명령이 이해가 됩니다. 말씀대로 행하지 않으니까 타락하게 되어 참담한 결과가 오고 말았습니다. 하나님께서 분부하신 일을 행하지 않으면 그것이 '가시와 올무'가 될 수 있음을 깨닫게 합니다.

지식탐구

바알과 아세라신? 가나안의 종교에는 바알신과 아세라신이 있었습니다. 바알은 남성을 상징합니다. 여성을 상징하는 신은 아세라입니다. 그럼 그들은 왜 이런 신을 만들었을까요? 바알과 아세라신은 비를 내리게 하고, 동식물의 풍요를 주관하는 신으로 믿고 있었기 때문입니다.

그럼 비는 어느 때에 내리는가? 바알과 그의 아내 아세라(아스다롯)가 성적 결합을 함으로써 비가 오는 것으로 생각했습니다. 그래서 이 땅에서는 바알 부부의 성적 결합을 돕기 위해 남녀사제들과 더불어 음란행위를 하는 것입니다. 이런 행위를 하기 위해서는 잔치를 열고 술을 마시며 바알이 좋아하는 성적 행위를 신전에서 해야 했습니다(민 25:1~3). 그러므로 바알신전에 봉사하는 남녀 사제들은 백성과 더불어 성적 접촉을 하는 창남(娼男), 창녀(娼女)들이 있었는데, 이러한 행위가 제사법에 포함됩니다. 따라서 그들의 종교가 음란이었고 음란이 곧 생활이었습니다. 하나님이 보시기에 이 얼마나 흉측했겠습니까?

이런 비윤리적인 종교 행위는 필연적으로 많은 사생아를 출생시키게 되고 이를 합리화시키기 위한 수단으로 아기를 희생 제물로 삼았습니다. 그들이 섬기는 또 다른 신(몰렉)에게 아기를 바치는 제사를 행했습니다. 그 신에게 바치는 가장 좋은 제물은 아기였고 아기를 불태워 드리는 종교였습니다(대하 28:3). 아기는 생산을 상징하는 것이었으며, 자식은 가장 귀한 것이기 때문에 헌물입니다. 가나안의 아골 골짜기는 유명한 곳입니다. 최근에 이곳에서 수천의 영아 유골 항아리가 고고학자들에 의해 발굴되었습니다.

한편 가나안 종교는 아브라함 때는 달의 여신 '닌갈(Ningal)'이란 이름으로 존재하더니, 출애굽시대에는 '아세라'로, 신약시대(고린도지방)에는 사랑과 미(美)의 여신인 '아프로디테'가 되었습니다. 아프로디테를 섬기는 신전에는 1,000여 명의 여사제가 있었습니다. 또한 에베소에는 달의 여신인 '아데미(다이아나)'의 신전에도 수백 명의 여사제가 있었습니다.[59] 사실 올림픽 성화점화 때 하얀 옷을 입은 여사제들이 바로 옛날 그런 사제들인데 오늘날까지 사라지지 않고 올림픽을 할 때마다 등장하고 있습니다.

59) 신성종, "성에 대한 이해", 『빛과 소금』(1986년 7월호), p.42

지식탐구

오늘날 성문화 그때 그 가나안의 음란한 성문화는 사라지지 않고 현재까지 이어지고 있습니다. 오늘날은 인류역사상 가장 노골적인 성문제가 대두되는 시대가 되었으며, 인류 역사 이래 가장 성 에너지가 충만한 사회 속에 살고 있습니다. 이제 성은 절제의 대상이 아니라 쾌락의 수단으로 생각합니다. 혼전순결은 빛바랜 가치가 되었으며 불륜이 당당하게 미화되기도 합니다. 근래에는 스와핑이란 해괴한 용어까지 등장했습니다. 과거에 변태성욕으로 분류되었던 동성애도 이제 정상적인 성의 형태로 인정받게 되었습니다. 여기에 인터넷의 등장으로 인해 사이버공간에서 각종 포르노가 범람하고 있습니다. 의학기술의 발전은 피임수단의 발달로 여성은 원치 않는 임신의 염려에서 해방되어 자유로울 수 있게 됐고, 비아그라 출현으로 남성은 발기부전을 걱정하지 않게 되었습니다. 이젠 분명 브레이크가 필요한 시점에 이르게 되었습니다.

오늘날 이러한 성 문화가 믿는 우리에게 더욱 심각한 것은 거룩하게 살아야 할 그리스도인들에게도 동화되고 있다는 데 있습니다. 그래서 그런지 몰라도 '크리스천 커플매칭(http://www.ok123.pe.kr)' 게시판에는 많은 글이 올라옵니다. 그중에 한 크리스천 자매(여성)의 질문입니다.

질문(23세 여)

교제하는 오빠(남친)는 성경에 혼전순결해야 한다는 부분이 없다고 생각하더라고요. 그 순결을 한 사람하고만 하고 결혼해서 다른 사람이랑 하면 그게 간음이라고 생각하던데 혼전 순결을 명한 곳이 성경에 정확하게 어디에 있나요?

답변, 성경은 여성의 혼전관계에 대해선 매우 엄격합니다. 결혼 첫날밤에 순결을 간직하고 있지 않으면 창기(창녀)처럼 악을 행하였다 하여 사형(길거리에 세워 놓고 군중들이 돌을 던져서 죽임)에 해당되었습니다(신 22:20~21). 그러한 일을 미연에 방지하기 위해서 부모들에게 "네 딸을 더럽게 하여 음행(정당하지 않은 불법적인 성관계)이 전국에 퍼져 죄악이 가득하지 말게 하라"고 했습니다. 여성의 '처녀막'은 사랑하는 남편만이 들어갈 수 있도록 설계되어 있기 때문입니다.

성경에는 "미혼청년들은 혼전관계를 하지 마라"고 뭐 이런 말씀을 명확하게 기록한 곳은 없습니다. 하지만 미혼 청년의 성관계는 죄라고 하는 말씀은 여러 군데 있습니다. 한글 성경은 그 단어 의미가 전달되지 않아서 그렇지 원문 헬라어 성경에는 명확하게 이야기하고 있습니다.

> "모든 사람은 혼인을 귀히 여기고 침소를 더럽히지 않게 하라 음행하는 자들과 간음하는 자들을 하나님이 심판하시리라."(히 13:4) "너희도 이것을 정녕히 알거니와 음행하는 자나 더러운 자나 탐하는 자 곧 우상 숭배자는 다 그리스도와 하나님 나라에서 기업을 얻지 못하리니."(엡5:3)

이 말씀에서 '음행'이라는 단어가 헬라어 원문 성경에는 미혼청년들의 '혼전관계'를 말하고 있는 것입니다. 이 '음행'이라는 단어는 인간의 성행위가 합법적 혼인관계 안에서 이루어지지 않는 것을 말합니다

음행의 원어적인 뿌리는 '포르뉴'(π ο ρ ν ύω)라 하여 '매음', '음란'이라는 뜻을 지니고 있습니다. 여기서 파생된 단어가 헬라어로 '포르네이아'(π ο ρ ν ε ι α)입니다. '포르네이아'는 매춘 행위, 음란 행위, '정당하고 합법적이 않은 성교'로 정의했습니다. 그래서 '포르네이아'는 미혼청년들 사이의 성관계입니다. 이와 같은 '포르네이아'에 대해 성경은 하나님의 영의 열매와는 반대되는 '육체의 일'이라고 했다. 육체의 일을 거듭 행하는 사람은 하나님의 나라를 상속받지 못하게 될 것이라고 경고했습니다.

종합하면 '음행'으로 번역된 신약성경의 헬라어 '포르네이아'는 미혼자의 합법적이고 정당하지 않은 고의적인 성관계입니다. 그러므로 미혼 남녀의 합법적이지 않은 성교행위는 '포르네이아'입니다. 한 몸의 원리를 위배하는 기혼자의 혼외정사도 그 마음의 관심이 기존 부부관계에서 갈라지게 합니다. 이 또한 '포르네이아'입니다.

음행은 개인이 그로 인해 그리스도인의 회중에서 추방될 수 있는 범죄입니다(고전 5:9~13). 성경은 "음행을 저지르는 그리스도인은 생식기를 왜곡된 목적으로 사용함으로 자신의 몸에 대해 죄를 짓는 것"이라 했습니다. 분명 '혼전성교'는 죄 된 생각과 죄 된 행동이며, 거룩성을 위배하므로 죄악입니다. 모든 죄가 몸 밖에 있지만 음행의 죄는 몸 안에서 짓는 죄입니다(고전 6:18). 우리 몸은 거룩한 하나님의 성전입니다. "누구든지 거룩하신 하나님의 성전을 더럽히면 멸하신다(고전 3:16~17)"라고 했습니다.

사사들의 활동과 업적들(사사기 3:7~16:31)

옷니엘 → 에훗 → 드보라(바락) → 기드온 → 돌라 → 야일 → 입다 → 입산 → 엘론 → 압돈 → 삼손

위와 같은 사사시대의 사사들은 열두 지파에서 고루 나타난 것 같습니다. 이들 중에서 대표적인 사사들은 옷니엘, 에훗, 드보라, 기드온, 입다, 삼손 등 입니다.

사사시대를 대표하는 두 이야기(사사기 17~끝)

타락한 사사시대의 대표적인 이야기는 레위인이 관련된 '미가신상과 단 지파' 이야기와 '레위인 첩 사건'입니다. 이 사건들을 보면 사사시대의 사람들이 어떤 신앙을 가지고 어떤 모습으로 살았는지를 알 수 있습니다.

첫 번째 이야기는 '미가신상과 단 지파' 사건인데, 에브라임 산지에 미가라는 사람과 어머니가 살고 있었는데 그 어머니가 큰돈을 잃어버립니다. 어머니는 아들이 돈을 훔쳐 간 줄을 모르고 훔친 자에 대해 저주를 합니다. 아들은 어머니의 저주 소리를 듣고 양심의 가책을 받아 어머니에게 이 사실을 고백합니다. 어머니는 돈을 다시 찾은 것이 감사해서 그 돈 중 일부로 우상(신상)을 만들고 그의 아들을 제사장으로 삼았습니다. 제사장 직분은 레위인들에게만 위임되는 것인데 제멋대로 합니다. 이 들이 얼마나 무지몽매(無知蒙昧)했으면 사사기 저자는 "그때에는 이스라엘에 왕이 없었으므로 사람마다 자기 소견에 옳은 대로 행하였더라"(삿 17:6) 라고 했습니다.

그러던 중, 미가는 거할 곳을 찾지 못한 채 유대 베들레헴을 떠나 방황하던 레위인 청년을 발견하게 됩니다. 미가는 떠돌이 레위청년에게 해마다 은 열과 의복 한 벌을 그리고 먹을 것을 주기로 약조하고, 그를 데려다가 자기 집의 제사장을 삼습니다.

그런데 바로 이 무렵 단 지파가 등장합니다. 다른 모든 지파들은 땅을 분배받아 정착했지만 '단'지파만은 변변히 거할 땅이 없었습니다. 원래 이들은 블레셋 지방 쪽의 땅을 분배받긴 했지만 그 지방 사람들이 워낙 강해서 그 땅을 차지하

지 못했던 것입니다. 그래서 새로운 땅을 찾아 나서는 과정에서 '라이스'라는 땅(신약시대에의 가이사랴 빌립보입니다)을 찾아 그곳으로 이주하게 됩니다. 이들이 이주하는 과정에서 에브라임 산지 미가의 집에서 제사장 노릇하던 '레위인과 미가의 신상'을 빼앗습니다. 단 지파 사람들이 앞으로 정착할 땅으로 데려가 제사장을 시키겠다는 것입니다. 미가의 신상과 레위인을 데려가면 만사가 형통할 것이라는 미신적 동기에서 그렇게 행동한 것입니다.

위의 이야기는 당시 사회에 핫이슈였기에 사사기 저자가 상세히 기록한 것입니다. 이 이야기를 읽으면 주인공들의 신앙이 뒤죽박죽되어 있다는 것을 발견하게 됩니다. 돈을 훔쳐 갔던 사람을 저주했던 어머니가 막상 그 범인이 아들이었다는 것을 알고 나서 한 말이 "내 아들아 여호와께 복 받기를 원하노라"였습니다. 또 도로 찾은 은(돈)을 하나님께 구별하여 받치는 심정으로 "이 은을 여호와께 거룩히 드리노라"라고 말합니다. 이런 내용들을 보면 이들의 신앙이 어떠했는지 눈치 챌 수 있습니다. 어머니의 돈을 훔친 아들, 하나님께 감사하는 표시로 우상을 만드는 어머니, 여호와를 잘 섬기기 위해 에봇(대제사장이 입는 옷)과 신상을 만들고 이런 우상을 모시기 위해서는 '레위인이 필요하다'는 아이디어, 참 가관입니다. 그런데 더 큰 문제는 시내산 계약(율법)대로 하나님을 바르게 섬겨야 하는데 우상을 만들어다 놓고는 하나님을 섬기겠다는 레위인이나, 하나님을 잘 섬기겠다며 남의 집에서 우상을 빼앗고 사람을 납치해서 제사장을 삼겠다는 단 지파 사람들, 모두가 문제투성이입니다.

또한 이 사건에서 특히 주목해야 하는 것은 레위인 청년이 방황하고 있다는 것입니다. 레위인의 생계가 보장되어 있지 않아 막막한 것 같습니다. 레위인들이 방황한다는 것은 제사제도가 해이해져서 레위인들이 보살핌을 못 받고 있음을 보여준 것입니다. 분명 하나님은 언약의 땅에 들어가면 백성들은 레위인을 저버리지 말라고 하였습니다(신 12:19). 사사기를 이런 관점에서 보아야 합니다. 미가의 어머니가 은을 거룩히 구별하여 하나님께 드린다고 해서 '아멘, 아멘' 하면 안 됩니다.

두 번째 이야기는 '레위인의 첩 사건'입니다. 한 레위인이 첩과 갈등하며 살고 있었습니다. 이 레위인이 집 나간 첩을 다시 데려오는 도중에 베냐민 지파에 속한 기브아에서 불량배들에 의해 첩을 잃게 됩니다. 그들은 그 첩을 밤새 윤간하고는 끝내 죽음에 이르게 합니다. 이에 격분한 레위인은 첩의 시신을 열 두 토막을 내서 이스라엘 각 지파에게 보냅니다. 그 일로 베냐민 지파와 다른 모든 지파들 간에 피비린내 나는 싸움이 벌어집니다. 그 결과 베냐민 지파는 거의 멸절의 위기에 직면하게 되었습니다. 성경에도 이런 엽기가 있습니다. 이것은 그 시대가 얼마나 '혼란하고 무지몽매(無知蒙昧)한 상태'인가를 보여주고 있습니다. 그래서 사기기 저자는 사사기를 마무리하면서 "그때에 이스라엘에 왕이 없으므로 사람이 각기 자기의 소견에 옳은 대로 행하였더라"(사 21:25)고 하며 마침표를 찍었습니다.

위의 두 이야기에는 모두 레위인이 관련되어 있습니다. 레위인은 본래 백성이 하나님께 드리는 십일조로 살면서 하나님의 법도를 연구하고 살펴서 하나님의 뜻대로 가르치고 백성을 이끌어 나가야 하는데 그렇게 되어 버렸습니다. 여호와 신앙을 보존할 책임과 의무를 지니며, 신앙의 보루가 되어야 했는데 레위인들이 흩어진 것입니다. 그래서 사사기 저자는 그러한 사회상을 신랄히 비판하며 고발한 것입니다.

◈ 룻기서 이야기

룻기는 사사기 시대를 배경(룻은 기드온 때의 인물)으로 쓰여 진 이야기입니다. 룻기서 저자는 이번에도 사회 지도층의 죄악을 고발하며 비판하고 있습니다. 베들레헴에 살고 있는 엘리멜렉과 나오미 부부는 흉년이 들게 되자 두 아들을 데리고 동편 모압 나라로 이사를 가는 데서 이야기가 시작됩니다.

'베들레헴'은 떡집이라는 뜻입니다. 그들은 좋은 땅에서 살고 있었습니다. 그러나 하나님이 약속한 땅, 하나님의 백성들이 살고 있는 곡창지대에 흉년이 들었습니다. 좋은 땅에 흉년이 왔다는 것은 영적으로나 육적으로나 '하나님이 주신 고난'을 의미합니다. 고난이 닥쳐오면 고난의 의미를 바로 깨닫고 올바르게 살아야지 피해서는 안 됩니다. 그런데도 엘리멜렉은 모압으로 피해 버립니다.

'엘리멜렉'이란 이름의 뜻은 '하나님은 우리의 왕'입니다. 이렇게도 좋은 이름을 가진 사람이 가지 말아야 할 모압 땅으로 이사를 갔습니다. 당시에 이 모압 땅으로 이사를 간다는 것은 그 나라 신들에게 간다는 것입니다. 모압의 신은 '그모스'[60]였습니다. 모압 사람은 이스라엘 총회에도 영원히 들어오지 못하는(귀화를 받아들이지 않음) 민족으로 하나님이 싫어했습니다(신 23:2). 그런데도 엘리멜렉 부부는 하나님 나라 백성으로 사명을 망각하고 그모스를 섬기는 백성이 되겠다는 것입니다. 하나님께서 이를 어떻게 보시겠습니까?

그러자 얼마 지나지 않아 엘리멜렉이 죽습니다. 이렇게 되면 빨리 깨닫고 고국으로 돌아와야 되는데 나오미는 거기서 더 버티며 아들 기룐과 말론을 그모스를 섬기는 모압 여인에게 결혼까지 시켰습니다. 결국은 기룐과 말론까지도 죽습니다. 졸지에 나오미는 남편과 두 아들을 잃었습니다. 이 모두가 하나님의 징계입니다(룻 1:13, 20, 21).

영성탐구

룻기서에 대해 한마디, 룻기서는 어버이 주일이면 단골 이슈로 등장하곤 합니다. 메시야의 구원역사와 연결하고, 며느리의 시어머니 나오미에 대한 극진한 사랑에 초점을 맞추고 있습니다. 물론 룻기서는 사사시대의 우매하고 난잡했던 이스라엘의 영적 암흑기에서도 룻과 같은 이방 여인을 통해서 '다윗'을 주시는 하나님의 구원의 섭리를 보여주고 있습니다.

하지만 룻기서를 또 다른 시각에서 들여다보면, 사사시대의 고위층의 영적인 타락에 대한 하나님의 징계도 볼 수 있습니다. 엘리멜렉은 베들레헴에서부터 첫 단추를 잘못 끼웠습니다. 그는 경제적으로 부유한 생활을 하고 있는 지도층입니다. 그만한 위치에 있으면 흉년이 들 땐 곳간을 헐고 나누어야 하는데, 이웃의 가난한 자와 함께하라는 말씀을 외면하고 모압으로 떠나 버립니다. 하나님은 율법을 통해 이스라엘 사회에 가난한 사람과 고통당하는 사람이 없는 균등한 사회를 이루기 위한 제도(신 15:11)를 세우셨는데, 이웃과 나누지 못하고 자신만 잘 먹고 잘 살겠다고 그런 행동을 했습니다. 그러니 하나님의 징계가 있는 것입니다. 제사장 나라로써 사명을 부여받은 백성의 지도층이라는 사람이 모압의 신을 섬기는 이방지역으로 도망쳤으니 하나님께서 이를 어떻게 보시겠습니까?

60) 모압의 국가 신으로 전쟁의 신이다. 제사 방법은 아이를 불에 태워드린다. 성경에는 모압왕이 그의 맏아들을 제물로 바치는 장면(왕하 3:1~27)이 나온다

열(列)왕들의 행전

－B.C. 1060년 전후－

바이블 스토리 ⑤

열(列)왕들의 행전은 '사무엘상·하, 열왕기상·하, 역대상·하'로 다윗 왕조의 파란만장한 역사가 진행됨을 보여 줍니다.

☞ **전망대(展望臺)**

앞서 보았던 사사기는 하나님을 섬기던 백성들이 이방신을 섬기고, 마침내는 자기들 멋대로 살아가는 역사를 기록한 책이었습니다. 반면에 이제부터 시작되는 사무엘상·하의 특징은 사사들의 시대에서 왕들이 통치하는 시대로 전환되는 시대를 그린 책인데, 그 중심에는 다윗이 있습니다. 다윗을 통하여 하나님이 통치하시는 나라를 세워 나가는 역사책입니다. 그래서 사무엘상·하의 책을 '다윗상·하'라고 이름 붙이는 것도 좋을 만큼 다윗 왕의 풀 스토리로 진행되고 있습니다. 물론 사무엘상·하에서 사울 왕의 생애도 겹쳐 있기는 하나 그 주인공은 다윗입니다.[61] 이는 이제부터는 구약성경의 구원역사 흐름이 다윗 왕조를 중심으로 진행될 것임을 암시하는 것입니다.

다윗이 중심이 되는 사무엘서의 처음 시작은 엘리제사장의 몰락과 사사 사무엘이 등장하는 이야기로 시작됩니다. 엘리는 제사장이면서 동시에 사사였습니다.

61) 이애실, 『어? 성경이 읽어지네!』(서울: 두란노, 2003), p.128.

이스라엘의 사사로서 40년을 지나는 동안(삼상 4:18) 처음에는 이스라엘 전체 나라를 실로(Shiloh)를 중심으로 하나님께 예배하는 나라로 회복하였습니다. 그러나 엘리 가문은 두 아들 홉니와 비느하스가 자기 멋대로 살아가는 범죄로 인하여 무너지고 사무엘이 등장합니다.

◈ 이 시점에서 등장한 사무엘, 그는 누구인가

사무엘은 사사시대의 마지막 사사이자 왕정을 세우는 데 쓰임을 받은 사사이기도 합니다. 동시에 예언자이며, 제사장으로 활동합니다. 사사기 끝부분에 룻의 스토리를 붙여 놓아도 괜찮을 뻔했듯이, 사무엘의 스토리 역시 사사기 뒷부분에 붙어 있다고 해도 괜찮을 듯합니다. 다만 그 한 사람(사무엘)이 이스라엘 초대 왕 사울을 세우고, 제2대 왕 다윗을 '왕'이 되게 하는 데 중대한 역할을 감당했으므로 분량이 많아집니다. 또한 사무엘은 지금까지의 사사시대의 통치에서 왕정통치로 넘어가는 과도기에 활동하므로 그 역할이 독특한 사사입니다. 그는 사사시대 말기에 에브라임 산지에서 어머니 한나의 기도로 출생합니다(삼상 1:9~20).

가나안 문화로 혼탁해 있던 당시 사회에서 하나님을 잊지 않고 율법을 연구하고 하나님을 바르게 섬겼던 인물입니다. "순종이 제사보다 낫다"(삼상 15:22), "주 하나님은 중심을 보신다"(삼상 16:7)는 말씀은 율법 정신이 깊이 스며든 사람만이 전할 수 있는 메시지인데 사무엘은 그런 인물입니다.

뿐만 아니라 블레셋을 물리치고 나서 "여호와께서 여기까지 우리를 도우셨다"는 뜻으로 '에벤에셀(도움의 돌이란 뜻)'이라 고백했습니다(삼상 7:12). 아벡전투 때 블레셋에게 하나님의 법궤를 빼앗기는 수치를 당했는데 이제 그 수치를 되갚아 주었다는 의미도 내포되어 있습니다.

◈ 사무엘상 · 하 숲 살펴보기

워낙 내용이 방대하지만 읽다 보면 재미있는 스토리입니다. 사무엘의 생애, 사울의 생애, 다윗의 등장, 다윗의 초년기, 중년기, 말년기 등 여섯 부분으로 나누어져 있습니다,

사무엘의 생애(사무엘상 1:1~8:22)

사무엘의 출생과 유년기→엘리 집안의 몰락→사무엘의 사역 시작과 미스바 성회→왕을 요구하는 이스라엘 백성

사울의 생애(사무엘상 9:1~15:35)

초대 왕으로 기름부음→암몬 자손을 물리침→사무엘의 마지막 설교→블레셋과 전쟁→사무엘의 죽음

사울은 이스라엘의 초대 왕이었습니다(B.C. 1020~1000). 베냐민 지파 기스의 아들로서 키가 크고 용모가 준수하고 성격이 어진 청년이었습니다. 이스라엘 백성이 사무엘에게 왕을 세워 달라고 요청하던 어느 날 사울은 자기 부친 기스의 잃어 버린 나귀를 찾아 나왔다가 사무엘을 만나 기름부음을 받고 왕이 되었습니다(삼상 9:16~17). 왕이 된 사울은 수도를 기브아에 정하고 모압, 암몬, 에돔, 블레셋, 아말렉 등 이스라엘 나라 접경에 있는 부족과 싸워 승리를 얻고 왕국의 기초를 튼튼히 세웠습니다.

그러나 얼마 후에는 여호와의 섭리를 망각하고 하나님의 뜻을 어기는 오만불손한 행위를 거듭하게 되어 하나님과 사무엘 선지자의 눈에 거슬리게 되었습니다(삼상 13:8~14, 15장). 이때부터 사울의 행동은 정상적인 궤도를 벗어나게 되었습니다. 충신 다윗에 대한 질투심이 증대하여 다윗의 생명을 노렸고 인기는 사울에게서 다윗에게로 넘어갔습니다.

그는 이스라엘 역사의 과도기에 있었던 왕으로서 그의 최후는 비참하였습니다. 블레셋 사람들과의 전쟁에서 그의 세 아들을 잃고 자신도 큰 상처를 입고 길보아

산에서 자살하였습니다(삼상 31장). 성경 저자가 보는 사울에 대한 평가는 냉혹(冷酷)합니다. 역대기 저자는 사울은 하나님의 버림을 받은 왕이라 해서 그의 죽음의 기록 외에는 아무것도 기록되지 않았습니다(대상 10장).

샛별로 떠오르는 다윗(사무엘상 16:1~31:13)

여호수아 때도 사사시대 때도 정복하지 못했던 불레셋은 언약의 후손 이스라엘에게 최강적입니다. 이들은 함 자손이며 해양민족으로 철기 문화를 지닌 당시에는 최고로 싸움 잘하는 나라였습니다. 이 블레셋을 대항하여 다윗이 어떻게 싸우는지 쭈욱 살펴보면 성경이 참 재미가 있습니다.

소년 다윗은 세상나라 최강자로 군림하는 블레셋(Philistia)[62]의 아낙자손 네피림(골리앗)을 물리칩니다. 엘라 골짜기에서 소년 다윗(이스라엘)과 거인 골리앗(블레셋)의 맞장 대결에서 다윗은 신장이 290cm 되는 골리앗을 통쾌(痛快)하게 물리칩니다(삼상 17:49). 이 사건으로 다윗은 일약 스타가 됩니다.

> "여인들이 뛰놀며 노래하여 이르되 사울이 죽인 자는 천천이요, 다윗은 만만이로다 한지라." (삼상 18:7).

그러나 영웅은 적을 만들어 냅니다. 다윗은 영웅이 된 순간부터 고난의 길로 들어섭니다. 그 뒤 사울왕은 다윗을 죽이기 위해 온갖 박해를 하였습니다. 블레셋 망명과 엔게디 동굴피신(삼상 24장)등등 파란만장한 삶을 살았습니다. 다윗은 그 고난의 과정을 무난히 통과해서 일등급 믿음이 되었습니다. 등급에 미달되면 하나님 나라의 위대한 일을 맡길 수 없습니다.

62) 고대 팔레스타인 민족 가운데 하나. 기원전 13세기 에게 해에서 팔레스타인의 서쪽 해안으로 침입하여 정착한 비셈계 민족으로 이스라엘 인을 압박하였다.

영성탐구

"나는 만군의 여호와의 이름 …… 하나님의 이름으로 네게 나아가노라"

다윗이 물리친 골리앗은 누구일까요? 아낙자손 후손 네피림(거인)입니다. 아낙자손들은 바벨탑을 쌓아 하나님의 통치를 거부한 니므롯 계열의 후손입니다. 이 아낙자손 네피림은 하나님 나라 백성들이 싸워야 할 세상 나라를 상징하는 사람들입니다. 믿음의 용사 다윗이 아낙자손 골리앗에게 행한 태도를 보십시오!

> "너는 칼과 창과 단창으로 내게 오거니와 나는 만군의 여호와의 이름 곧 네가 모욕하는 이스라엘 군대의 하나님의 이름으로 네게 가노라 …… 온 땅으로 이스라엘에 하나님이 계신 줄 알게 하겠고 ……"(삼상 17:45~47)

이전에 여호수아와 갈렙이 정탐 후에 아낙자손 네피림을 두고 한 말 "그들은 우리의 밥이다"라고 한 것처럼 믿음의 배짱이 있습니다. 하나님의 일은 이렇게 믿음의 배짱(의로운 담력)이 있는 사람만 할 수 있습니다.

◈ 다윗을 왕으로 추대

다윗 왕의 초창기(사무엘하 1:7~7:29)

사울과 요나단을 위한 애가 → 유다의 왕이 된 다윗 → 이스보셋의 내란과 암살 → 이스라엘 전체의 왕이 된 다윗(통일왕국의 왕) → 예루살렘 점령과 블레셋 격퇴 → 예루살렘으로 법궤를 옮김→하나님이 다윗과 언약을 맺으심

유다지파의 왕

하나님은 사울 왕조는 폐하시고 다윗 왕조를 세워 흥하게 하셨습니다. 여기까지 오기까지 다윗은 어느 한 날에 갑자기 언약의 백성 이스라엘의 왕이 된 것이 아닙니다. 사울 왕을 피해 길고 험한 방랑의 세월을 겪어야 했습니다. 그러다가

유다지파로부터 온 이스라엘 사람들에게 인정받은 사람으로 되기까지 훈련과 인내의 세월이 필요했습니다. 그 과정에서 많은 사람들이 그에게 모여들었고, 온 이스라엘에 그의 리더십이 인정됩니다. 30세에 유다지파의 왕이 되어 헤브론에서 7년 동안 다스립니다.

통일왕국 이스라엘의 왕이 되다

그 후에 북이스라엘 열한 지파들이 다윗 왕을 찾아와 왕이 되어 달라고 합니다. 이제야 다윗은 통일 왕국의 왕으로 추대됩니다. 이렇게 해서 온 이스라엘의 왕이 되어 33년을 다스려 총 40년을 통치했습니다(왕상 2:11).

예루살렘이 하나님의 도성이 되다

이스라엘 왕이 된 후 다윗 왕은 우선 여부스 성을 칩니다. 이 성은 난공불락의 성으로 해발 770m 지대에 있는 천연의 요새였습니다. 여호수아 시대부터 사사시대를 거치는 수백 년 동안 점령하지 못한 상태로 있었지만, 요압 장군이 공격해서 점령하였습니다(대상 11:5~7). 원래 이 성을 '여부스 성'이라고 부르고 있었는데, 다윗 왕이 점령한 후 '예루살렘 성 또는 다윗 성'이라고 불렀습니다.

다윗은 이곳으로 하나님의 법궤도 옮겨 놓았습니다. 이렇게 하여 예루살렘 성은 하나님 나라 수도가 되었습니다. 하나님이 아브라함에게 약속하신 하나님 나라를 다윗을 통해 성취하고 계신 것입니다.

이 예루살렘 성은 어떤 곳입니까? 조상 아브라함이 아들(이삭)을 번제로 드렸던 곳이며, 솔로몬 왕은 그곳에 하나님의 성전(솔로몬 성전)을 세웠습니다.

이 무렵 블레셋이 침입해 오지만 다윗 왕은 두 차례에 걸친 전쟁에서 블레셋을 괴멸시켜 버립니다. 이후로 성경에서 블레셋이 이스라엘을 괴롭혔다는 이야기는 없습니다. 그래서 이스라엘 역사에서 다윗의 업적은 대단합니다. 세상 나라를 상징하는 블레셋을 완전히 괴멸시킴으로써 가나안 지역의 패권을 차지하게 되었기 때문입니다(삼하 5:17~25).

또한 다윗은 그의 조상들이 점령하지 못했던 가나안 땅을 포함하여 주변 나라의 땅을 점령하였습니다. 블레셋을 멸망시켰기 때문에 지중해로 뻗어 가는 해상권을 확보할 수 있었고, 이어서 요단 강 동남쪽의 모압, 암몬, 애돔 등을 격파하여 그 땅을 차지합니다. 눈을 들어 북동쪽으로 아람, 수리아 등을 차례로 점령해서 속국으로 삼습니다. 아람의 강력한 국가인 소바 왕 하닷에셀을 격파하여 유프라테스 강이 있는 지역까지 확대하게 됩니다(삼하 8:3, 대상 18:3, 9~10).

이렇게 해서 많은 나라들이 다윗 왕을 섬겼습니다. 이와 같은 영토 확장은 가나안 땅 정복 초기에 비해 약 3배에 해당하는 지역으로 넓혀졌습니다. 하나님께서 아브라함에게 약속한 땅이 어언 1,000년 만에 완전히 성취되었습니다(창 15:18~21; 삼하 8:3). 하나님이 약속하시니까 주셨습니다. 하나님은 이렇게 어제나 오늘이나 미래에도 영원히 변치 않으신 분이심을 알게 합니다.

다윗의 업적은 여기서 끝나지 않았습니다. 하나님의 말씀을 연구하고 하나님을 찬양하는 많은 시(시편)를 썼습니다. 정말 대단한 사람입니다. 이처럼 하나님은 하나님 나라의 역사를 이런 사람을 통해 이어 가십니다. 그러므로 다윗 왕은 이스라엘의 왕 중의 왕으로 다뤄지고 있으며 또한 그의 생애는 구약역사의 클라이맥스입니다.

◈ 다윗 언약(사무엘하 7:12~16)

이제 한 국가로서 손색이 없는 완벽한 국가의 틀을 갖추게 되었습니다. 여호수아시대 이후 줄곧 이스라엘 백성에게 아픔을 안겨 주었던 블레셋 나라도 다윗 왕에 의해 정복되고 완전히 괴멸시켜 버렸습니다. 메소포타미아의 지역과 가나안 지역(땅)의 패권을 차지하게 되어, 세계열방을 향해 그 위용을 갖추게 되었습니다. 이렇게 정치적, 종교적으로 안정을 이루었을 때 다윗 왕은 성전 건축을 소망합니다.

> "왕이 선지자 나단에게 이르되 볼지어다. 나는 백향목 궁에 살거늘 하나님의 궤는 휘장 가운데에 있도다."(삼하 7:2).

다윗 왕은 이만큼 하나님을 사랑해서 하나님의 성전을 건축하고 싶었지만 하나님은 정중히 거절하셨습니다. 다윗이 전쟁에서 심히 많은 피를 흘렸기 때문입니다(역상 22:8). 대신 하나님은 그 지극한 마음을 보시고 다윗 왕과 언약을 하셨습니다.

> "네 수한이 차서 네 조상들과 함께 누울 때에 내가 네 몸에서 날 네 씨를 네 뒤에 세워 그의 나라를 견고하게 하리라 그는 내 이름을 위하여 집을 건축할 것이요, 나는 그의 나라 왕위를 영원히 견고하게 하리라. …… 네 집과 네 나라가 내 앞에서 영원히 보전되고 네 왕위가 영원히 견고하리라 하셨다 하라."(삼하 7:12~16).

하나님은 다윗의 집과 다윗 왕조를 영원히 보존시키겠다고 하셨습니다. 그 왕위를 영원히 견고케 하시겠다고 하셨습니다. 그렇습니다. 하나님의 약속은 결코 변치 않습니다. 하나님은 아브라함 언약(창 12:1)을 하셨고, 그 후손인 이스라엘 나라를 애굽으로부터 해방시켜 시내산 계약(출 19:5~6)을 체결하셨습니다. 아브라함 언약 후 1,000년 지난 뒤에도 다윗 왕과 다윗 언약을 하셨습니다(삼하 7:16). 아브라함부터 시작된 언약은 다윗 왕조에 와서 보니까 이제 그 나라는 견고케 되고 영원히 존재한다는 것입니다.

다윗 왕의 중년기(사무엘하 8:1~19:43)

다윗의 업적→므비보셋 이야기→암몬과 아람 격퇴→밧세바 간음과 우리아 살인사건→압살롬의 반역→다윗의 망명→압살롬의 패망→다윗의 예루살렘 귀환

다윗 왕의 범죄와 회개

하나님 앞에서 실로 순전하고 흠 없는 삶을 살아온 다윗도 왕이 되어서는 그의 삶에 부끄러운 전력을 남기고 자신의 명예에 먹칠을 하게 됩니다. 다윗 왕은 어느 날 왕궁 위를 걷다가 밧세바 여인이 목욕하는 모습을 보고 정욕을 참지 못하고 여인을 불러들여 동침하게 됩니다. 그런데 얼마 후 여인으로부터 전갈이 오기를 자신이 임신을 하였다는 것입니다(삼하 11:1~5). 참으로 난감한 일이었습니다. 그

여자의 남편은 자신에게 충성을 다하는 부하 '우리아'인데 지금 전장에 나가서 싸우고 있는 중이었습니다. 다윗 왕은 급히 연락을 취하여 '우리아'를 집으로 돌아오도록 해서 자신의 범죄를 숨기려 했습니다. 그러나 그녀의 남편인 '우리아'는 집으로 가지 않고 왕궁에서 밤을 보내고 다시 전쟁터로 가려는 것이었습니다.

다윗 왕은 할 수 없이 비밀 편지를 동봉해서 요압 사령관에게 보내어 '우리아'를 최전방에 내보내서 전투 중에 전사하도록 지시하고, 밧세바 여인을 자기의 아내로 맞아들입니다. 한 번의 실수가 간음죄와 살인죄를 낳은 것입니다. 자신의 욕구는 채워졌으나 그 결과는 간음과 살인에 의한 한 가정의 파괴를 가져왔습니다. 이는 십계명의 제6계명과 제7계명을 위반한 것입니다.

다윗은 이 일로 인하여 하나님이 보낸 나단 선지자로부터 큰 질책을 받습니다(삼하 12:1~12). "양을 아주 많이 가진 부자가 한 마리밖에 없는 가난한 사람의 것을 빼앗았다면 왕께서는 어떻게 하시겠습니까" 하고 묻습니다. 그러자 다윗 왕은 "그놈을 당장 잡아다가 목을 치겠다"고 하니, 나단 선지자는 "그 사람이 바로 당신이요"라고 했습니다. 다윗 왕은 이 말을 듣자 무릎을 꿇고 통회(痛悔)하였습니다. 이때 자신이 지은 죄를 통회 자복하면서 쓴 시가 그 유명한 시편 51편입니다.

하나님의 공의

밧세바 간음과 우리아 살인 사건 후 다윗 왕의 삶은 눈물이 마르지 않았습니다. 하나님 앞에서 지은 죄가 너무나 크기 때문이었습니다. 다윗은 그 사건 후, "하나님이여 나의 구원의 하나님이여 피 흘린 죄에서 나를 건지소서"(시 51:14)라고 합니다. 하나님께 '피 흘린 죄'에 대해 그토록 애절하게 자비를 구했지만 하나님은 '아니올시다!'였습니다. 다윗 왕은 지금까지 전쟁터에서 헤아릴 수 없는 만큼 많은 사람들의 피를 흘렸어도 하나님의 자비하심을 얻었지만, '우리아'에게 흘린 그 피(삼하 11:14~15)에 대해서는 물러서지 않으셨습니다.

왜냐하면 그 피는 의인의 억울한 피였기 때문입니다. 성경을 읽다 보면 보통 사람인 의인들의 억울한 죽음이 있는데 그중에 한 사람이 '우리아'입니다. 하나님은 이 땅에서 의롭게 살다 죽어 간 그 사람들의 원한을 기억하고 계셨다가 반드시 그 피의 대가를 물으시는 것입니다. 아무런 힘이 없고 약한 의인을 해롭게 하고, 피를 흘리는 자는 어느 누구나 지위 고하를 막론하고 하나님은 묵과하지 않으십니다.

뭐 혹자는 '우리아의 죽음이 어째서 의인의 죽음이냐?'라고 물을 수 있습니다. 하지만 보십시오. 다윗 왕은 밧세바와의 간음사건을 은폐하기 위해 그의 남편 우리아를 전쟁에서 돌아오게 했습니다. 그리고 집으로 돌려보내 밧세바와 함께 지내라고 했지만, 우리아는 이런 말을 했습니다. "언약궤와 이스라엘과 유다가 야영 중에 있고……."(삼하 11:4) 이 말은 무슨 의미입니까? 이곳 이스라엘이 싸우는 그 전쟁에는 하나님의 임재를 상징하는 언약궤가 있다는 것입니다. 이 전쟁이 사사로운 전쟁이 아니라는 것입니다. 그러므로 집에서 편안히 쉴 수 없다는 것입니다. 그에게 있어 이 전쟁은 하나님의 공의를 수호하는 거룩한 싸움이므로 죽음도 마다한 하나님의 사람(군사)이었습니다. 하나님을 경외하고 사랑하는 신실한 사람이었는데 다윗 왕이 그를 죽게 했습니다.

그 후 하나님은 그 피의 대가를 치르게 했는데 참으로 가혹했습니다. 이 사건이 있은 후, 성경은 분명히 말하고 있습니다. "그 후에 이 일이 있으니라"(삼하 13:1)라고 했습니다. 이것은 우리아 사건 이후부터 시작되는 다윗 왕가의 재난에 대해 기록하고 있습니다. 그 화목하던 다윗 왕의 가정에 엄청난 재난 사건이 연속적으로 일어났습니다.[63] 서슬 퍼런 칼이 다윗 집안에서 떠나지 않아 가족 간에 피비린내 나는 싸움이 벌어졌고, 눈물이 마르지 않았습니다. 사무엘하 13장 이후부터는 상당한 분량으로 다윗 집안에 휘몰아친 재난에 대해 말하고 있습니다.

우리는 지금까지 신앙생활을 하면서 하나님의 사랑과 자비에 대해서만 너무나 익숙해졌습니다. 죄를 지으면 하나님은 사랑이시니까 다 용서해 주시며 긍휼을 베풀어 주시는 분, 이렇게 너무 '사랑', '사랑'에만 관심을 두다 보니 하나님의 공의를 보지 못하는 부분이 있었습니다. 이 땅에서 죄를 지으면 물론 회개하면 용서해 주십니다. 그렇지만 이 땅에서는 그에 상응하는 벌과 대가도 치러야 합니다.

63) 그의 아들들 간에 서로 죽고 죽이는 비극적인 사건이 연달아 생겼다. 아들(암논) 하나는 배다른 여동생(다말)을 성폭행하였고, 그는 다른 형제(압살롬)에게 맞아 죽었다. 맏아들(압살롬)은 다윗 왕의 후궁들을 만인이 지켜보는 데서 성폭행하는 만행을 하였다. 그리고 큰아들(압살롬)은 쿠데타를 일으켜 부왕인 다윗 왕의 왕권을 빼앗으려다 사망하는 비극적인 일들이 발생하였다.

다윗 왕의 말년기(사무엘하 20:1~끝)

세바의 반역→3년 기근과 사울 가문의 처단→다윗의 노래→다윗의 유언과 공적→인구조사와 재앙

인구조사와 재앙

고대에 있어 왕이 되면 대개 인구조사를 하는데, 세금을 바치는 사람이 얼마나 되느냐, 전쟁에 동원할 수 있는 병사가 얼마나 되는가를 확인하는 것이었습니다. 그러다 보니 백성들에게 많은 불편함을 가져다줍니다. 백성의 이러한 불편을 알면서도 인구조사를 감행한 것은 하나님을 위한 것이 아니라 자신의 힘과 능력이 얼마나 되는지를 알아보려고 하는 자기과시라고 할 수 있습니다.

그래서 하나님은 이스라엘 땅을 징계하셨습니다. 하나님은 3일 동안 전 지역에 온역을 내리십니다. 요즘의 괴질과 같은 급성 전염병이 돌아 이스라엘 백성 7만 명이 죽습니다. 하나님이 천사를 동원해서 예루살렘을 다니며 치셨습니다. 다윗은 무릎 꿇고 회개했습니다(삼하 24:10).

다윗 왕은 자신의 행동에 회개하고, 나단 선지자의 충고를 받아들여 예루살렘에 있는 아라우나의 타작마당을 50세겔을 주고 삽니다. 그곳에서 번제를 드리기 위해서입니다. 그런데 그곳은 아브라함이 이삭을 드렸던 모리아 산의 바위가 있는 터입니다. 자기 아들 솔로몬이 성전을 세울 터이기도 합니다. 이렇게 예루살렘의 그 터는 영적 의미를 지니고 있습니다.

◈ 열(列)왕들의 열전(열왕기상 · 하) 살펴보기

창세기에서 시작된 역사의 줄기를 잡고 따라오다 보니 **'왕들의 열전'**에 이르게 되었습니다. 지금까지 우리는 구약성경을 시간이 흐르는 순서대로 역사를 엮어 가면서 중간 중간에 그 시대의 인물이나 교훈들을 연결해서 살펴보고 있습니다. '창세기, 출애굽기, 레위기, 민수기, 신명기, 여호수아, 사사기, 사무엘상하, 열왕기

상하'라는 흐름을 따라가다 보니 여기 '열왕기상'까지 왔습니다.

☞ **전망대(展望臺)**

이제 구약성경 중에서 가장 유명한 내용이 있고 복잡한 열왕기상·하에 도달했습니다. 구약성경에서 가장 많은 예언서를 거느리고 있는 책입니다. 특히 열왕기하를 죽 잡아당기면 예언서 12권이 주렁주렁 달려 올라옵니다.

열왕기상을 가만히 들여다보면, 거의 대부분 '솔로몬, 여로보암(북이스라엘), 아합(북이스라엘)', 이들의 열전입니다. 열왕기상이 총 22장으로 되어 있는데, 이 세 사람에게 할애한 것이 무려 20장 분량입니다. 나머지 2장은 북이스라엘과 남 유다를 넘나들면서 왕들의 이야기를 아주 간단히 요약합니다. 아합이 죽으면 열왕기상은 끝납니다. 열왕기상에서 우리가 주시해야 할 것은 이스라엘 왕국이 분열되는 과정과 엘리야와 엘리사의 활동입니다.

열왕기하 17장에서, 북이스라엘이 멸망하면 남 유다 역사만 남습니다. 북이스라엘이 멸망하는 시점에 남쪽 유다 왕은 히스기야입니다. 이 히스기야 왕 때부터 남 유다도 국운이 기울어지고 있습니다. 므낫세 왕을 거쳐 요시야, 여호아김, 여호야긴, 시드기야에 이르러 열왕기하가 끝납니다.

이들이 왕으로 있을 때 선지자(이사야, 미가, 나훔, 하박국, 스바냐)가 등장합니다. 이렇게 열왕기하 끝부분에 오면 선지자 중심의 사기를 볼 수 있습니다.

이러한 열왕기서의 특성을 고려하여 열왕기를 어떻게 살펴보아야 할지 감이 잡힙니다. 모든 왕들의 기록을 그대로 열(列)왕식으로 정리하기보다는 의미가 있는 큰 덩어리만 요약합니다.

◈ 솔로몬 왕의 활동(열왕기상 1:1~11:43)

열왕기상은 솔로몬의 이야기로 시작됩니다. 왕위 계승투쟁, 솔로몬의 지혜와 내각구성, 성전건축과 봉헌 솔로몬의 번영과 흥망 쇠퇴의 역사를 다루고 있습니다.

솔로몬은 사실 왕으로 등극할 위치에 있는 사람이 아니었습니다. 형들이 많이 있었고 게다가 밧세바가 낳았기 때문입니다. 남의 아내를 빼앗아 낳은 아들인 것입니다.

솔로몬의 일천 번제(왕상 3장)

솔로몬은 젊었을 때 아버지 신앙을 본받아서 기브아 산당(성전이 없을 시기)에서 일천번제(一千燔祭)를 드렸습니다(왕상 3:4). 일천번제를 하루 종일 하나님께 정성껏 드렸습니다. 그러니까 번제를 일천 일 동안 드리는 것이 아니라 번제물을 일천 개를 드렸습니다. 일천번제(一千燔祭)의 번(燔) 자는 횟수를 나타내는 (番)번 자가 아니고 구워서 드리는 제사, 즉 (燔) 구울 번 자입니다. 원문 히브리어 '엘 레프 올 로트'는 1,000마리의 양으로 번제를 드렸다고 번역해야 되는 단어입니다. 지금도 많은 분들이 '일천 번 번제'를 일천 일 동안의 제사라고 알고 있습니다. 그러나 어느 것이 옳고 그른지가 중요하지 않습니다. 다만 오늘날 그 정신은 계승되어 각자의 신앙에 따라 적용할 수 있을 것입니다. 일천 일 번제를 드렸든, 일천 개의 제물을 드렸든 솔로몬의 지극한 정성을 본받자는 것입니다.

솔로몬의 일천 번제는 우리가 주목해야 할 교훈이 있습니다. 우리가 교회나 사회 지도자를 위해서 기도할 때마다 솔로몬의 '지혜'를 주시라고 기도하곤 합니다. 솔로몬이 하나님께 기도한 지혜는 히브리어 원문에는 '지혜'를 달라는 것이 아니라, '듣는 마음(렙 쇼메아, לב שומע)'을 달라고 했습니다(왕상 3:9). 즉 솔로몬은 하나님께 구하는 것은 하나님의 음성을 잘 듣는 마음과 백성들의 여론을 잘 듣는 마음이었습니다.

하나님은 솔로몬의 욕심 없는 '듣는 마음'의 기도에 감동하시고 기뻐하셨습니다(왕상 3:11). 그렇습니다. 지도자는 민심의 소리를 잘 듣는 것입니다. 그 민심은 곧 천심입니다. 그보다 더 중요한 것은 하나님의 말씀을 잘 듣는 것입니다.

이 얼마나 쉬운 말인가요? 지혜는 잘 듣는 마음이요, 열린 마음입니다. 자고로 하나님과 남의 말에 귀를 기울이는 사람이 지혜자입니다. 그렇지 않고 자기 생각만 고집하는 사람은 미련한 자입니다.

솔로몬의 그 기도는 하나님을 흡족하게 하셔서 지혜뿐 아니라 부귀와 영화까지 주셨습니다. 이는 역사 이전에도 없었고 이후로도 없을 축복이었습니다(왕하 3:11~13). 솔로몬의 지혜는 '갓난아이' 재판으로 유명합니다(왕상 3:16~28). 그 재판으로 인해 솔로몬의 지혜는 이방 세계에 널리 알려졌습니다.

성전 봉헌(열왕기상 8장)

솔로몬 왕의 가장 큰 치적은 성전을 건축한 일입니다. 취임 제4년에 시작하여 7년간의 건축 후에 완공하여(왕상 6:38) 하나님께 봉헌합니다. 실은 성전건축이 솔로몬에 의해 세워지지만 성전건축을 위한 모든 준비(성전설계도에서부터 건축 자재와 성전 터)는 다윗이 해 둔 것입니다. 다윗은 그토록 성전을 짓고자 열망했지만 하나님은 허락하지 않으시고 그 아들에게 사명을 주셨습니다. 이는 다윗이 전쟁에서 피를 많이 흘렸기 때문입니다(역상 22:8).

드디어 성전이 봉헌됩니다. 이 감격스럽고 복된 날 청년 솔로몬 왕은 땅바닥에 무릎을 꿇은 채 두 손 높이 들어 봉헌기도 합니다(왕상 8:22~53).

"그들이 이웃에게 지은 죄를 고백하면 그 기도를 들어 용서해 주시고, 나라를 위해 기도하면 그 기도를 들어 회복해 주시고, 불순종으로 비가 내리지 않을 때도 기도하면 비를 주시고, 전염병을 내리실 때 기도하면 거두어 주시고, 혹시 나라가 망하여서 포로로 끌려갔다 할지라도 이 성전을 향하여 기도하면 돌아오게 해 주시고, 심지어 이방인까지도 이 성전을 향하여 하나님께 기도하면 들어 달라"고 기도했습니다. 그리고 "주의 종과 주의 백성 이스라엘이 이곳을 향하여 기도할 때에 주는 그 간구함을 들으시되 주께서 계신 곳 하늘에서 들으시고, 들으시사 사하여 주옵소서"(왕상 8:30)라고 기도했습니다.

차가운 성전 뜰 땅바닥에 무릎 꿇고 두 손을 하늘로 들고 부르짖으며 기도하는 청년 솔로몬의 모습을 마음속에 그려 보시기 바랍니다. 솔로몬이 기도를 마치고 일어서서 백성들을 향해 축복할 때에 하나님은 하늘에서 불을 내려 제단을 살랐습니다(대하 7:1). 하나님이 솔로몬의 기도를 응답하셨음을 만백성에게 보여 주셨습니다. 그때 하나님의 영광이 성전 안에 거하고 제사장은 그 앞에서 눈이 부셔 고개를 들지 못했다고 했습니다. 그날 밤 하나님은 솔로몬을 따로 만나 다윗 언약을 확인시켜 주셨습니다.

> "네가 만일 네 아버지 다윗이 행함같이 마음을 온전히 하고 바르게 하여 내 앞에서 행하며 내가 네게 명령한 대로 온갖 일에 순종하여 내 법도와 율례를 지키면 내가 네 아버지 다윗에게 말하기를 이스라엘의 왕위에 오를 사람이 네게서 끊어지지 아니하리라 한 대로 네 이스라엘의 왕위를 영원히 견고하게 하려니와……."(왕상 9:4~5)

솔로몬의 타락(열왕기상 11장)

그 이후 솔로몬 왕은 13년 동안 궁궐을 짓습니다(왕상 7:1). 재위기간 40년 가운데(왕상 11:42) 20년은 성전(7년)과 궁궐(13년)을 짓는 데 소용됩니다. 이렇게 성전도 봉헌하며 하나님을 향한 열심이 처음에는 있었지만 통치 말년에 이르러서는 우상을 섬기면서 타락하게 됩니다.

그럼 이런 솔로몬이 왜 하나님을 떠나게 되었을까요? 정략결혼(政略結婚)[64]에 의해 칠백여 명의 후궁과 삼백의 첩을 두었기 때문입니다(왕상 11:2~3). 정략 결혼한 왕비들이 가져온 그 나라 우상이 문제였습니다. 열왕기상 11:3에 "왕비들이 왕의 마음을 돌이켰더라"라고 했습니다.

분명 신명기 17장 17절에서는 "왕은 아내를 많이 두지 마라"라고 했습니다. 그들이 가져올 우상 때문에 그렇게 말씀하셨습니다. 그 밖에도 "왕은 말과 은금도 많이 두지 마라"고 했는데(신 17:16~17), 솔로몬은 말과 금은보화도 많이 쌓아 두었습니다(왕상 10:26).

솔로몬 때의 이스라엘 영토는 애굽 하수에서부터 유프라테스 강 상류까지 넓혀졌습니다(대하 9:26). 넓은 영토를 유지하려고 정략결혼을 한 것입니다. 하나님이 지켜 주신다고 했는데 솔로몬은 스스로 지킨다는 생각으로, 성경(신명기)에서 하지 말라고 한 것을 했습니다.

주변 나라들과 정략결혼으로 나이 들어서, 맑고 예쁘고 청순한 십 대의 젊은 공주들을 왕비로 맞아들입니다. 젊었을 때는 하나님을 경외하고 풍부한 학식으로 책도 쓰면서 나름대로 열심히 살았습니다. 그런데 나이 들어서 젊은 여인들과 지

---

64) 결혼을 통하여 두 집안이나 두 나라 사이에 친밀을 도모하려는 책략이다.

내다 보니까 잘못되어 버린 것입니다. 젊은 여인들이 "나를 위해 신전 하나만" 하니까 처음에는 준엄하게 꾸짖다가도 계속 조르니까 허락합니다.

이렇게 하나둘씩 늘어나다 보니 예루살렘 성 주변에는 온통 이방신전이 가득 찼습니다. 지금도 예루살렘 앞 감람산에 올라가 보면 솔로몬이 지은 우상 신전의 터들이 남아 있다고 합니다.[65] 예루살렘 힌놈 골짜기엔 암몬의 밀곰 신전이 있습니다. 여기서 솔로몬은 자기 왕자를 불 사이로 지나가게 했습니다. 불에 태워서 바치는 일도 하고 아이들을 끓은 물에 집어넣어 제물로 바치는 이방 여인들과 함께 우상을 숭배했습니다(왕상 11:33 참조). 솔로몬은 이렇게 하나님을 쉽게 잊었습니다. 세상 쾌락에 빠져 기도하지 않고 예배하지 않았으니 세상으로 돌아가 버렸습니다. 우리도 마찬가지입니다. 세상 명예를 좇다 보면 하나님보다 세상이 더 좋아지게 됩니다.

65) 문봉주, 『성경의 맥을 잡아라!』(서울: 두란노, 2007), p.291.

지식탐구

솔로몬의 부와 영화 다윗은 솔로몬에게 금 10만 달란트(1달란트를 59㎏로, 1g을 11,200원으로 계산하면 66조 8천만 원), 은 100만 달란트(1g을 80원으로 계산하면 4조 7,200억 원), 기타 놋, 철 등 헤아릴 수 없이 많은 재물을 물려주었습니다.

솔로몬의 일 년 세입금으로 수익이 666달란트(약 2억 5,664만 3,000달러)에 달했습니다. 기타 제국으로부터 조공도 받았습니다(왕상 10:14, 15). 솔로몬은 이것을 가지고 성전과 왕궁을 지었고 무기를 만들었습니다.

솔로몬은 대규모 무역도 하였습니다. 그의 선단은 히람의 선단과 협조하여 오빌에서 엄청난 양의 금과 백단목 목재와 보석을 가지고 왔습니다(왕상 9:26~28, 10:11). 이집트에서는 말과 병거를 수입해 왔으며, 당시에 알려진 세계 전역에서 오는 무역상들은 많은 상품을 가지고 왔습니다. 그 외에도 상인들이 가져오는 은과 금과 그 밖의 물품들이 있었습니다(왕상 10:14, 15).

이렇게 솔로몬은 하나님이 약속하신 대로 주변에 있는 모든 나라들이 이스라엘에 조공을 바칠 정도가 가장 부강했을 때의 왕입니다. 솔로몬은 사람이 태어나서 누리고 싶은 모든 것을 다 누려 봤습니다. 아내도 천명이나 두었습니다. "왕은 후궁이 칠백 명이요, 첩이 삼백 명이라. 그의 여인들이 왕의 마음을 돌아서게 하였더라"(왕상 11:3)라고 했습니다. 이처럼 솔로몬의 영화, 명예, 권세는 극에 달했습니다.

또한 솔로몬은 특별한 지혜의 소유자였습니다(왕상 3:16~28). 그는 재판이나 정치에 특별한 재능을 가지고 있었을 뿐만 아니라 문학연구에도 비상한 재주가 있었습니다. 잠언도 3천을 말하였으며, 시가(詩歌)는 천다섯에 이르렀습니다. 또 동식물학에도 조예가 깊어 레바논의 백향목부터 돌담에 나는 우슬초와 동물, 조류, 어류에 이르기까지 실로 박학다식하였습니다. 그는 잠언은 물론 전도서와 아가서를 썼으며, 시편의 일부를 썼습니다.

이러한 인생의 부귀와 영화를 누려 보았던 솔로몬이 인생의 말년에 내린 결론은 헛되고 헛되며 헛되고 헛되니 모든 것이 헛되도다"(전 1:2)라고 했습니다. 헛되다는 말을 다섯 번이나 반복했습니다. 그러면서 결론은 하나님 없는 인생은 이 세상 모든 것을 누려도 헛될 뿐이므로 "청년의 때 곧 곤고한 날이 이르기 전, 넌 아무 낙이 없다고 할 해가 가깝기 전에 너의 창조주를 기억하라"(전 12:1)라고 권면하면서, 결론으로 "일의 결국을 다 들었으니 하나님을 경외하고 그의 명령들을 지킬지어다. 이것이 모든 사람의 본분이니라, 하나님은 모든 행위와 모든 은밀한 일을 선악 간에 심판하시리라"(전 12:12~14)라고 하면서 전도서의 끝을 맺습니다.

◈ 나라가 남북으로 분열되다(열왕기상 12:12~15)

☞ **전망대(展望臺)**

솔로몬의 아들 르호보암 때에 나라가 분열되는 중대한 사건이 일어나게 됩니다. 통일왕국 이스라엘 나라에서 북쪽 지역에 있는 10개 지파가 여로보암을 왕으로 삼고 나라를 세우게 됩니다. 통일왕국에는 유다 지파와 베나민 지파만 남게 됩니다. 솔로몬의 아들 르호보암이 왕이 되는 순간 남북이 갈라졌습니다. 그러나 사실은 그 근본 원인이 르호보암에게 있지 않다는 사실을 놓쳐서는 안 됩니다. 솔로몬 왕이 타락한 결과로 인해 나누어졌습니다(왕상 11:1~13). 그 전에 하나님은 솔로몬에게 회개할 수 있는 기회를 주셨지만, 솔로몬은 돌이키지 않았습니다(왕상 11:9).

나라가 남 유다와 북이스라엘로 나누어지다

솔로몬 왕은 20년 동안 왕궁과 성전을 건축하는 일에 매달렸습니다. 이를 위해 국민에게 세금과 노역을 담당하게 하다 보니, 솔로몬의 통치에 불만과 반감을 품은 11지파[66]가 있었습니다.

아버지가 물려준 정치적 문제를 그대로 안고 르호보암은 왕위에 오릅니다. 이러한 민심을 읽고 르호보암 왕은 통합해야 했는데, 지혜롭지 못한 정치를 하게 되었습니다. 젊은 사람들의 의견만을 중요하게 여긴 르호보암은 결국 자기가 속한 유다와 베냐민 지파를 제외한 나머지 10지파를 잃고 맙니다. 그나마 다행인 것은 분열과정에서 전쟁은 없었다는 것입니다.

이때부터 솔로몬 왕 때까지 불려 왔던 '이스라엘'이라는 이름이 분열하면서 '이스라엘' 하면 반역한 여로보암(북쪽 10지파 대표)이 이끄는 '북이스라엘'을 지칭하고, 남쪽 유다 자손(유다, 베냐민 지파)을 '유다'라 지칭하게 됩니다.

북쪽 10지파의 왕으로 솔로몬의 정부에서 노역담당이었던 여로보암이 10지파(베냐민지파 빠짐)를 통치하게 됩니다. 이렇게 북방 10지파의 왕이 된 여로보암은 나라를 통치하는 데 커다란 문제에 직면하게 됩니다. 북방 10지파 국민들이 예루

---

66) 야곱이 낳은 12아들 중에서 유다를 제외한 나머지 지파는 르우벤, 시므온, 레위, 잇사갈, 스불론, 베냐민, 단, 납달리, 갓, 아셀, 요셉이다.

살렘에 건축된 솔로몬 성전을 사모하고 있으며, 그곳을 찾아 제사하러 갈 수 있다는 것입니다.

이 사실을 눈치 챈 여로보암은 금송아지 제단을 고안하게 된 것입니다. "이는 너희를 애굽에서 인도해 올린 너희 신"이라 하면서, 북쪽 국경지대의 '단'과 남쪽 국경지대인 '벧엘'에 예루살렘 같은 성지를 만들었습니다. 또 산당을 지어 레위 사람이 아닌 보통 사람을 제사장으로 임명합니다. 또 유다 절기와 비슷한 유사절기를 만들었습니다(왕상 12:25~33). 바로 이것을 두고 열왕기 기자는 북방 이스라엘의 죄를 말할 때마다 그 유명한 "느밧의 아들 여로보암의 죄"라고 말합니다(왕하 15장 참조). 이후로 느밧의 아들 여로보암의 죄라는 말은 '북이스라엘 왕국의 특징'을 말하는 매우 유명한 관용어구가 되었습니다.

◈ 북이스라엘 역사(열왕기상 16장~열왕기하 18:12)

☞ 전망대(展望臺)

열왕기의 특징은 많은 부분이 북이스라엘 중심의 역사입니다. 남 유다에 대한 역사는 간단하게 다루고 대부분은 북쪽에 관심을 두고 있습니다. 주로 엘리야와 엘리사의 사역현장, 그리고 아합 왕의 오므리 왕조와 그다음에 예후 왕조입니다.

이렇게 열왕기는 아합과 이세벨이 역사의 주류를 이루면서, 엘리야와 대칭을 이루면서 활동을 합니다. 시대가 악하여 아합과 이세벨 같은 사람들이 악정을 하기 때문에 하나님께서는 엘리야, 엘리사 같은 선지자를 일으키신 것입니다. 엘리야가 승천한 뒤 엘리사가 북이스라엘에서 한창 사역하고 있을 때, 남쪽 유다에서는 예언자 '요엘과 요바다'가 주변국가에 예언을 합니다.

오므리 왕조(아합)/엘리야의 활동(열왕기상 16~열왕기하 8장)

분열왕국 북이스라엘 역사는 참 혼란스럽습니다. 쿠데타가 자주 일어나고 왕조가 자주 교체되었습니다. 초대 이스라엘 왕인 여로보암, 그의 아들 나답(여로보암 왕조, 2대)을 지나서 바아사, 엘라(바아사 왕조 2대)로 이어집니다.

그런데 시므리라는 엘라 왕의 부하가 반역해서 엘라 왕을 죽였습니다. 이때, 역시 엘라의 부하였던 오므리가 시므리를 죽이고 왕이 됩니다. 이것이 오므리 왕조입니다. 이런 과정을 거쳐 오므리는 제법 탄탄한 왕조를 이루어 갑니다.

이 오므리의 아들이 바로 아합 왕입니다. 아합 왕은 열왕기의 많은 분량(7장)을 차지하고 있습니다. 그런데 이 부분에서 성경 읽기가 어려워집니다. 다른 왕들의 역사는 몇 구절밖에 되지 않는데, 아합 왕의 이야기 사이사이에 역사를 조금씩 끼워 넣고 이리저리 왔다 갔다 합니다. 그래서 '열왕기상 · 하'가 복잡해지고 이해가 되지 않는 것입니다. 이를테면 "이스라엘 아무개 몇 년 때, 유다 왕 아무개가 예루살렘에서 왕이 되니라……" 같은 구절로 열왕기상 · 하가 연결되고 있습니다.

아합 왕 하면 동시에 떠오르는 여자가 있습니다. 그의 아내 이세벨[67)]입니다. 이세벨이 북방 이스라엘 왕가에 등장하게 된 것은 아합 왕의 아버지 오므리가 페니키아(두로와 시돈)와 동맹을 맺고, 혼인을 하였기 때문입니다.

이세벨은 지독한 바알 숭배자입니다. 이세벨이 가지고 온 바알신은 가나안 종교의 대표적 우상입니다. 이 바알신이 언약의 후손 이스라엘 왕궁까지 들어오게 되었습니다. 아합 왕은 그의 아내 이세벨 때문에 바알신을 믿게 되고 백성들을 죄악에 빠지게 했습니다. 이 일은 이전의 그 어떤 사건보다도 매우 중대한 사건입니다. 그래서 사가(史家)는 바알신의 왕궁 유입과정을 대서특필하다 보니 아합 왕의 역사가 길어지게 된 것입니다.

여기에 더욱 놀라운 사건이 또 있습니다. 이후에 아합과 이세벨 사이에서 난 딸 '아달랴'는 남 유다의 제5대 왕 여호람의 아내가 됩니다. 남 유다의 제4대왕 여호사밧이 며느리로 북쪽 아합과 이세벨 사이에서 낳은 딸 '아달랴'를 맞아들인 것입니다(대하 18:1). 남 유다에 아달랴가 왕비가 되었다는 것은 이세벨의 피를 받아들이겠다는 것입니다. 이 말은 남 유다도 바알에 접속되고 왕궁이 더렵혀진다는 뜻입니다.

---

67) 이세벨은 페니키아의 왕 엣바알의 딸로 이스라엘 왕국의 왕 아합과 결혼하였다. 그는 바알 숭배자였으므로 하나님을 믿는 이스라엘의 선지자들을 모두 죽였고 마지막에는 남아 있던 예언자 엘리야마저 죽이려고 했다. 그 뒤에도 아합을 부추겨 나봇의 포도밭을 빼앗는 등 많은 죄악을 저질렀다. 그러나 기원전 842년경 예후가 혁명을 일으켜 이세벨의 손자이자 이스라엘의 9대 왕 요람과 아합의 아들 70명을 죽였고 이세벨도 자신의 내시들에 의해 창밖으로 떨어져 죽었다(왕하 9:30~37).

이윽고 남 유다 왕궁에서는 참혹한 유혈극이 일어나고 말았습니다. 여호람과 아달랴에서 난 아들 아하시야 왕이 전쟁 중 죽게 되자, 아달랴는 쿠데타를 일으켜 여왕이 되고 다윗 왕조 혈통을 없애 버리려고 했습니다. 다윗의 씨를 말려 버리려고 다윗 왕 혈통을 모두 죽이는 피비린내 나는 악행을 저지른 것입니다(왕하 11:1). 의인 엘리야를 죽이려고 했던 악한 이세벨의 피가 그 딸 아달랴에게 흘러서 이번에는 다윗의 씨를 다 말리려 했던 것입니다.

그러나 그 가운데 요아스(어린 왕자)가 극적으로 구출되어서 유모와 함께 여호와의 전에서 6년을 숨어서 지내게 됩니다. 그동안 아달랴는 남 유다에서 왕이 되어 왕권을 행사하였습니다. 물론 그 후에 요아스는 아달랴 여왕을 제거하고 왕으로 등극하여 다윗 혈통의 왕권을 회복하게 됩니다(왕하 11:4~15). 남쪽 다윗 혈통에 큰 고통을 안겨 주었던 아합 왕은 아람군과의 전쟁에서 죽고, 이세벨도 비참한 죽음으로 생을 마감합니다(왕하 9:30~37).

결국 아합 왕이 죽는 장면으로 열왕기상은 막을 내립니다. 곧이어 열왕기하는 1장 1절로 "아합이 죽은 후에" 하고 시작하는데, 아합이 중심인물이 되어 열왕기상·하를 연결하며 열왕기하가 시작됩니다. 아합은 죽고, 엘리야는 승천함으로써 열왕기상이 막을 내리면 열왕기하에서는 엘리사가 등장하여 열왕기하 13장까지 엘리사가 활동합니다. 아합 왕을 엘리야가 상대했다면 아합 이후 아하시야, 여호람 왕부터 예후 왕조까지는 엘리사의 활동무대입니다.

예후 왕조의 역사 – 엘리사의 활동(열왕기하 9장~15:12절)

오므리 왕조를 심판한 예후 왕조

북이스라엘에서 가장 강력한 왕조는 위의 오므리 왕조와 예후 왕조입니다. 즉 네 번째 왕조와 다섯 번째 왕조입니다. 예후 왕조가 오므리 왕조의 아합과 이세벨을 심판했습니다. 이렇게 하여 아합의 집은 예후에 의해 뿌리째 멸절됩니다. 이 멸절은 어쩌다 된 것이 아니고, 엘리사가 예언(왕상 19:15~17, 21:21~26)했기 때문입니다. 결국 우상숭배의 결과는 '심판'입니다.

예후 왕조의 여로보암 2세

오므리 왕조를 심판한 예후 왕조에는 다섯 명의 왕이 있었는데 이 중에서 네 번째 왕 여로보암 2세가 북이스라엘의 전성기를 이루었습니다. 왕위에서 41년을 치리했으며, 가장 오랫동안 통치한 왕입니다.

그는 북이스라엘 북부 국경지대를 솔로몬이 가졌던 땅 수준까지 회복한 왕입니다(왕하 14:25). 정치적으로 여러 공적도 있고, 경제적으로도 매우 성공한 사람입니다. 그러나 그는 영적으로 무지하여 하나님을 알지 못했습니다.

역사서인 열왕기하에서는 그의 치적에 대해 길게 말하고 있지 않지만, 동시대를 살았던 예언자 아모스와 호세아는 그의 죄악에 대해 말하고 있습니다. 특히 아모스 예언자는 그를 가리켜 '향락과 사치로 유명한 왕'이라고 했습니다. 당시 사람들은 사치스러운 생활을 할 수 있었고 가난한 사람들은 한없이 가난하고 부자들은 사치를 했습니다.

이때 요나 선지자도 활동하고 있습니다. 요나는 북동쪽에 바벨론의 문명 근원지인 앗수르의 수도 니느웨에 가서 '회개를 촉구'하는 사명에 갈등하고 고생합니다. 요나를 이방 나라의 상징인 바벨론 지역(앗수르)으로 보내시며 의로운 싸움을 하시는 하나님의 심정을 읽을 수 있습니다.

북이스라엘 멸망(열왕기하 17:1~6)

북이스라엘은 B.C. 931~721년까지 210년 동안 유지된 나라입니다. 그러니까 210년 동안 아홉 번이나 유혈혁명이 있었습니다. 그만큼 나라가 안정되지 못하고 혼란을 거듭했다는 증거를 보여 주는 역사입니다. 쿠데타가 쿠데타를 잇는 역사인 셈입니다.

북이스라엘 210년 통치기간에 왕이 19명이 있었는데 어느 한 사람도 '선하다'고 칭찬을 듣지 못했습니다. 그래서 하나님은 이 나라를 하나님 나라로 남겨 두실 수 없으셨습니다. 계속 반란에 반란은 거듭하다가 국력은 약해집니다. 북이스라엘 마지막 왕 호세아 때는 여로보암 2세 때 가졌던 영화에 비해 나라가 쪼그라져 있었습니다.

그런데도 호세아 왕은 애굽과 손을 잡고 앗수르에 조공을 못 바치겠다고 큰소리칩니다. 그러자 B.C. 724년 앗수르 살만에셀 5세가 이스라엘로 쳐들어옵니다. 겁이 난 호세아는 그동안 밀린 공물들을 챙겨서 마중 나가지만 살만에셀은 호세아를 포로로 잡고, 수도 사마리아 성을 포위합니다. 2년 동안 사마리아는 격렬하게 저항하지만 결국 B.C. 721년에 무너집니다. 이로써 솔로몬 사후에 남북으로 분단되어 여로보암에 의해 창건된 북이스라엘은 210년간의 역사를 남기고 완전히 사라집니다(왕하 17:3~6).

멸망된 북이스라엘 지역에는 총독이 파견됩니다. 이제 북이스라엘은 앗수르의 한 주에 불과한 도시로 전락해 버립니다. 앗수르는 많은 북이스라엘 주민을 앗수르 땅에 포로로 잡아가고 다른 나라 포로들을 북이스라엘 땅으로 이주시켰습니다. 이 인구 혼합정책은 종속된 백성들이 반란을 일으키지 못하도록 하자는 것입니다. 그렇지 않아도 신앙적으로 남 유다에 비해 정통성을 인정받지 못하고 바알을 섬기고 있었는데, 이방민족이 들어와 섞이면서 더더욱 종교적 폐해를 입게 됩니다.

이주해 온 사람들은 자기들이 믿는 신을 가지고 들어와서 예배했습니다. 이렇게 섞이면서 다신종교 사회가 되어 버렸습니다(왕하 17:29~41). 그 땅에 남겨진 이스라엘은 이방사람들과 결혼하게 되었고 시간이 흐르면서 인구 혼합정책은 목적이 달성되었습니다. 이렇게 해서 태어난 후손은 '사마리아인'이라고 불리게 되었습니다. 북이스라엘은 그렇게 해서 종말을 고했습니다.

그 종말의 원인을 성경은 분명히 하고 있습니다. 열왕기하 18장 12절에 **"이는 그들이 하나님 여호와의 말씀을 듣지 아니하고 그의 언약과 여호와의 종 모세가 명령한 모든 것을 따르지 아니하였음이더라"**라고 했습니다.

◈ 남 유다 전반기 역사(열왕기하 18장~)

☞ **전망대(展望臺)**

북이스라엘이 끝나면 18장은 히스기야 왕으로 연결되고 있습니다. 이때부터 남 유다도 국력이 약해지기 시작합니다. 히스기야 아들 므낫세는 북이스라엘의 멸망에서 교훈을 받았음에도 불구하고 온갖 극한 죄악으로 하나님을 격노케 합니다. 결국 남 유다도 므낫세의 죄악 때문에 멸망하게 됩니다(왕하 21:10~13, 24:3~4).

므낫세의 아들 요시야는 파격적인 종교개혁을 단행하지만 하나님의 마음을 움직이지 못합니다(왕하 23:26). 남 유다도 북이스라엘처럼 우상을 섬기고 점점 타락해지자 많은 선지자들이 나타나 예언을 합니다. 남 유다도 목이 곧아서 하나님이 보내신 선지자들의 말을 들으려 하지 않았습니다. 결국 남 유다는 B.C. 586년에 바벨론 느브갓네살의 침략을 받아 멸망합니다.

므낫세의 악한 통치(열왕기하 21:1~18절)

아버지 히스기야와는 달리 므낫세는 하나님 앞에 극히 사악한 왕으로 유다 왕국을 파멸로 이끌고 간 장본인입니다. 유다 14대 왕으로 55년 동안 통치한 므낫세의 죄악들을 성경은 아주 구체적으로 열거하고 있습니다.

▲ 몰렉신 제사법

첫째, 아합의 행동을 본받아 바알을 위하여 단을 쌓았고 아세라 목상을 만들어 숭배하고, 성전의 안뜰과 바깥뜰에 일월성신의 단을 쌓습니다. 이것은 하나님의 존귀한 이름을 멸시하고 더럽히는 망령된 행위입니다.

둘째, 몰렉 종교를 숭배하여 자신의 자식까지 희생물로 드려 불태워 죽이게 합니다(왕하 21:6절). 그리고 하나님의 종 선지자보다 점치는 신접한 자와 박수의 점괘를 신뢰합니다.

셋째, 무죄한 자의 피를 심히 많이 흘려 예루살렘 이 가에서 저 가까지 피로 가득하게 하여 거룩한 땅을 더럽혔습니다(왕하 21:16절). 전승에 의하면, 그 므낫세가 이사야 선지자를 판자와 판자 사이에 집어넣어서 묶어 가지고 톱으로 켜서 죽였다고 합니다.

이러한 므낫세 죄악은 남 유다의 역사에 있어서 유례가 없을 정도로 심각합니다. 므낫세의 범죄는 하나님의 진노를 격발시켜, 남 유다 왕국의 멸망 원인이 되었습니다(왕하 21:10~16, 23:26, 24:3~4 참조).

> 열왕기하 21장 10~13절에 "여호와께서 그의 종 모든 선지자들을 통하여 말씀하여 이르시되 유다 왕 므낫세가 이 가증한 일과 악을 행함이 그 전에 있던 아모리 사람들의 행위보다 더욱 심하였고 또 그들의 우상으로 유다를 범죄하게 하였도다. 그러므로 이스라엘의 하나님 여호와가 말하노니 내가 이제 예루살렘과 유다에 재앙을 내리리니 듣는 자마다 두 귀가 울리리라. 내가 사마리아를 잰 줄과 아합의 집을 다림 보던 추를 예루살렘에 베풀고 또 사람이 그릇을 씻어 엎음같이 예루살렘을 씻어 버릴지라"라고 했습니다.

이처럼 므낫세는 온갖 가증한 일을 행하는 것도 모자라 백성들까지도 악의 길로 인도하는 엄청난 죄를 지었습니다. 므낫세의 이러한 죄악에도 불구하고 예레미야는 조국을 위기에서 구하려고 애썼습니다. 하나님께 자비와 긍휼을 베풀어 달라고 간구하지만, 하나님은 유다를 향해 자비를 베풀지 않겠다고 하셨습니다.

> "여호와께서 내게 이르시되 모세와 사무엘이 내 앞에 섰다 할지라도 내 마음은 이 백성을 향할 수 없나니 그들을 내 앞에서 쫓아 내보내라. 그들이 만일 네게 말하기를 우리가 어디로 나아가리요 하거든 너는 그들에게 이르기를 여호와께서 이와 같이 말씀하시니라. 죽을 자는 죽음으로 나아가고 칼을 받을 자는 칼로 나아가고 기근을 당할 자는 기근으로 나아가고 포로 될 자는 포로 됨으로 나아갈지니라 하셨다 하라. 여호와의 말씀이니라. 내가 그들을 네 가지로 벌하리니 곧 죽이는 칼과 찢는 개와 삼켜 멸하는 공중의 새와 땅의 짐승으로 할 것이며 유다 왕 히스기야의 아들 므낫세가 예루살렘에 행한 것으로 말미암아 내가 그들을 세계 여러 민족 가운데에 흩으리라. …… 여호와께서 이르시되 네가 나를 버렸고 내게서 물러갔으므로 네게로 내 손을 펴서 너를 멸하였노니 이는 내가 뜻을 돌이키기에 지쳤음이로다"(렘 15:1~6).

영성탐구

잠깐, 므낫세에 대해 한마디 남 유다에 극악한 왕 므낫세에 대한 얘기 좀 하려고 합니다. 그는 히스기야 왕의 생이 15년 연장된 후에 태어납니다. 어머니는 헵시바인데, 히스기야 왕이 무슨 생각에서 그랬는지 그 수명이 15년 더 연장될 때 아내로 그때 그녀를 덜컥 받아들입니다. 받아들여 가지고 태어난 아이가 므낫세입니다. 치리 기간도 55년이나 되어 남북왕국 중에 제일 장기간 통치했습니다. 그는 천하의 극악한 왕이었습니다.

열왕기하 21장을 읽어 보면 므낫세는 성경에서 '하지 말라'고 한 것을 골라 가면서 다 했습니다. 하라고 한 것은 기를 쓰고 하지 않고, 하지 말라고 한 것만 골라 가면서 했습니다. 이사야 선지자를 관 속에 넣어서 톱으로 켜 죽입니다.

그리고 권력, 돈, 섹스를 밝혔고 바알 우상을 극심하게 섬겼습니다. 그것도 혼자만이 섬기는 것이 아니라 백성들 모두에게 섬기게 한 것입니다. 온 동네에 바알 신전을 짓게 했고, 그것도 모자라서 산당을 만들어서 대낮에 그 아래서 남녀들이 독초(마약)를 마시고 성관계를 맺게 했습니다.

그런데 므낫세가 악독한 사람이 된 것은 누구의 영향일까요? 네, 어머니 헵시바입니다. 성경 전체를 보면 헵시바가 소시 때에 버림받아 근심하고 있던 여자라고 되어 있습니다. 그런 얘기가 이사야서에 나옵니다. 이 비유를 가지고 이사야가 얘기합니다. "헵시바가 소싯적에 버림받아서 근심하고 있었다가 받아들여지는, 다시 히스기야에게 용납된 것처럼, 너희 이스라엘도 하나님께 꺼린 바 되어서 바벨론에 버림받았다가 다시 받아들여진다"라고 했습니다. 그래서 네 땅도 헵시바처럼 된다는 그런 얘기가 있습니다. 글의 뜻은 괜찮지만 그러나 그 '헵시바'는 썩 좋지 않은 여자입니다.

여자의 사명이 그만큼 중대합니다. 위대한 인물 뒤에는 대개 두 사람의 여인이 있습니다. 한 사람은 그 어머니이고, 한 사람은 그 아내입니다. 그 두 여인이 위대한 인물을 만들어 낸다는 것입니다. 또 천하의 악당 뒤에도 역시 두 사람의 여인이 있습니다. 그것이 누구이겠습니까? 그 어머니와 그 아내입니다. 그만큼 여성들이 미치는 영향력이 지대하다는 것입니다. 한 사람 인격의 기초를 형성하는 데 결정적 역할을 하는 것이 어머니입니다. 아버지는 그저 울타리가 되어 주고 그늘이 되어 주고 그런 정도이지 아버지라는 사람은 별로 아이의 기초인격 형성에 영향을 미치지 못합니다. 늘 밖에 있기 때문입니다. 그래서 어머니는 태교부터 유아기 성품이 형성되기까지 특별히 양육을 잘하라는 것입니다.

요시야의 통치와 종교개혁(열왕기하 22~23장)

므낫세의 아들이자 유다 제16대 왕으로 등극한 요시야에 대해서 성경에서의 평가는 좋습니다. "여호와 보시기에 정직히 행하여 그 조상 다윗의 모든 길로 행하고 좌우로 치우치지 않았다"라고 했습니다. 통치 기간 중에 가장 주목할 만한 업적은 성전 수리와 율법책 발견이었습니다. 즉 므낫세에 의해 훼손당하고 더렵혀진(왕하 21:4~7) 성전을 복구하고 수리했습니다. 요시야의 이러한 조치는 여호와 신앙을 회복하기 위한 시도였습니다. 결과적으로 율법책을 발견하는 계기가 되어 마침내 대대적인 종교개혁운동으로 발전되었습니다(왕하 23:1~25).

이때에 요시야 왕의 대 종교개혁은 굉장했습니다. 자신의 아버지, 할아버지가 잘못한 것들에 대해 '국토 대청소'를 합니다. 유다 땅뿐만 아니라 경계를 넘어 북이스라엘 사마리아 터까지 국토 정화작업을 하였습니다. 전국을 돌면서 우상의 제단을 다 훼파하고 바알 신전을 다 때려 부수고 평민의 묘지에 뿌리고 하여튼 온갖 잘못된 것을 전부 폐하였습니다. 그야말로 일대 대개혁이 일어났습니다. 열왕기하 23장에서는 요시야의 종교개혁이 쭉 기록되어 있는데, 요시야가 얼마나 열정을 가지고 했는지 알 수 있을 것입니다.

이때 더욱 놀라운 행사도 하게 되는데, 열왕기하 23장 21~23절 말씀에 있습니다.

> "왕이 뭇 백성에게 명하여 가로되 이 언약책에 기록된 대로 너희의 하나님 여호와를 위하여 유월절을 지키라 하매 사사가 이스라엘을 다스리던 시대부터 이스라엘 열왕의 시대에든지 유다 열왕의 시대에든지 이렇게 유월절을 지킨 일이 없었더니 요시야 왕 십팔 년에 예루살렘에서 여호와 앞에 이 유월절을 지켰더라."

무슨 행사입니까? 네, 유월절 절기를 지켰다는 것입니다. 사사시대부터 시작해서 왕정시대를 다 거쳐 왔는데, 한 번도 유월절을 지킨 일이 없었다는 것입니다. 그렇다면 다윗도 제대로 안 했단 말인가요? 다윗은 전쟁이나 하면서 그저 피 흘리기에 바빴지 율법책을 모든 백성에게 교육시키지 못했다는 증거입니다. 그리고 솔로몬도 안 했다는 것입니다. 사사 때부터 지금 요시야 왕 때까지 이렇게 해 본 적이 없었습니다. 물론 형식적으로 어느 정도 하는 척했는지 모르겠습니다. 역대기에 보면 다윗이 유월절 지켰다는 말을 엇비슷하게 하는데, 여기 요시야 왕처럼 정말 율법책을 읽어 가면서 제대로 지킨 적은 한 번도 없었다는 겁니다. 참 놀라운 입니다. 그런데 보십시오. 요시야의 그런 헌신에도 불구하고 하나님의 노하신 마음을 돌이키지 못했습니다.

> "요시야와 같이 마음을 다하며 성품을 다하며 힘을 다하여 여호와를 향하여 모세의 모든 율법을 온전히 준행한 임금은 요시야 전에도 없었고 후에도 그와 같은 자가 없었더라. 그러나 여호와께서 유다를 향하여 진노하신 그 크게 타오르는 진노를 돌이키지 아니하셨으니 이는 므낫세가 여호와를 격노케 한 그 모든 격노로 인함이라. 여호와께서 이르시되 내가 이스라엘을 물리친 것같이 유다도 내 앞에서 물리치며 내가 택한 이 성 예루살렘과 내 이름을 거기에 두리라 한 이 성전을 버리리라 하셨더라."(왕하 23:25~27)

므낫세가 죽은 지 20년이 되었어도 하나님의 진노하심은 아직도 안 풀어졌습니다. 하나님은 노하기를 더디 하시기는 하지만, 한번 노하시면 잘 안 풀어집니다. 우리 인간들은 노했다가도 풀어지는 것은 왜 풀어지느냐? 대체로 보면 자기가 노할 것도 아닌 것을 성내는 것이 많아서입니다.

하나님은 노할 것도 아닌 것을 노하는 그런 분이 아니십니다. 그러니까 잘 안 풀어지는 것입니다. 그래서 우리가 진노하심이 일어나지 않도록, 정말 정신 차리고 우리 자신을 가다듬어서 바른 신앙생활을 해야 되겠습니다.

◈ 남 유다 멸망과정(열왕기하 23:30~25장)

유다 말기 주변 국제 정세

약 600년 동안 메소포타미아를 지배했던 앗수르 저 아래 남쪽 갈대아 지역에서 힘을 키운 바벨론이 치고 올라옵니다. 느브갓네살 왕의 아버지인 나보폴라살이라는 왕에 의해서입니다. 앗수르의 중요한 지역을 치고 올라오다가 유프라테스 강과 티그리스 강 상류 사이에 위치한 갈그미스에서 이집트와 전쟁(B.C. 609)을 합니다. 패권을 놓고 한판 붙은 전쟁입니다. 갈그미스는 메소포타미아에서 이집트로 오는 마지막 요충지입니다.

애굽 군대가 갈그미스까지 가려면 수백 마일을 동 북진해야 합니다. 그러기 위해서는 남 유다 지역을 통과해야 합니다. 애굽 바로느고가 북이스라엘 영토인 므깃도라는 곳에 가 있을 때 유다 왕 요시야는 군대를 이끌고 뒤쫓아 가서 므깃도에서 맞닥뜨리게 됩니다. 이스라엘 땅을 지나간다 하여 괜히 자기와 연고도 없는 전쟁에 끼어들어서 불행하게 이곳에서 요시야는 죽습니다.(왕하 23:29)

예레미야는 저를 위하여 애가를 지어 부릅니다.(대하 35:25)

요시야를 죽인 후 바로느고의 군대는 전쟁목적지인 갈그미스에 올라가고, 남 유다는 급히 요시야 아들 여호아하스(17대)를 왕으로 삼습니다. 바로느고는 갈그미스에서 신흥 바벨론과 접전한 후(무승부) 애굽으로 내려가는 길에 자기 허락 없이 세워진 여호아하스를 폐위시키고 여호아하스의 형인 여호야김(18대)을 대신 왕으로 앉혀 놓습니다. 남 유다 왕이 3개월 만에 바뀌게 됩니다. 여호아하스는 애굽으로 잡혀가고, 여호야김은 애굽에 조공을 바치며 애굽의 지배하에 들어가게 됩니다.

그러던 차에 또 애굽과 바벨론은 제2차 전쟁을 치르는데 이번에는 바벨론의 느브갓네살이 승리했습니다(B.C. 606년). 느브갓네살은 그 여세(餘勢)로 남 유다 이스라엘을 침공합니다. 여호야김이 왕이 된 지 3년 됐을 때입니다. 그러니 이번에는 바벨론의 말을 들어야 하는 신세가 됩니다. 이렇게 되다 보니 여호야김은 애굽과 바벨론를 왔다 갔다 하며 사이에서 고생합니다. 과연 누구의 편에 서야 하는가에 고도의 정치력이 필요한 상황이었습니다. 하나님의 뜻은 바벨론 쪽에 서는 것이었습니다. 이때 예레미야가 그 뜻을 전하며 활동합니다(렘 22장).

바로 이 무렵에 느브갓네살의 아버지(나보폴라살이)가 바벨론에서 죽습니다. 그는 여호야김에게 이제부터 바벨론을 섬길 것을 다짐받고 급히 돌아갔습니다. 돌아갈 때 그냥 가지 않고 쓸 만한 인재를 포로로 잡아갑니다. 바로 이때 포로 중에 섞였던 사람이 다니엘과 그 친구들입니다. 그러니까 다니엘은 나라가 망하기 전인 B.C. 606년에 잡혀간 바벨론 1차 포로입니다.

너희는 망하게 되리라

구약성경의 역사를 들여다보면 시대적으로 악한 시대에 선지자들이 많이 출현하여 예언을 합니다. 그들의 예언에는 일관성이 있습니다. 죄악을 책망하고 언약을 지키라는 것입니다. 예언의 말씀은 말씀을 지키지 않으면 나라가 망한다고 외쳤습니다. 그러나 그들은 듣지 않았습니다. 결국 북이스라엘은 B.C. 721년에 앗수르가 침입하여 망하게 되었습니다.

남 유다는 그것을 반면교사로 삼아야 하는데도 오히려 북이스라엘보다 더 악행을 행하였습니다. 여러 선지자들이 남 유다가 마지막을 향하고 있을 때 우르르 나타납니다. "그렇게 하면 망하니 돌아오라"고 책망했습니다. 특히 예레미야 선지자는 유다가 망하고 국민들이 포로로 끌려가는 과정까지 구체적으로 예언을 했습니다. 예레미야는 남 유다의 국운이 기울어져 가는 여호야김 때부터 몇 대에 걸쳐 활동한 선지자입니다. 하나님은 예레미야에게 살구나무 가지 환상을 보여 주며 말씀하셨습니다(렘 1:11). 살구나무 가지는 '쇼케트'라고 합니다. 히브리인들은 어떤 사건을 설명할 때 우회적으로 뜻을 전달하기를 좋아합니다. 예언서와 시가서에 우회적인 설명이 많습니다. 이 경우에도 그렇습니다. 예레미야는 살구나무 환상을 보면서 금방 '쇼케트(실행하다, 이행하다, 집행하다)'라는 뜻을 깨닫고 소스라치게 놀랐습니다. 하나님과 시내산에서 맺은 언약을 지키지 않으면 망하게 된다는 말씀이 곧 '실행되고 집행되고 이행된다'는 것을 알았기 때문입니다.

실제로 예레미야는 남 유다가 망해서 시드기야 왕의 아들들이 현장에서 살해되는 모습과 시드기야 왕이 두 눈이 뽑힌 채 피를 흘리며 끌려가는 모습을 지켜보았습니다. 예레미야는 그러한 환상을 보고 나서 엄청난 고통과 슬픔에 빠집니다. 그렇지만 하나님은 계속 예레미야에게 물으시고 예레미야는 대답합니다. "여호와의 말씀이 다시 내게 임하니라 이르시되 네가 무엇을 보느냐. 대답하되 끓는 가마를 보나이다. 그 윗면이 북에서부터 기울어졌나이다 하니, 여호와께서 내게 이르시되 재앙이 북방에서 일어나 이 땅의 모든 주민들에게 부어지리라."(렘 1:13) 끓는 가마솥이 그대로 유다 나라에 쏟아져 내리는 환상입니다. 바벨론은 끓는 가마와 같이 밑으로 쏟아져 내려와서 예루살렘 성을 완전히 파괴하며 유다 사람들은 비참하게 죽는다는 것입니다. 솔로몬 성전도 불태워지고 성전의 모든 그릇까지 다 빼앗기는 환상을 보게 됩니다. 실제로 이 예언은 그대로 이루어졌습니다.

◈ 남 유다 멸망하다(열왕기하 24장~)

하나님의 분노하심과 징계(열왕기하 24:1~25장) B.C. 597년

여호야김은 3년간 바벨론을 섬기다가 그 후 바벨론을 배반합니다. 여호야김은 체포되어 쇠사슬로 묶인 것을 풀어 주고 애굽을 섬기지 않고 바벨론만 섬기겠다는 맹세를 받고 놓아준 것인데 바벨론을 배반한 것입니다. 근 몇 년 동안 애굽과 바벨론 사이를 오가며 괴롭힘을 당한 유다 왕궁은 '애굽이냐 바벨론'이냐를 놓고 시끄럽습니다.

바로 이때 예레미야 선지자는 바벨론을 섬기라고 권고하지만 매국노라 하여 핍박을 당합니다. 결국 바벨론을 섬긴 지 3년째 되는 해 '친애굽파'가 승리하게 되어 바벨론을 배반합니다. 그러자 바벨론 느브갓네살 왕은 자신이 점령하고 있는 각국의 군대로 연합군(바벨론, 아람, 모압, 암몬)을 조직해서 유다를 칩니다(왕하 24:2). 이 통에 여호야김은 죽습니다. 그는 예레미야 예언대로 성문 밖에 그 시체가 내던져진 것입니다(렘 22:18~19). 이스라엘은 즉시 그의 아들 여호야긴(19대)을 왕으로 추대합니다. 그러나 느부갓네살 왕은 그 후 3개월째 되던 날(B.C. 597년), 군대를 이끌고 예루살렘을 재침입합니다. 바벨론 제2차 침입이라고 합니다.

이때 예레미야의 예언처럼 거룩한 하나님의 성전(솔로몬 성전)이 참혹하게 짓밟히고 성전 기물은 수탈되고 맙니다. 성경은 당시의 상황을 이렇게 얘기하고 있습니다.

> "그가 여호와 성전의 모든 보물과 왕궁 보물을 집어내고 또 이스라엘의 왕 솔로몬이 만든 것, 곧 여호와의 성전의 금 그릇을 다 파괴하였으니 여호와의 말씀과 같이 되었더라."(왕하 24:13

하나님이 계셨던 성전, 그 언약의 백성들과 생사고락을 함께하셨던 성전이 파괴되었다는 것은 언약의 백성들에게는 참으로 충격적인 사건입니다. 이는 성전으로서의 기능과 가치를 상실하였음을 의미합니다. 하나님은 더 이상 그 성전에 머무르시지 않겠다 하여, 성전에서 이미 떠나 버렸습니다(겔 11:22~25).

B.C. 597년 바벨론 제2차 침공 때에는 여호야긴을 비롯하여 왕족들, 정치가, 군인 등 유다의 모든 실권자들을 모조리 바벨론으로 잡아갔습니다. 여기에다 병사, 기능공 등 일 만여 명과 왕궁의 보물까지 다 바벨론으로 가져갑니다(왕하 24:8~16). 똑똑하고 유능한 지식인들이나 귀인들은 다 바벨론으로 잡혀가고, 그저 힘없고 평범한 사람들만 남습니다. 에스겔 선지자도 이 무리 중에 포함되어 잡혀갑니다. B.C. 606년경에는 다니엘이 1차 포로로 잡혀가더니, B.C. 597년에는 에스겔 또한 잡혀갑니다. 이 두 사람은 바벨론 포로 생활에서 아주 중요한 인물입니다. 꼭 눈여겨보아야 할 인물입니다. 이 두 사람을 놓치면 구약성경의 맥을 놓치게 됩니다.

느부갓네살 왕은 바벨론으로 떠나기 전에 여호야긴의 숙부 시드기야를 유다 왕으로 세웠습니다. 시드기야 왕으로부터 충성을 맹세받고, 느브갓네살은 바벨론을 떠납니다. 그러나 시드기야 왕은 이러한 상황 속에서도 예레미야의 충고(친바벨론 정책)를 무시한 채, 바벨론을 배반하고 친애굽 정책을 택합니다. 결국 이 정책이 바벨론 군대를 예루살렘으로 또다시 불러들이는 결과를 낳았습니다. 바벨론은 B.C. 588년 10월 10일에 다시 군대를 이끌고 올라옵니다. 무려 16개월 동안 예루살렘 성을 포위했습니다. 16개월 동안 성을 에워싸고 있으니 성안에는 먹을 것이 떨어졌습니다. 굶주림을 견디지 못한 여인들은 연명하기 위해 최후의 수단으로 끔찍한 일을 자행합니다(애 4:10).

상황이 이러한데도 지금 성안에서는 항복이냐 항전이냐 하는 문제를 놓고 시끄럽습니다. 여기에 거짓선지자가 합세합니다. 이 성은 하나님이 세웠으니 결코 점령하지 못한다고 큰소리칩니다.

그러나 예레미야 선지자는 하나님의 뜻은 항복이니 항복하라고 외칩니다(렘 38:17). 이 메시지가 반대자들을 더욱 자극하게 했습니다. "아니, 전쟁이 일어나면 합심해서 싸워야지 항복이 말이 되냐"고 합니다. 결국 매국노로 치부해 버립니다. 예레미야가 줄곧 친바벨론 정책만 외치고 있으니, 그들의 눈엣가시 같은 존재였습니다. 그렇지만 어찌하란 말입니까? 이것이 하나님의 뜻인데 말입니다.

지금 이스라엘 나라는 시내산 계약을 위반했기 때문에 하나님으로부터 벌을 받은 것입니다. 징계를 받아 먼 땅으로 흩어지게 하려고 했던 것입니다. 잠시 바벨론 나라 보호 아래 있다가 훗날 이곳으로 귀환시키려고 한 것입니다.

예레미야는 이렇게 최후 멸망의 순간까지 하나님의 메시지를 선포했지만, 사람들은 그 말을 믿으려 하지 않았습니다. 믿어야 될 것을 믿지 않고 대신 자기들이 믿고 싶은 것만 믿었습니다. 뭐 이런 모습 그때나 지금이나 별반 다를 것 없는 것 같습니다. 믿어야 할 것(말씀)은 믿지 않고 자신이 좋다고 생각한 것, 자기 이익이 되는 것만 믿으려고 하니 말입니다. 믿어야 할 것을 믿지 않으면 손해입니다. 유다 나라가 그렇게 됐습니다.

그들이 그토록 믿었던 견고한 예루살렘 성이, B.C. 586년 4월 9일에 성벽 구멍이 뚫림으로써 적군은 거센 파도처럼 밀려왔습니다. 최후까지 항전을 외쳤던 많은 사람들은 왕과 함께 곁문으로 도망쳐 버렸습니다.

위용을 자랑하던 예루살렘 성안에서 바벨론 군대의 서슬 퍼런 칼날이 휘젓고 다녔습니다. 힘없는 백성만 남아서 고통을 겪어야 했습니다. 위용을 자랑하던 왕궁과 성전이 5월 7일에 불이 지펴지고 5월 10일에 잿더미가 되었습니다. 거의 400여 년 동안 영화를 자랑했던 예루살렘 성은 이렇게 사라졌습니다.

유다 나라의 재앙은 여기서 끝나지 않았습니다. 아라바 길로 도망쳤던 시드기야 왕은 여리고 평지에서 사로잡히게 되고, 두 왕자가 죽임을 당하는 것을 목도했습니다. 자신은 눈알이 뽑힌 채로 결박되어 바벨론으로 끌려갔습니다. 이번에도 유다 지역의 청년 남녀 쓸 만한 인재들은 다 포로로 잡혀갔습니다. 성전에 남아 있던 마지막 금, 은 기물이 다 약탈되어서 바벨론으로 옮겨졌습니다. 한 지도자의 바르지 못한 정책이 이런 결과를 낳았습니다. 성경은 당시의 상황을 이렇게 이야기하고 있습니다.

"시드기야 제구 년 열째 달 십 일에 바벨론의 왕 느부갓네살이 그의 모든 군대를 거느리고 예루살렘을 치러 올라와서 그 성에 대하여 진을 치고 주위에 토성을 쌓으매 그 성이 시드기야 왕 제십일 년까지 포위되었더라. 그해 넷째 달 구 일에 성 중에 기근이 심하여 그 땅 백성의 양식이 떨어졌더라. 그 성벽이 파괴되매 모든 군사가 밤중에 두 성벽 사이 왕의 동산 곁문 길로 도망하여 갈대아인들이 그 성읍을 에워쌌으므로 그가 아라바 길로 가더니 갈대아 군대가 그 왕을 뒤쫓아 가서 여리고 평지에서 그를 따라잡으매 왕의 모든 군대가 그를 떠나 흩어진지라 그들이 왕을 사로잡아 그를 립나에 있는 바벨론 왕에게로 끌고 가매 그들이 그를 심문하니라. 그들이 시드기야의 아들들을 그의 눈앞에서 죽이고 시드기야의 두 눈을 빼고 놋 사슬로 그를 결박하여 바벨론으로 끌고 갔더라. 바벨론 왕 느부갓네살의 열아홉째 해 오월 칠 일에 바벨론 왕의 신복 시위대장 느부사라단이 예루살렘에 이르러 여호와의 성전과 왕궁을 불사르고 예루살렘의 모든 집을 귀인의 집까지 불살랐으며 시위대장에게 속한 갈대아 온 군대가 예루살렘 주위의 성벽을 헐었으며 성 중에 남아 있는 백성과 바벨론 왕에게 항복한 자들과 무리 중 남은 자는 시위대장 느부사라단이 모두 사로잡아 가고 시위대장이 그 땅의 비천한 자를 남겨 두어 포도원을 다스리는 자와 농부가 되게 하였더라. 갈대아 사람이 또 여호와 성전의 두 놋 기둥과 받침들과 여호와 성전의 놋 바다를 깨뜨려 그 놋을 바벨론으로 가져가고 …… 또 솔로몬이 여호와의 성전을 위하여 만든 두 기둥과 한 바다와 받침들을 가져갔는데 이 모든 기구의 놋 무게를 헤아릴 수 없었으니……."(왕하 25:1~16)

거룩한 예루살렘은 이렇게 초토화되어 버린 것입니다. 하나님과 맺은 시내산 계약(레위기, 즉 율법 말씀)을 지키는 것이 이렇게 힘든가요? 말씀을 잘 지키면 계속 복을 주신다고 했는데……(레 26:3~13). 결과는 이렇게 되고 말았습니다.

◈ 에스겔 선지자 실시간 중계(예언) B.C. 586년

에스겔은 다니엘과 함께 바벨론 포로 생활의 격동기에 살았던 사람이었습니다. 앞서도 말한 바 있지만 에스겔은 B.C. 597년 바벨론 2차 포로로 잡혀간 사람입니다. 그곳에서 포로로 잡힌 지 5년째 되는 해인 B.C. 593년에 하나님의 부르심을 받습니다. 그때 에스겔의 나이는 30세였던 것 같습니다(겔 1:1). 이곳에서 약 22년 동안 선지자로 사역합니다. 지금의 에스겔은 바벨론 땅에서 포로 생활을 하고 있는 유대인들에게, 유다 나라의 긴박한 상황을 실시간으로 중계합니다.

"인자야 너는 바벨론 왕의 칼이 올 두 길을 한 땅에서 나오도록 그리되 곧 성으로 들어가는 길 어귀에다가 길이 나뉘는 지시표를 하여, 칼이 암몬 족속의 랍바에 이르는 길과 유다의 견고한 성 예루살렘에 이르는 길을 그리라. 바벨론 왕이 갈랫길 곧 두 길 어귀에 서서 점을 치되 화살들을 흔들어 우상에게 묻고 희생제물의 간을 살펴서, 오른손에 예루살렘으로 갈 점괘를 얻었으므로 공성퇴를 설치하며 입을 벌리고 죽이며 소리를 높여 외치며 성문을 향하여 공성퇴를 설치하고 토성을 쌓고 사다리를 세우게 되었나니 전에 그들에게 맹약한 자들은 그것을 거짓 점괘로 여길 것이나 바벨론 왕은 그 죄악을 기억하고 그 무리를 잡으리라."(겔 21:19~23)

에스겔은 지금 바벨론에서 포로 생활을 하고 있는데, 현지의 조국 상황을 실시간으로 생방송을 합니다. "바벨론 왕이 여기까지 왔습니다, 점괘를 얻었습니다. 예루살렘으로 가는 점괘이"라고 합니다.

하나님은 에스겔에게 지도를 그려서 바벨론 왕의 칼이 올 두 길을 쭉 그려서, 길이 암몬족속의 랍바로 가는 길과 유다 예루살렘으로 가는 길이 나누어지게 그리라고 합니다. 그리고 바벨론 왕이 여기에 와서 두 길머리에서, 이리 갈까 저리 갈까 점을 칩니다. 뭐 이거 제가 어릴 때 멋도 모르고 친구들과 비스무리하게 한 것 같은데, 손바닥에 침을 뱉어서 치면 침이 튀는 방향으로 답을 구하곤 했습니다.

그 사람들은 그렇게 점을 치는 것이 아니고, 화살을 흔들어 보는 것입니다. 화살을 흔들어서 어느 쪽으로 갈 것인가 결정하고, 그 점괘가 확실한지 자기 신에게 바치는 희생제물의 간을 꺼내서, 간의 색깔이 시퍼렇게 나오면 왼쪽으로 벌겋게 나오면 오른쪽으로 간답니다. 드디어 화살들을 흔들어서 점을 치고 희생물의 간을 살펴보니 오른쪽(예루살렘)으로 가는 점괘였습니다.

지금 에스겔은 바벨론에서 포로 생활을 하고 있는데, 이러한 급박한 상황을 실시간(생방송)으로 보았습니다. 바벨론 군대가 이만큼 갔으니, 이제 이것은 돌이킬 수도 없고 막을 수도 없고 피할 수도 없습니다. 바벨론 군대가 예루살렘을 끝장보기 위해서 달려가고 있었습니다.

한편 에스겔은 이 외에도 예루살렘 현지 사정과 성전에 우상이 가득하여 하나님의 운구가 성전을 떠나 버리는 것도 실시간으로 보았습니다(겔 11:22~25). 이러한 시대적 전후 상황을 살펴보지 않으면 에스겔서가 이해되지 않습니다.

드디어 바벨론 군대가 예루살렘에 도착해서 성에 바짝 에워쌉니다. "제구 년 시월 십 일에 여호와의 말씀이 내게 임하여 가라사대."(겔 24:1, 개역한글) '제구 년 시월 십 일에', 이날이 B.C. 588년 10월 10일입니다. 그러니까 시드기야 왕이 등극한 지 9년 되던 해 B.C. 588년 10월 10일에 예루살렘이 포위되었습니다. 이 또한 실시간 중계인데, 하나님이 이날을 기록해 두어라 하십니다. "인자야 너는 날짜 곧 오늘의 이름을 기록하라 바벨론 왕이 오늘 예루살렘에 가까이 왔느니라."(겔 24:2) "예루살렘에 가까이 왔느니라"는 말은 아주 바싹 에워쌌다는 것입니다.

그러니까 예루살렘의 성벽 위에서 쏜 화살이 닿지 않을 거리까지, 아주 바싹 에워싸서 숨통을 조이고 있다는 것입니다. 예루살렘 안에서 먹을 것이 다할 때까지 밖에서 에워싸고 있는 겁니다. 언제까지이냐면요? B.C. 588년 10월 10일부터 B.C. 586년 4월 9일까지, 그러니까 1년 6개월 정도였습니다. 이렇게 예루살렘 성을 에워싸니까 성 중에 양식이 다 떨어져 버렸습니다. 그 날짜를 기록하라는 겁니다.

이날에 하나님 진노의 그릇이 예루살렘 성을 향하고 있음을 봅니다. 에스겔 24장 3절 말씀에 "너는 이 반역하는 족속에게 비유를 베풀어 이르기를 주 여호와께서 이 같이 말씀하시기를 가마 하나를 걸라"고 했습니다. 여기 '가마'는 가마솥입니다. 가마솥을 걸라는 것입니다. 가마솥으로 고기를 자꾸 삶으면, 삶고 또 삶고 푹 고으면 완전히 뼈가 물렁물렁하게 됩니다. 이게 예루살렘 도시를 가마솥으로 하는 비유입니다. 가마솥 밑에서 바벨론 사람들이 불을 계속 지펴서 국물을 계속 조리면 나중에 가마솥 녹이 확 벗어집니다. 그렇게 하시겠다는 것입니다. 예루살렘 도시를 말입니다.

여러분! 성경 안에 하나님의 진노가 이렇게까지 끓어오르는 말씀이 있다는 사실을 상상도 못 해 봤을 것입니다. 성경을 10번 20번 읽은 사람도 있을 테지만 이 안에 하나님의 진노하심이 이렇게 끓어오르고 있다는 사실은 잘 몰랐을 것입니다. 얼마나 하나님이 진노하셨으면 이렇게 하셨을까요?

영성탐구

우리는 지금까지 교회에 다니면서 하나님께서 무엇을 원하시고 무엇을 기뻐하시고 무슨 고민이 있어 슬퍼하시는지, 하나님 중심으로는 한 번도 생각한 적이 없다는 것입니다. 항상 사람 중심으로 생각하여 인간이 죄 사함을 받고, 인간이 지옥 안 가고 천당 가며, 복을 받고, 능력을 받고, 은사를 받고 등등 모든 것이 인본주의입니다. 생각도 인본주의, 행동도 인본주의입니다. 모두가 하나님 중심이 아니고 인본주의뿐입니다. 그런데 보십시오! 하나님은 전능하신데 안되시는 일이 있으셨습니다. 출애굽부터 시작하여 B.C. 586년 예루살렘이 패망한 때까지 860년이 지나가는 동안 전능하신 하나님께서 우리나라의 강원도만한 조그만 나라가 마음대로 안 돼 860년을 씨름하셨습니다.

◈ 눈물의 선지자 예레미야(예레미야 애가 살펴보기)

예레미야는 요시야 13년(B.C. 627년)에 활동을 시작하여 바벨론에 의해 예루살렘이 함락된 B.C. 586년 이후의 얼마까지 활동했던 선지자입니다. 풍전등화의 조국 유다를 구해 보려고 무진 애를 쓰지만, 핍박도 많이 받고, 울기도 많이 했습니다. 진리 말씀을 널리 열심히 외쳤지만 사역의 열매는 없었습니다. 그래도 마지막까지 하나님 나라를 위해서 최선은 다하다 생을 마친 선지자입니다.

예레미야 선지자의 최후통첩 – 쇼케트(집행한다)

우리가 지금까지 성경을 보아서 알겠지만, 하나님은 유다 나라가 망하기 전까지 여러 번 돌이킬 수 있는 기회를 주셨습니다. 마치 노아 홍수 때도 수십년 동안 기다린 것처럼 유다 나라를 위해서도 오랫동안 참으셨습니다. 그들은 시내산에서 계약을 체결한 언약백성이었기 때문입니다. 계약을 체결했으면 지켜야 하는데도 하나님을 버리고 우상을 섬겼습니다. 그래도 하나님은 패역한 유다 백성들이 아직도 늦지 않았으니 회개하고 돌아오라고 하셨습니다. 하나님은 여러 선지자를 보내서 지금도 늦지 않으니 돌아오라고 말씀하셨습니다.

하나님은 이렇게 인격적이며 신사적입니다. 비록 인간이 잘못을 했더라도 즉시 벌하고 않고 기다리고 계십니다. 우리 인생이 막장 같은데도 "나는 너를 아직도 사랑한다"며 돌아오기를 기다리고 계십니다. 돌아오면 살고 돌아오지 않으면 멸망과 심판과 저주가 있다고 했는데도 말을 듣지 않았습니다. 그래서 하나님은 이제 예레미야를 통해서 심판하시겠다고 말씀하셨습니다. 구약성경에 등장하는 17명의 모든 예언자들이 '회개의 선택'을 예언했지만 오직 예레미야 선지자는 하나님의 말씀이 집행되는 '쇼케트'를 예언합니다.

이제 선택의 시간이 끝났다는 것입니다. 결정된 심판을 예언해야 하는 예레미야는 계속 눈물을 흘릴 수밖에 없었습니다. 뭐 이런 내용입니다. "이제 너희 시대는 끝났다. 너희와 맺은 언약을 너희가 지키지 못했으니 망했다. 바벨론 나라를 사용해서 너희를 포로로 끌려가게 할 것이다(렘 25:9~11 참조). 그러나 좌절하지 마라. 너희를 회복시킬 것이다. 너희 나라를 통해서 새 일을 하려니와 바벨론 포로에서 돌아오게 하겠다"라는 내용이었습니다.

예레미야가 전한 메시지는 "바벨론의 침략은 하나님 심판이다. 따라서 순종하라. 대항하지 마라. 바벨론은 심판의 도구다"라는 것입니다. 이러한 메시지는 당시 유다 나라 백성들한테는 매국노 같은 소리였습니다. 다른 나라가 침입했으면 나가서 싸워야지 항복하라는 것은 있을 수 없었기 때문입니다. 마치 그것은 '미친 사람'처럼 보였습니다. 그러나 하나님의 뜻이니까 전해야 했습니다. 예레미야는 그래서 너무나 고통스러웠을 것입니다. 예레미야 선지자는 예언을 하지 않으려고 해도 마음이 불붙는 듯해서 안 할 수 없다고 했습니다.

> "내가 다시는 여호와를 선포하지 아니하며 그의 이름으로 말하지 아니하리라 하면 나의 마음이 불붙는 것 같아서 골수에 사무치니 답답하여 견딜 수 없나이다"(렘 20:9).

백성들에게 하나님의 심판이 결정되어 집행을 선포해야 것이 얼마나 고통스러웠겠습니까? 더군다나 지금 적군이 쳐들어오는데 그 적군이 하나님의 심판 도구니까 대항하지 말라고 말해야 하는 그 심정이 어떠했겠습니까? 이것이 얼마나 고통스러웠으면 자신의 출생을 한탄합니까?

"내가 너를 모태에 짓기 전에 너를 알았고 네가 배에서 나오기 전에 너를 성별하였고 너를 여러 나라의 선지자로 세웠노라 하시기로 내가 이르되 슬프도소이다. 주 여호와여 보소서. 나는 아이라 말할 줄을 알지 못하나이다 하니"(렘 1:5~6).

하나님은 예레미야를 하나님의 말씀을 대언하는 선지자로 구별하여 세웠다고 말하고 있습니다. 예레미야는 이러한 역할에 대해 감당하기가 너무 어렵다고 대답합니다. "슬프도소이다. 주 여호와여 보소서 나는 아이라 말할 줄을 알지 못하나이다 하니"라고 하며 자신의 심정을 말하고 있습니다.

예레미야 선지자의 애가(哀歌)

결국 남 유다는 바벨론 침공(B.C. 586년)으로 완전히 멸망합니다. 멸망하는 현장을 목도한 예레미야는 유다 나라를 보며 슬픔을 노래합니다. 이 책이 예레미야 애가입니다. 하나님과 계약을 맺은 백성들이 그 계약을 파기했으니……. 예루살렘을 보며 슬픔을 노래합니다. 멸망한 예루살렘의 황폐한 거리를 거닐면서 처량하게 부른 슬픈 노래가 예레미야 애가입니다. 성경에는 여러 '애가'들이 있지만 예레미야 애가 같은 애가는 없습니다.

예레미야가 읊은 애가는 이렇습니다. 어린 자녀들이 다 대적들에게 사로잡혀 갔고 골목길에 장난하던 아이들이 사라져 갔습니다. 소년, 소녀들이 피어 보지도 못한 채 죽임을 당했습니다. 대적들이 유다의 각성에서 처녀와 부녀들을 욕보이고 지나갑니다. 어린아이들이 쓰레기더미에서 뒤적거리나 먹을 것이 없습니다. 주림의 열기로 인해서 피부가 아궁이처럼 검어져 있습니다. 장로의 얼굴은 존경을 받지 못하며 제사장들이 그 성소에서 살육을 당했습니다. 골목길에서 어린아이 노랫소리가 영영 사라졌으며 사람의 마음에서 희락이 영원히 없어졌습니다.

시온이 손을 펴도 위로할 자가 없습니다. 제사장들과 장로들이 식물을 구걸하다가 성전에서 기절하여 없어집니다. 밖에는 아직도 살육의 칼이 난무하고 있고 집집에는 시체를 치우지 못해서 이것이 다 썩어 흘러나오기 때문에 그 피비린내 나고 썩는 냄새로 눈과 코를 들 수가 없습니다.

눈이(눈알이) 눈물에 상하도록 울어도 위로할 자가 없습니다. 아이들이 길거리에서 양식을 구하다가 지쳐서 쓰려져 있고, 어린아이가 어머니 품에 안겨 배가 고파 혼미한 중에 혼이 떠나갈 때 "엄마 곡식과 포도주가 어디 있나요?" 하다가 숨이 끊어집니다. 그러면 어머니가 자식이 죽었다고 우는 것이 아니라 그것을 가지고 부엌으로 가서 요리한다고 빙긋이 웃으면서 들어갑니다. 오호라! 여인이 자기 열매, 자기 손에서 받들어 기르던, 자기 다리 사이에서 나온 자식을 먹을 수 있겠는가! 예루살렘의 자비로운 부녀들이 그 발바닥으로 흙도 한 번 안 밟아 본 그런 귀한 집 딸들이 자기 자녀를 삶아서 식물을 삼았습니다.

영성탐구

잠깐, 하나님의 눈물을 아시는지요? 거룩한 솔로몬 성전은 B.C. 586년 바벨론 느브갓네살 왕의 말발굽에 무참히 짓밟혀 버렸습니다. 그 무너진 솔로몬 성전 터 위에 B.C. 516년에 재건된 성전이 '스룹바벨 성전'입니다. 바벨론 포로 생활에서 귀환 후 재건한 성전입니다. 이 스룹바벨 성전을 리모델링한 것이 헤롯 성전입니다.

그러나 이 성전마저도 A.D. 70년 로마 장군 디도가 예루살렘 성 둘레에 토성을 쌓고 포위했습니다. 유월절을 지키려고 모인 수십만 명의 이스라엘 백성들은 오랜 시간 고립되어, 거의 굶어 죽었습니다. 모질게 살아남은 자 역시 처참하게 학살되었습니다. 성전 역시 초토화되었습니다. 돌 하나라도 돌 위에 남기지 않고 무너지리라는 예수님의 예언은 성취되고 영원한 역사의 뒤안길로 사라져 버렸습니다.

이토록 파란만장한 예루살렘 성을 보시고 예수님은 흐느껴 우셨습니다(눅 19:41). 예레미야 선지자도 그 성을 그리며 목 놓아 울었습니다. 이 애가를 기록한 책이 예레미야 애가인데, 이 세상 그 어디에도 그런 애가는 없습니다. 우리가 구약성경의 아브라함시절부터 줄곧 보아 왔던 저, 예루살렘 성! 지금 조금만 관심을 가지신다면(?)…….

◈ 새 언약을 주리라(예레미야 31:31~33)

선민 아브라함 후손과 함께하고자 했던 하나님의 나라 전파는 뜻을 이루지 못하고 이렇게 최후를 맞았습니다. 그렇지만 하나님은 예레미야의 입을 통해서 새 언약을 약속하셨습니다. 이제 하나님은 혈통적 하나님 나라가 아닌 새로운 하나님 나라를 건설하고자 주신 '새 언약'입니다.

> "여호와의 말씀이니라. 보라, 날이 이르리니 내가 이스라엘 집과 유다 집에 새 언약을 맺으리라. 이 언약은 내가 그들의 조상들의 손을 잡고 애굽 땅에서 인도하여 내던 날에 맺은 것과 같지 아니할 것은 내가 그들의 남편이 되었어도 그들이 내 언약을 깨뜨렸음이라. 여호와의 말씀이니라. 그러나 그날 후에 내가 이스라엘 집과 맺을 언약은 이러하니 곧 내가 나의 법을 그들의 속에 두며 그들의 마음에 기록하여 나는 그들의 하나님이 되고 그들은 내 백성이 될 것이라. 여호와의 말씀이니라."(렘 31:31~33)

예레미야를 통해서 말씀하신 새 언약을 정리하면 이렇습니다. 먼저 하나님의 말씀이 이제 사람의 마음에 새겨진다는 것입니다(렘 31:33). 옛 언약은 돌 판에 새겨졌고 그 언약체결의 표시로 몸에 할례를 행하고 짐승의 피로 제사를 드렸지만, 새 언약은 사람들의 마음에 새겨져 하나님을 알고 개인적인 교제를 나누게 됩니다(겔 11:19, 고후 3:3~4).이것은 믿는 자에게는 성령이 임하게 되고(요엘 2:28~29), 부패한 심령의 죄성들은 제거되고 영생을 얻게 됩니다.

이러한 새 언약의 중심은 예수님의 살과 피를 나누는 성만찬에서 의미를 찾을 수 있습니다(눅 22:20, 고전 11:23~26). 구약의 제사에서 짐승이 인간의 죄 사함을 위해 죽었던 것처럼, 예수님 자신이 인간의 죄를 위해 죽으심으로 인간의 죄를 사하신 것입니다. 예수님의 죽으심으로 이전 구약의 제사제도와 할례의식도 필요 없게 되었습니다. 대신 예수님이 보내신 성령의 감화, 감동으로 영생을 얻고 신령과 진정으로 드리는 예배(제사)로의 변화입니다. 그래서 누구든지 하나님께 나아가서 찬양하고 기도하는 만인제사장 시대인 것입니다.

옛 언약의 말씀으로 성전에서 인간의 죄를 위해 희생된 제사를 드리는 아브라함 후손의 '혈통공동체'의 의미는 사라지고, 성령께서 마음에 감동을 주는 '성령 공동체'가 되는 것입니다.

이러한 변화는 구약과 신약을 나누는 결정적인 사건인 오순절 성령 강림입니다. 이 오순절 성령 강림 사건으로 인해 유대인과 이방인의 막혀 있던 담이 무너졌습니다. 새 언약에서 성령의 역할은 지대합니다. 보혜사 성령님은 인간이 예수님을 믿을 수 있도록 도와주며 하나님에 대한 모든 비밀을 알게 해 줍니다. 또한 하나님의 말씀(율법)이 돌 판이 아닌 인간의 심령에 들어와 새겨지고 지켜집니다. 그러니까 성령의 감화, 감동으로 인간 안에 들어와 새겨지고 지켜져서 하나님을 경험하는 것입니다. 이것을 '레마'라고 합니다. 이런 레마가 인간의 삶에 개입하게 되니 하나님의 뜻을 분별하게 되고 인간은 변화되게 합니다. 이 새 언약이 바로 남 유다가 멸망하는 시점에서 하나님이 계획하신 새 소망의 약속입니다.

☞ 징검다리

이 새 언약은 바벨론 포로 귀환 후, 침묵의 시간(신구약 중간시대) 400년이 지난 후에 예수님이 이 땅에 오심으로 성취되었습니다. 업그레이드된 하나님 나라가 시작된 것이지요. 돌 판에 새긴 옛 언약의 규례와 절차가 아닌 성령의 감동하심을 받은 우리 몸 안에, 성령님 계시는 마음의 성전시대와 교회중심의 시대가 되었습니다.

예수님은 시몬 베드로의 신앙고백 터 위에 교회를 세우겠다고 하셨습니다(마 16:18). 그 예언대로 오순절 성령님의 놀라운 역사로 교회가 탄생했습니다(행 2장). 성령의 강한 도우심으로 베드로에 의한 교회가 탄생되었고, 그 터전 위에 바울은 세계 모든 이방인을 향해 복음을 전했습니다. 이제 하나님의 나라는 이스라엘 유다 지역을 넘어 아시아로, 유럽으로 그리고 전 세계 열방으로 확장되기 시작했습니다.

지식탐구

'역대상 · 하서'를 어떻게 읽을 것인가? 지금까지 하나님 나라 역사를 보니까 창세기, 출애굽기, 레위기, 민수기, 신명기, 여호수아, 사사기, 사무엘상하, 열왕기상하 같은 순서로 이어 오다 열왕기하에서 예루살렘이 멸망되는 것을 보았습니다. 열왕기하에서 왕들의 역사가 끝나니까 거기서 끝난 줄로 알았는데 열왕기하 같은 왕국시대를 역대상 · 하에서 또 한 번 다시 쓰면서, 역사를 말하고 있습니다. 전체적인 스토리는 거의 똑같습니다.

그런데 두 서를 자세히 들여다보면 열왕기 기록과 역대기 기록이 똑같지 않고 다릅니다. 어떻게 다르냐 하면, 역대기는 분열왕국 이후, 북이스라엘 역사는 쏙 빼고 남 유다만 기록하고 있습니다. 그렇다면 그것은 우연이었을까요? 이건 분명히 사가(史家)의 의도적인 시각입니다.

사가가 보는 역대기의 목적은 눈에 보이는 역사는 망했지만 '하나님의 나라'는 남는 자, 즉 그루터기를 통해서 역사가 이어지고 있다는 것입니다. 이런 목적을 가지고 역대기서를 기록한 사람이 에스라입니다. 그는 하나님의 나라 백성들이 남의 땅 바벨론과 페르시아로 끌려가 남은 자들을 통해서 이스라엘은 회복될 것이라는 역사관을 가진 사람입니다. 그와 같은 역사관이 들어 있는 책이 역대상 · 하입니다. 그래서 역대기는 열왕기와는 달리 특별히 성전에서 시중 드는 레위인들의 활동조직, 제사와 성전문화를 중심적으로 기록하고 있습니다.

그러다 보니 열왕기에서 나타난 왕들의 모습이 역대기에서는 새 관점으로 조명되어 있습니다. 그 대표적인 예가 므낫세입니다. 열왕기서를 기록한 사가(史家)는 열왕들의 행적과 통치스타일 그리고 백성들의 상황들을 상세하게 기록하는 반면에 역대서의 사가는 성전문화와 연결해서 남 유다의 정통성에 이어 가려고 했습니다. 이러한 관점으로 열왕기서 역대서를 견주면서 이스라엘 역사를 살펴보아야 할 것입니다.

바벨론 포로 & 포로 귀환

－B.C. 606년 전후－

바이블 스토리 ⑥

창세기 12장에서 아브라함과 함께 희망을 갖고 출발한 '하나님 나라'가 참담한 최후를 맛보았습니다. 애굽에서 종이 되었던 민족이 해방되어 땅을 차지하여 살게 되었는데, 바벨론에게 종이 되어 또다시 원점에 와 있습니다. '제사장 나라'의 사명을 감당치 못하고 결국 멸망했습니다. 그 전에 하나님은 선지자를 보내 회개할 수 있는 기회를 주었지만 그래도 듣지 않아 결국은 벌을 받아 다윗 왕조가 멸망합니다.

아브라함에게 약속하시고, 모세를 통해서 율법을 주시고 가나안 땅을 주셔서 살게 하셨는데, 다윗 왕조가 세상 나라에 멸망되었습니다. 인류역사 속에서 정말 이렇게 끝나야 하는 것인가? 이런 질문을 하게 됩니다. 바로 이런 질문에 대한 답이 다니엘과 에스겔에 있습니다. 이들 선지자들의 예언은 하나님의 나라는 재건된다는 메시지였습니다.

〉〉〉 바벨론 포로 생활 〈〈〈

이스라엘 백성들의 바벨론 포로 생활은 다니엘, 에스겔, 에스라, 느헤미야, 에스더에 기록되어 있습니다.

◈ 바벨론 포로 생활에서 다니엘 사역

다니엘은 남 유다가 멸망하기 전 B.C. 606년에 바벨론으로 잡혀간 사람 중에 한 사람입니다. 바벨론 느부갓네살 왕이 유다 땅에서 기술이 뛰어나고 머리 좋은 인재들을 포로로 끌고 갈 때 포함된 사람입니다. 그러나 포로 된 암울한 곳에서도 유다 백성들과 함께 하셨습니다. 다니엘을 통해서 앞으로 펼쳐지는 세계사의 흐름을 보여 주었습니다.

느부갓네살아, 왕은 나다(단 2장)

세계패권을 차지한 바벨론 왕 느부갓네살은 B.C. 586년에 남 유다를 침공해서 무참히 짓밟고 유다 나라를 멸망시킵니다. 느부갓네살 왕의 기세와 교만이 하늘로 치솟고 있을 때 어느 날, 느부갓네살 왕이 무시무시한 꿈을 꾸었는데 그는 꿈 이야기를 해 주지 않고 그 꿈을 해석하라고 합니다. 만약 그렇게 하지 못하면, 바벨론 모든 박사들을 죽이겠다고 했습니다. 꿈을 모르는데 어떻게 해석합니까?

그러나 그 꿈은 어느 누구도 해석할 수 없었지만 하나님이 다니엘에게 밤에 환상을 통해 알려 주셨기 때문에 그 꿈을 해석했습니다. 느부갓네살 왕과 바벨론이 바사(페르시아)에게 망한다는 것입니다. 다니엘이 해석해 준 느부갓네살의 꿈(단 2:31)은 앞으로 전개될 세계 역사의 흐름을 본 것입니다. 세상의 왕권이 변하고 변하다가 '사람의 손으로 아니 하고 신에게서 뜨인 돌(인자, 그리스도)이, 금(바벨론), 은(페르시아), 놋(헬라), 철(로마)로 된 신상(여러 왕국의 상징)을 부서뜨리고야 마는 것'을 봅니다.

결국 '하나님 나라는 영원하리라'는 것을 당시 세계 최강자 느부갓네살에게 말씀하셨습니다.

이러한 흐름으로 쓰인 다니엘서의 총주제는 '느브갓네살, 네가 왕이냐? 내가 왕이다! 내 나라는 영원하다'는 것입니다. 그 꿈은 실제로 진행되었습니다. 바벨론이 메대와 페르시아(바사)에 망하고 이후 헬라의 알렉산더 대왕에게 왕권이 이양되었습니다. 그 후에는 로마가 전 세계의 패권을 차지하는 거대한 세력이 되었습니다. 결국 이들 나라도 멸망할 것이고 '내 나라는 영원하다'라는 내용이 다니엘서입니다.

금 신상과 다니엘의 세 친구(단 3장)

바벨론 땅에서 신앙을 지킨다는 것은 다니엘의 세 친구(사드락, 메삭, 아벳느고)들에게는 어려운 일이었습니다. 바벨론 왕은 이들 소년들에게 자신이 세운 금 신상에 절하지 않으면 극렬히 타는 풀무불에 던지겠다고 합니다. 그러나 다니엘의 세 친구는 그 풀무불 가운데서 하나님이 자신들을 살릴 것이라 믿었습니다. '그리 아니 하실지라도(하나님이 풀무불 속에서 건져 내어 주시지 않을지라도)' 결코 '금 신상'을 향하여 절하지 않겠다고 했습니다.

> "왕이여, 우리가 섬기는 하나님이 계시다면 우리를 맹렬히 타는 풀무불 가운데에서 능히 건져 내시겠고 왕의 손에서도 건져 내시리이다. 그렇게 하지 아니하실지라도 왕이여 우리가 왕의 신들을 섬기지도 아니하고 왕이 세우신 금 신상에게 절하지도 아니할 줄을 아옵소서."(단 3:17~18)

사드락과 메닥과 아벳느고가 금 신상에 절하지 않겠다고 하자, 느부갓네살은 자신의 절대 왕권에 복종치 않은 것에 분노하여, 평소보다 7배나 더 뜨겁게 하여 불 속에 소년들을 던지라고 명령했습니다. 그 불이 어찌나 뜨거웠던지 그들을 풀무불 속에 던지던 왕의 병사들이 그 불길에 타 죽었습니다. 결국 사드락과 메삭과 아벳느고는 풀무불에 던져졌습니다. 하지만 이들 소년들은 풀무불 속에서도 타 죽지 않고 다른 한 사람(천사)과 함께 걸어 다닙니다. 놀란 느부갓네살은 그들을 불 밖으로 불러냈습니다. 살펴보니 풀무불 속에서도 머리털 하나 상하지 않고 온전했습니다. 느부갓네살은 이러한 광경을 목격한 후에 여호와 하나님을 찬양하고 전국에 조서를 반포했습니다.

> "느부갓네살 왕은 천하에 거주하는 모든 백성들과 나라들과 각 언어를 말하는 자들에게 조서를 내리노라. 원하노니 너희에게 큰 평강이 있을지어다. 지극히 높으신 하나님이 내게 행하신 이적과 놀라운 일을 내가 알게 하기를 즐겨하노라. 참으로 크도다. 그의 이적이여 참으로 능하도다. 그의

놀라운 일이여 그의 나라는 영원한 나라요, 그의 통치는 대대에 이르리로다."(단 4:1~3)

왕의 호의는 이뿐만 아니었습니다. 풀무불 속에서 살아난 이들 세 소년들에게 바벨론 제국에서 이전보다 높은 지위를 주었습니다. 하나님을 섬기는 성도는 세상의 혹독한 시련과 고난에 처하기도 하지만 이기는 자는 결국 더 큰 복을 받는다는 것을 봅니다.

이 세 소년들의 믿음은 참 귀감이 될 만합니다. 이들이 포로로 잡혀 왔을 때는 유소년(13~14세)들이었습니다. 부모님도 신앙을 지도하는 랍비들도 없었지만 스스로 지켜 내는 곧은 믿음이 있었습니다. 성경 저자는 항상 이런 의인들에게 관심을 둡니다.

벨사살 왕의 죽음(단 5장)

7년 동안 미쳐서 방황하고 소처럼 풀을 뜯어 먹기도 했던 느부갓네살 왕이 죽고 그의 아들 벨사살 왕이 등장합니다. 벨사살 왕은 3천 명의 신하들을 모아 놓고 술자리를 만듭니다. 그냥 마시면 흥이 나지 않으니까 바벨론이 예루살렘 성전을 불태울 때 빼앗아 온 기명들(성소의 그릇), 금잔, 은잔 등을 꺼내서 마셔라 했던 것입니다. 지금은 전깃불이 있지만 옛날에는 하얀 벽에 횃불 같은 것으로 밝혔습니다. 흥이 나서 술을 마시는데 갑자기 하얀 벽에 손가락이 나타나더니 글을 척척 씁니다. 왕이 사색(死色)이 되었고 신하들은 "저게 무엇이냐" 하면서 웅성웅성합니다. 손가락이 쓴 글씨는 "메데 메데 데겔 우바르신"(단 5:24~25)이었습니다.

어느 누구도 이것을 해석하지 못하자, 다니엘이 그 글자를 해석해 줍니다. "메데 메데 데겔 우바르신"의 뜻은 '메데'는 '재고 또 쟀다'는 것이고 '데겔'은 '저울로 달았다'는 뜻입니다. '우바르신'이라는 것은 '함량 미달'이라는 것입니다. 그러니까 '재어 보고 재어 보아, 저울에 달아 보니, 함량 미달'이라는 것입니다. 이제 바벨론 나라와 왕의 시대는 끝났다는 것입니다. 하나님이 지금 벨사살 왕을 저울에 달아 보았는데 함량 미달이라는 것입니다. 이제 끝났나는 것입니다. 꿈 해석을 들은 벨사살 왕은 그날 밤 죽습니다(단 5:31). 이로써 바벨론이 쇠퇴하고 메대 바사(페르시아) 왕 다리오가 바벨론을 통치합니다.

사자 굴속의 다니엘(단 6장)

바벨론 제국이 무너지고 새로운 제국 메대와 페르시아 나라(연합)가 등장합니다. 메대 다리오 왕은 일백이십 명의 도지사를 세우고 총리 세 명을 세웠는데, 그 총리 중에서 으뜸가는 총리가 다니엘이었습니다.

그러자 반대 세력들은 다니엘을 시기하여 모함합니다. 다니엘이 조국 예루살렘을 향해 하루 세 번씩 기도하는 모습을 보고 술책을 꾸몄습니다. “누구든지 30일 동안 왕 외에 어느 신에게나 사람에게나 기도하거나 절하면 사자 굴에 잡아넣도록 하자”고 왕에게 건의한 것입니다. 음모의 내막을 모르는 왕은 어인을 찍고 말았습니다.

하지만 다니엘은 이 모든 것을 행하면 죽을 수밖에 없다는 것을 알고도 평소처럼 조국 이스라엘을 향해 기도하였습니다. 10대부터 80대인 지금까지 줄곧 행하던 습관이었습니다.

결국 다니엘은 사자 굴에 던져졌습니다. 다니엘을 아꼈던 다리오 왕은 다니엘이 사자들에게 찢겨 죽었을 것이라고 생각하고 사자 굴 앞에서 소리 질렀습니다. “다니엘아, 네 하나님이 사자에게서 너를 구원하시기에 능하셨느냐”(단 6:20)고 했습니다.

다니엘의 생존 여부를 묻는 왕에게 다니엘은 대답합니다. “왕이여 원하건대 왕은 만수무강하옵소서”라고 했습니다. 그것은 굴 안쪽에서 들려오는 살아 있는 다니엘의 우렁찬 목소리였습니다. 다니엘은 죽기는커녕 평안하게 살아서 왕에게 문안인사를 드리고 있었던 것입니다. 이렇게 다니엘은 사자 굴속에서도 살아남았습니다. 이 사건을 통하여 여호와 하나님의 권능을 직접 목격했던 다리오 왕이 전국에 조서를 내렸습니다.

> “내가 이제 조서를 내리노라. 내 나라 관할 아래에 있는 사람들은 다 다니엘의 하나님 앞에서 떨며 두려워할지니 그는 살아 계시는 하나님이시오, 영원히 변하지 않으실 이시며 그의 나라는 멸망하지 아니할 것이요, 그의 권세는 무궁할 것이며 그는 구원도 하시며 건져 내기도 하시며 하늘에서든지 땅에서든지 이적과 기사를 행하시는 이로서 다니엘을 구원하여 사자의 입에서 벗어나게 하셨음이라 하였더라.”(단 6:26~27)

포로 생활에서 이러한 큰 기적을 체험한 유대인들은 이제야 정신을 차렸습니다. 세계 패권을 차지한 바벨론의 신이 최고의 신이라고 여기고 있었는데, 이 모든 신들은 아무것도 아니며 오직 하나님만이 참신임을 깨달은 것입니다. 나라가 멸망하기까지 그토록 우상숭배에 빠졌던 그들이 비로소 정신을 차린 것입니다. 이때부터 유대 나라에는 우상숭배가 완전히 사라졌다고 합니다.

한편 다니엘은 메대-바사 제국의 다리오 왕 시대부터 바사제국 고레스 왕의 시대까지 하나님이 주시는 형통한 복을 받고 살았습니다.

다니엘의 기도(단 9장)

이렇게 다니엘이 포로 생활에서도 희망을 잃지 않고 기도하며 살았던 것은 하나님의 사람 예레미야의 예언이 있었기 때문입니다. 일찍이 예레미야는 포로로 잡혀간 사람들에게 한 통의 편지를 보냈습니다(렘 29:10~14). 이 편지의 말씀을 신뢰하여 세상의 최고 권력의 자리(바벨론 총리)에 있으면서도 기도를 쉬지 않았습니다(단 9:1~20).

다니엘 21기도(단 10)

이스라엘 백성들의 1차 포로 귀환이 있은 지 3년이 지났습니다. 그러나 성전을 재건하는 일이 신통치 않다는 소식이 들려오고, 전쟁에 대한 이상(異象)이 들려오자 다니엘은 큰 근심 가운데 기도합니다(2~3).

하나님은 다니엘의 기도가 시작되는 즉시(첫째 날) 이미 그의 간구를 들어주었습니다. 그런데 가브리엘 천사가 그 응답의 메시지를 가지고 가는 도중에 공중에서 영적인 싸움이 있어 지체됩니다. 바사 군대(사단)가 가브리엘 천사의 가는 길을 가로막았기 때문입니다.

가브리엘 천사가 사단의 방해로 다니엘에게 전할 메시지를 전하지 못하게 되자, 천사장 미가엘이 와서 사단(바사 군대)을 물리치고 가브리엘 천사를 보호해줍니다. 미가엘 천사장의 도움을 받아 가브리엘 천사가 하나님의 응답을 가지고 다니엘에게 온 그날이 21일째 날이었습니다(단 10:12~13). 이 기도가 '다니엘 21

일 기도'입니다.

미래의 세계사에 대한 환상(단 11~12)

바사(페르시아)제국 멸망과 헬라제국 등장(11:1~4)과 헬라제국 알렉산더 사후의 남북 두 왕국(프롤레미, 셀류쿠스)의 전쟁(11:5~19), 셀류큐스 왕조 안티오큐스 에피파뉴스의 예루살렘 성전 모독 사건(11:28~39)[68]과 로마제국 등장 등 세계의 국제정세 흐름과 이 세상의 최후 종말까지도 예언했습니다(12장).

이 같은 내용은 세상 나라 어느 정권조차도 결국은 하나님의 섭리에서 벗어날 수 없다는 사실을 보여 줍니다.

◈ 바벨론 포로 생활에서 에스겔 사역

에스겔은 B.C. 597년 4월 5일 여호야긴 왕이 포로가 되었을 때 함께 잡혀갔던 청년 중의 한 사람입니다. 유대인 제2차 포로라고 합니다. 에스겔이 바벨론 땅에서 하나님의 소명을 받은 때는 포로가 된 지 5년 되던 해입니다.

유다 징계와 심판(겔 4~24)

에스겔은 환상 가운데 이스라엘 백성들의 악한 죄와 성전에 가득한 우상숭배를 환상으로 보았습니다. 에스겔은 하나님이 보여 준 환상을 통해 예루살렘에 희망이 없음을 본 후 바벨론에 있는 백성들에게 알려 줍니다. 나라가 망하고 많은 백성들이 포로로 끌려온 원인이 이스라엘 백성들의 죄 때문임을 말하는 것입니다.

---

68) 레이몬드 설버그, 김의원, 「신구약 중간사」(서울: 기독교문서선교회, 1999), p.41.
B.C. 167년에 안티오쿠스 에피파네스는 유대인들을 신앙과 사고를 헬라화시키기 위해 유대교 말살정책을 단행했다. 이에 그는 2만 2천 명의 군대를 파견하고 유대인들이 안식일에는 싸우지 않은 것을 이용해 안식일에 예루살렘을 공격했다. 이로 인해 예루살렘은 대부분 약탈당하고 수천의 시민들이 학살되었다. 여자와 어린이들이 노예로 팔렸으며 성은 불탔다. 그 후에 안티오쿠스 4세는 칙령을 발표하였다. 모든 유대인들의 율법 준수를 금하게 하였다. 즉 안식일 준수, 절기행사 금지, 제사(번제, 속죄제 등) 금지, 어린이들의 할례 등을 금지시켰다. 자기 아들에게 할례를 행한 어머니들은 그들의 목에 아이를 두른 채 십자가에 달려 처형하였다. 그리고 율법서를 모두 불태우며 성전 제단에서 부정한 제물로 우상을 숭배하게 하고 유대인들에게 돼지고기를 먹도록 강요했다. 이 같은 가증스런 행위가 절정에 이른 것은 B.C. 167년이었다. 성전에 제우신이 세워지고, 번제단위에 돼지를 제물로 바쳤다. 이는 유대인들의 감정을 극도로 자극한 것이 되었고, 결국 마가비 혁명이라는 유대 독립전쟁의 도화선이 되고 말았다.

그런데 끌려온 사람들은 그 사실을 받아들이지 않습니다. 하나님은 공의롭지 않다고 불평불만을 했습니다. 바벨론은 더 악한 사람들인데도 가만히 두고 왜 이스라엘은 그들보다 선한데 징벌하시냐는 것입니다. 그리고 만약 하나님이 전지전능하시다면 바벨론의 신 마르둑에게 선민을 빼앗기지 않아야 한다고 생각합니다. 하나님은 이러한 생각에 대해 책망하셨습니다.

이방민족에 대한 심판(겔 25~32)

이스라엘에 대한 심판을 일단락 짓고 이방나라에 대한 심판을 말하고 있습니다. 암몬과 모압, 블레셋에 이어 두로도 하나님의 심판으로부터 벗어날 수 없었습니다. 애굽은 많은 분량(4장)을 할애해서 하나님의 심판을 예언했습니다. 결국 예루살렘도 망하고 그 주변의 이방나라들도 멸망하나 하나님의 나라는 영원하리라는 것입니다.

유다 회복에 대한 예언겔(33~48)

에스겔은 B.C. 586년 예루살렘이 처참하게 짓밟히고 멸망되는 과정을 실시간 환상(현장중계)으로 보았습니다. 이 소식은 바벨론에 끌려온 포로들에게 전해집니다. 이제 더 이상 예루살렘 땅에는 희망이 없는 듯했습니다.

그러나 놀랍게도 에스겔은 미래에 대한 환상도 보았습니다. 그 환상이 에스겔 37장에 나오는 '마른 뼈 환상'입니다. 골짜기에 심히 많은 마른 뼈들이 있었습니다. 그 뼈에 힘줄이 생기더니 살이 오르면서 가죽이 덮이고 생기가 들어가니 곧 살아나서 큰 군대가 되었습니다. 이 환상이 유다 나라를 바라보시는 하나님의 꿈이시며, 유다 나라 회복입니다. 그 회복의 결과는 이런 것입니다.

> "그러므로 나 주 여호와가 말하노라. 내가 이제 내 거룩한 이름을 위하여 열심을 내어 야곱의 사로잡힌 자를 돌아오게 하며 이스라엘 온 족속에게 긍휼을 베풀지라."(겔 39:25)

포로 생활을 하고 있는 에스겔은 자신이 본 환상을 이야기하면서 포로 생활로 실의에 빠져 있는 백성들에게 회복 기쁨을 외쳤습니다. 특히 마지막 48장은 앞으로 펼쳐질 역사에 대한 더욱 큰 기대가 담긴 메시지입니다.

지식탐구

바벨론 포로 생활 중 국제정세 변화 유다를 멸망시킨 바벨론 나라(오늘날 이라크)는 메소포타미아 문명권의 민족 중 한 나라입니다. 티그리스 강과 유프라테스 강 유역에서 오랫동안 거주하며 성장한 민족입니다. 역사 속에서는 민족이 앗수르(북쪽 지역), 바벨론, 갈대아(남쪽 지역)라는 이름으로 나타납니다. 아브라함이 살았던 우르 지역의 통치자도 이 민족의 조상이 되기도 합니다.

이 민족이 때로는 앗수르와 바벨론으로 나누어져서 분열되기도 하고, 또 때로는 구 바벨론이라는 통일왕국으로 오다가 B.C. 1200년경부터는 앗수르로 약 600년 동안 근동지방의 패권을 쥐고 권력을 유지해 왔습니다. 앗수르는 B.C. 721년 북이스라엘을 점령하기까지 제국을 이루게 됩니다. 그런데 남쪽 지역에 있는 갈대아 왕조가 이 앗수르를 무너뜨리고 신바벨론 왕국(갈대아 왕국)을 세우게 되는데 남 유다가 이들에게 정복당합니다.

그러나 혜성처럼 나타난 신바벨론도 90년이 못 되어 그만 멸망합니다. 이 바벨론을 정복한 나라가 메데 바사(메데 제국과 바사 제국의 합성어이며, 오늘날 이란)입니다.

이 민족은 티그리스 강 동쪽에 자리 잡고 있었던 민족인데, 그야말로 어느 날부터 갑자기 급부상하여 비대해집니다. 이때의 왕이 '고레스 왕'입니다. 고레스 왕은 당시 바벨론이 지배하고 있던 여러 나라의 땅과 가나안 지역 북쪽까지 포함하여 수많은 나라들을 점령하였으며 그 당시 세계역사상 유례를 찾아볼 수 없는 강대국으로 올라섭니다. 바로 이때 성경에 등장한 왕들이 '고레스, 다리오 1세, 아하수에로, 아닥사스, 다리오 2세' 등인 것입니다.

〉〉〉 포로 귀환 〈〈〈

바벨론 포로 귀환과 그 후에 등장하는 중심인물은 에스라입니다. 사실 에스라는 남 유다가 멸망할 때 포로로 잡혀간 사람이 아닙니다. 남 유다 포로가 B.C. 606년인데, 에스라가 예루살렘에 귀환한 것은 B.C. 458년이니 1차 포로로 잡혀간 때로부터 약 150년경 뒤에 예루살렘에 돌아온 사람입니다. 그러니까 에스라는 페르시아에서 태어난 사람입니다.

에스라는 율법에 능한 학사이며, 제사장입니다. 그래서 포로 생활 때 페르시아에서 제사장 역할을 감당했으며, 포로 귀환 이후에는 성전 중심의 성경 역대서상하를 기록하고 종교개혁을 단행했습니다.

◈ 고레스의 칙령(에스라 1:1~4)－에스라, 느헤미야 활동

바사(페르시아) 왕 고레스는 피정복(被征服)국가[69]들에 대해 우호 정책을 폅니다. 이전 바벨론에 의해 포로가 되었던 유대인들에 대해서도 호의를 베풉니다. 고레스 왕 원년(B.C. 537)에 유대인들에게 예루살렘 성전을 재건하라는 칙령을 내리고, 바벨론에 빼앗겼던 성전의 기명들까지 돌려주는 친절을 잃지 않습니다.

이 칙령에 의해 시작되는 것이 '포로 귀환'이라는 역사적 전환이었습니다. 이로써 이스라엘은 거의 70년[70] 만에 포로 생활을 청산하고 고국 땅으로 귀환하게 되었습니다. 고레스는 자신의 삶을 살았지만 하나님께서는 그의 생애를 하나님 나라가 회복되는 예언을 이루는 데 쓰신 것입니다. 하나님은 바사제국 고레스가 태어나기 170년 전에 선지자 이사야를 통해 하신 말씀입니다.

> "여호와께서 그의 기름부음을 받은 고레스에게 이같이 말씀하시되 내가 그의 오른손을 붙들고 그 앞에 열국을 항복하게 하며"(사 45:1) "너는 나를 알지 못하였을지라도 네게 칭호를 주었노라."(사 45:4)

이처럼 하나님은 하나님의 선한 일을 이루시려고 이방인, 즉 하나님을 믿지 않은 사람에게도 기름을 붓고 사명을 주십니다. 선민 이스라엘을 회복시키기 위해 바사 왕 고레스의 손을 잡고 최강 바벨론과 싸워서 승리하게 하셨던 것입니다. 이사야 선지자가 예언했던 대로 하나님은 고레스 왕의 마음을 감동시켜서 고레스 칙령을 내렸습니다.

> "바사 왕 고레스 원년에 여호와께서 예레미야의 입으로 하신 말씀을 응하게 하시려고 바사 왕 고레스의 마음을 감동시키시매 저가 온 나라에 공포도 하고 조서도 내려 가로되, 바사 왕

69) 정복자들의 유화 정책에 따라 피정복 지역의 지배층 일부가 그들의 통치에 동조하기 시작했다.

70) B.C. 606년 바벨론 1차 포로(다니엘) 잡혀간 시점에서부터 B.C. 586년 스룹바벨의 1차 귀환까지이다.

고레스는 말하노니 하늘의 신 여호와께서 세상 만국으로 내게 주셨고 나를 명하여 유다 예루살렘에 전을 건축하라 하셨나니 너희 중에 무릇 그 백성 된 자는 다 올라갈지어다. 너희 하나님 여호와께서 함께하시기를 원하노라 하였더라."(대하 36:23)

바사 왕 고레스는 이스라엘 백성들을 고국으로 돌아갈 수 있게 도와주었습니다. 갈 때 그냥 가는 것이 아니라, 은과 예물을 받아 가서 예루살렘 성전을 다시 지으라고 했습니다.

왕이 이렇게 명령을 내렸지만 정작 이스라엘 백성들의 귀환은 늦어집니다. 그것의 가장 큰 이유는 경제적 안정 때문이었습니다. 이들은 바벨론 지역에서 어느 정도 경제적 기반을 마련하여 잘 먹고 잘 살다 보니 발이 안 떨어진 것입니다.

예루살렘 땅은 완전히 폐허로 쓰레기 더미처럼 변해 있었을 것이고, 그곳에서 무엇을 먹고 살며 또한 무엇으로 성전을 지어야 할지가 걱정이었습니다. 거기다가 이곳 바사에서 예루살렘까지 약 천 마일이 넘는 길을 가야 하는 것은 녹록하지 않았습니다. 산적이나 도둑들에게 금품을 빼앗길 수 있고 거기에다 같이 동행하는 여자들의 안전도 보장할 수 없었습니다. 포로로 잡혀갈 때는 바벨론 군대가 보호해 주었는데 자기들끼리 가려니까 엄두가 나지 않았습니다.

하지만 하나님은 믿음이 굳건한 스룹바벨, 에스라, 느헤미야 세 사람을 지도자로 세우시고 1차, 2차, 3차 귀환을 강행하셨습니다. 이들 세 사람은 백성들의 포로 귀환을 성공적으로 이끈 지도자였습니다. 포로 귀환 후 구약성경은 이 세 사람의 인물에 초점이 맞추어져 있습니다.

◈ 스룹바벨과 1차 포로 귀환(에스라 1~3장) – 성전을 재건하라

70년 만의 귀환(에스라 1~3)

600여 년 역사를 자랑하던 '앗수르 제국'이 '신흥바벨론'에 무너지고 신흥바벨론은 바사제국 고레스 왕에게 무너집니다.

이 고레스는 바벨론을 점령하자마자, 왕으로 등극한 원년에 칙령을 내려 유다 포로들을 자유롭게 합니다. 이 고레스는 하나님의 감동으로 유다 민족을 그냥 보내는 것입니다.

그들이 예루살렘에 귀환하니 그때가 B.C. 536년입니다. 처음 포로로 잡혀가던 B.C. 606년에 다니엘이 1차 포로로 잡혀갔으니까, 70년 만에 예루살렘으로 되돌아온 것입니다. 선지자들의 예언대로 바벨론 70년 포로 이후 예루살렘으로 돌아오리라고 한 예언대로 성취된 것입니다(렘 25:11~12, 29:10).

포로 귀환은 세 차례에 걸쳐서 이루어지는데, 1차 귀환 때의 지도자는 스룹바벨입니다. 스룹바벨은 약 5만 2천 명가량의 이스라엘 사람들을 이끌고 귀환합니다. 그의 주 임무는 무너진 성전을 재건하는 것이었습니다.

스룹바벨의 인도 아래 예루살렘에 도착한 1차 귀환자들은 도착하자마자 폐허가 된 성전 터를 뒤집고 그 터에서 번제를 드렸습니다. 번제를 드린 후에 불타서 잿더미로 변해 버린 솔로몬 성전을 바라보고 대성통곡했습니다(스 3:12~13).

번제를 드린 후 대대적인 성전 재건 작업이 시작되었습니다. 이렇게 성전 재건 작업이 한창 진행되고 있을 때 북이스라엘 사마리아 사람들이 찾아와서 자기들도 성전 재건 작업에 동참할 것을 제안했습니다. 그러나 유다 백성들을 그 제안을 일언지하에 거부해 버렸습니다.

이유인즉, 이들은 북이스라엘 후손들로서 B.C. 721년에 앗수리아에 의해 멸망된 후 이방 민족과 결혼하여 혼혈아들을 낳았기 때문입니다. 그러니까 아브라함으로부터 이어 온 민족 신앙의 정통성을 잃어버렸다 하여 잡족으로 여겼습니다. 사마리아인들은 자기들이 성전 건축에 참여하지 못하자 그때부터 집요하게 방해 공작을 했습니다.

그사이에 고레스 칙령을 내렸던 고레스 왕이 죽게 되고, 그 아들이 왕위에 오르자 조서를 내려 성전을 못 짓게 했습니다. 결국 성전 재건 작업은 중단되었습니다(스 4:1~25). 2년 동안 기초 작업만 해 놓고 건물을 못 짓는 것입니다.

성전 재건이라는 원대한 꿈을 가지고 귀환한 5만 2천여 명의 유다 백성들은 이렇게 온갖 방해 공작이 심해지자 성전 짓기를 포기합니다. 그 대신 자신의 집들을 짓고 가꾸는 데 치중합니다. 그래서 하나님은 그들이 원래 목적대로 성전을 재건하는 일에 관심을 갖게 하려고 심한 가뭄과 재해를 주셨습니다(학 1:5~6). 그러자 유다 백성들은 더욱 낙심하여 아직 성전 재건의 때가 아니라고 결론짓고 아예 손을 놓고 말았습니다. 그러는 사이 무려 14년의 세월이 지나갔습니다.

하나님은 학개 선지자를 보내 성전 재건 작업을 속히 진행하라고 말씀하셨습니다.

> "이 성전이 황폐하였거늘 너희가 이때에 판벽한 집에 거주하는 것이 옳으냐."(학 1:4)

아무리 일해도 열매를 맺지 못함은 성전 재건이 중단되었기 때문이라고 했습니다. 그러므로 속히 성전을 다시 지으라고 야단치신 것입니다. 이때 스가랴 선지자도 소망으로 성전을 재건하라고 독려했습니다. 이스라엘 백성들은 성전 재건 중단 14년 만에 다리오 왕의 명으로 성전건축을 재개했습니다(스 5:1~2, 학 1:15). 그렇게 해서 4년 만에 성전이 완성되었습니다.

고레스 칙령으로 1차 포로 귀환 후 성전 짓기 시작한 지 20년 만에 B.C. 516년 성전 재건이 완공되었습니다. 남 유다 1차, 2차 포로로 잡혀온 다니엘과 에스겔이 본 환상대로 성전이 재건된 것입니다. 이렇게 해서 완성된 성전을 **스룹바벨 성전**이라고 합니다.

◈ 에스라와 2차 포로 귀환(에스라 7~8장) – 율법을 회복하라

에스라, 그는 누구인가?

그는 대제사장 아론의 16대손으로서 하나님의 말씀에 정통한 학사 겸 제사장이었습니다. 포로시대의 열악한 환경 속에서도 평생 모세율법을 연구했고, 순종해 온 사람이었습니다. 그는 약 160년 전에 다니엘과 에스겔이 본 환상을 알고 있었습니다. 다시 회복하게 하시는 하나님의 나라에 대해 이사야나 예레미야의 예언서들을 통해 알고 있었을 것입니다.

그는 이스라엘이 왜 멸망했는지 명확히 알았습니다. 그래서 귀환한 백성들이 율법을 준수해야만 한다고 생각하고, 이들을 위해 예루살렘으로 귀환합니다. 이

때가 B.C. 458년경입니다(스 7:7). 바벨론 1차 포로 귀환(B.C.536년)이 있은 후 약 80년경이며, 스룹바벨 성전이 완공된 지 약 60년쯤 뒤입니다. 그때 유다 백성 5천 명을 거느리고 예루살렘에 돌아온 사람입니다(스 7:1~28).

성전이 완공된 이후에 예루살렘에 돌아왔지만 성전 재건의 전 과정을 기록으로 남겼습니다. 이로 보아 에스라는 바벨론 포로 생활 중에 태어난 포로 3세대나 4세대쯤으로 보입니다. 에스라가 귀국할 당시에는 1차로 포로로 귀환한 사람들이 많이 죽었을 것이고 후손들이 땅에서 살고 있었을 것입니다. 이러한 때에 하나님의 백성들을 율법으로 교육시켜 민족적 사명을 고취시키기 위해 귀환했습니다.

에스라는 예루살렘으로 귀환한 후 백성들을 중심으로 족장들의 계보를 정리하는 작업을 합니다. 이런 작업을 집대성한 것이 바로 역대상·하입니다. 에스라는 무엇보다도 혈통을 중요시합니다. 북방 이스라엘이 혼혈로 피가 섞였는데 남 유다마저 혼혈되는 것을 결코 용납할 수 없었습니다. 그리하여 이방인과 결혼한 사람들의 아내를 돌려보내는 개혁을 단행합니다.

그 당시 상황은 유대인 혈통의 순수성을 보존할 수 있느냐 없느냐가 판가름 나는 위기 상황이었습니다. 이방인과 결혼하여 피가 섞여 버리면 북방 이스라엘의 사람들처럼 될 수 있는 상황이었기 때문입니다. 에스라는 율법에 흐르고 있는 민족의 정체성을 자각한 하나님의 사람입니다. 바벨론 포로에서 돌아온 백성들의 삶을 지도한 특별한 사람입니다. 성경역사 속에서 생각보다 중요한 위치에 있는 사람입니다.

◈ 느헤미야와 3차 포로 귀환(느헤미야 1~13장) – 성벽을 재건하라

히브리어 성경에는 에스라와 느헤미야가 한 권의 책으로 되어 있습니다. 70인역도 에스라를 '에스라 1서', 느헤미야를 '에스라 2서'라는 표제로 달고 있습니다. 이처럼 에스라서와 느헤미야서는 따로 분리할 수 없는 밀접한 관계로 엮어져 있습니다.

느헤미야 활동 – 느헤미야 읽기

에스라가 귀환한 뒤 13년 후에 느헤미야가 유대인 포로들과 함께 예루살렘에 도착합니다. 이것이 3차 귀환이며 B.C. 445년입니다(느 2:7). 그는 무너진 '예루살렘 성벽 재건'이라는 사명을 자각하고 귀환합니다. 성전을 재건한 포로 귀환 1세들이 다 죽고 그다음 세대들이 성전을 둘러싸고 있는 넓은 예루살렘 성벽을 재건하는 것입니다.

예루살렘 성은 성전을 중심으로 하고 있는 넓은 지역입니다. 수도 예루살렘은 성곽(성벽)으로 둘러싸여 있습니다. 이 작업을 하는 것이었습니다. 울타리가 없는 집처럼 되어 있는 예루살렘 성에 울타리 치는 작업이 느헤미야의 사명입니다. 느헤미야가 성벽을 쌓을 때 사마리아 사람 산발랏, 요단 동편의 암몬 사람 도비야, 아라비아 사람 게셈 등 많은 사람들이 방해를 합니다.

그렇지만 이스라엘 백성들은 한 손에 칼을 들고 적과 전투하며, 다른 한 손에는 삽을 들고 성벽을 쌓았습니다. 방해꾼들이 많아서 24시간 교대하면서 밤새 일을 했습니다. 공사는 속전속결 진행되어 52일 만에 완공합니다.

이때 느헤미야는 아닥사스다 왕으로부터 유다의 총독이라는 공적인 임무를 부여받았기에 12년 동안 유대 지역에서 사역했습니다. 그는 예루살렘 성벽을 중건하고 개혁운동을 일으킨 후 일단 페르시아로 돌아갔다가 한 번 더 예루살렘에서 사역합니다.

◈ 에스라서 분석과 읽기－에스라의 주요 활동

에스겔서와 다니엘서가 '성전 재건'이라는 실제적인 사명을 제시하고 있기 때문에 에스라서와 연결되는 얘기입니다.

바벨론(바사)에서의 제1차 포로 귀환(에스라 1~2장): B.C. 536년

'스룹바벨과 1차 포로 귀환－성전을 재건하라'에 대한 내용을 참조하십시오. 에스라는 1차 포로 귀환은 아니지만(제2차 포로 귀환 때 돌아옴) 스룹바벨의 1차 귀환 과정과 성전 재건에 대해 기록하고 있습니다.

성전 재건과 예배회복(에스라 3~6장): B.C. 516년

☞ 예언서 학개, 스가랴가 들어가는 자리

70여 년의 포로 생활을 마치고 1차로 귀국한 유대인들은 황폐해진 성읍에다 그들이 살아갈 집과 예루살렘 성전 재건이라는 공통적인 목표를 가지고 있었습니다.

스룹바벨과 예수아가 지도자가 되어 귀환한 유다인들은 성전을 재건합니다. 성전 재건에는 예수아가 중요한 역할을 합니다. 그는 예루살렘에 돌아오자마자 일부 족장들과 자원하는 마음으로 성전건축헌금을 합니다. 건축에 필요한 자재들을 레바논에서 수입해 왔습니다.

그런데 북방 이스라엘 땅에 살던 사마리아인들이 찾아와 예루살렘 성전을 건축하는 데 자기들도 동참하게 해 달라고 합니다. 그러나 그들은 이방인과 결혼해

서 낳은 혼혈인이라 하여 거절합니다. 그러자 사마리아인들은 이때부터 성전건축을 집요하게 방해하므로 성전건축이 어려워집니다. 방해세력이 나타나자 낙심한 백성들은 자기들의 집과 농경지를 돌보는 데 주력하게 되고 결국 성전건축은 기초만 놓은 단계에서 그만 중단되어 14년 동안 방치하게 됩니다.

이때 아직 바사 지역에 머물러 있던 학개와 스가랴는 성전 재건을 촉구하고 격려함으로써 힘을 얻어 B.C. 516년에 완성합니다. 이때 학개, 스가랴서를 읽어야 에스라서가 이해가 잘됩니다.

한편 학개와 스가랴가 돌아와 성전이 완공된(B.C. 516년) 후, 바사 땅에서는 에스더 사건이 일어납니다. 아하수에로 왕 때입니다(B.C. 483~474년). 그러니까 아직 에스라가 돌아오지 않을 때입니다(여기서도 순서상 에스라 6장까지 읽고, 에스더를 읽어야 합니다. 그러고 나서 다시 에스라 7장을 읽어야 합니다. 에스라 7장 1절에 '이 일 후'라고 했는데 '이 일 후'는 에스더 사건을 얘기하는 것입니다). 이로 볼 때 에스라도 바사에서 일어난 이 에스더 사건을 경험했을 것으로 보입니다.

바사(페르시아)에서 2차 귀환과 에스라의 역할(에스라 7~10장): B.C. 458년

드디어 에스라는 제2차로 예루살렘에 귀환합니다. 성전이 완공되고 한 60년쯤 지나서입니다. 아닥사스다 왕의 허락을 받고 귀환자를 이끌고 예루살렘으로 돌아옵니다. 그는 예루살렘(시온)의 회복을 꿈꾸며 자손을 교육했습니다. 귀환 후 에스라의 첫 번째 작업은 1차 귀환 백성들의 혼혈결혼에 대해 대대적인 사회개혁을 단행했습니다.

에스라와 느헤미야의 종교개혁(에스라 8~13장)

에스라는 3차 귀환한 느헤미야와 손잡고 종교개혁(느 8:13~18)을 합니다. 느헤미야가 귀환하여 성벽을 다 완성한 후 에스라와 느헤미야는 심령대부흥회를 합니다. 이때 율법책을 낭독하니 백성들은 회개하고 자복합니다. 외적인 성벽을 보수할 뿐 아니라 영적인 각성도 합니다. 통치 질서를 바로잡기 위해 인구조사를 실시하고 초막절을 지키며, 레위지파를 정비하여 제사제도를 확립합니다. 또한 귀환한 포로들을 위해 거주지를 배정해 줍니다.

잠깐, 포로 이후 이스라엘 사역 포로 이후 사역을 총정리해 봅니다. 1차 귀환한 스룹바벨은 '예루살렘 성전'을 재건하는 데 힘썼고, 2차로 귀환한 에스라는 율법을 준수하는 교육에 힘쓰고, 3차로 귀환한 느헤미야는 '예루살렘 성벽'을 개축합니다.

지식탐구

구약 시대의 성전 역사

솔로몬 성전(The Temple of Solomon)

B.C. 959년경에 모리아 산에 완공된 솔로몬 성전은 7년에 걸쳐 화려하고 웅장하게 지어졌습니다(왕상 6:38). 이곳은 아브라함이 이삭을 번제로 하나님께 제사 드렸던 유서(由緖) 깊은 곳이기도 합니다.

솔로몬의 성전 크기는 내부가 10m×35m, 높이 15m인 직사각형 건물이었습니다. 측면 벽에서 5m 정도 돌출된 건물 동쪽의 현관은 성소로 들어가는 입구로 사용했습니다.

내부에는 커다란 대기실과 작은 내실로 나누었습니다. 건물 뒤쪽에 있던 10㎡ 넓이의 내실은 모세가 하나님에게서 받은 돌 판 2개를 보관했던 '법궤(언약궤)'를 모신 지성소(至聖所)였습니다. 정성을 다해 다듬은 돌덩어리로 건물 토대를 다졌고, 돌 또는 진흙 벽돌로 외벽을 쌓았습니다. 성소에 인접한 저장실에는 솔로몬의 아버지 다윗의 귀중품과 의례용품을 안치했습니다. 안타깝게도 이 성전은 B.C. 586년 바벨론 느부갓네살의 침입으로 모든 기물들이 탈취당하고 잿더미로 변해 버립니다(왕하 25:8~11).

스룹바벨 성전(The Temple of Zerubbabel)

B.C. 537년에 고레스 칙령으로 유다 백성을 고국 예루살렘으로 귀환하게 하였습니다. 스룹바벨은 귀환한 포로들과 함께 사라진 성전(솔로몬 성전) 터 위에 성전 재건 작업을 하였습니다(스 5:2). 이방 민족의 온갖 방해에도 불구하고 20년에 걸쳐 지어져 B.C. 516년에 완공되어, 스룹바벨 성전이라 하였습니다.

스룹바벨 성전도 수난이 있었습니다. B.C. 167년 헬라 셀류쿠스 왕 안티오쿠스 4세는 스룹바벨 성전에 올림푸스의 제우스신 제단을 만들어 놓고 돼지를 제물로 바치게 했습니다.여호와를 경배하는 대신에 그리스의 신(제우스)과 여신들을 섬기게 하니 성전의 기능이 상실되었습니다.

그러자 마카비 가문(제사장)의 아들 유다(Judas)는 군대를 조직해 시리아 군대와 싸워서 승리합니다. B.C. 164년 유다 군대는 예루살렘에 입성하여 성전에 있는 모든 이방적인 것을 제거하고, 율법이 제정한 이전의 제사를 다시 드림으로써 성전의 기능을 회복하였습니다. 이날을 **하누카(Hanukkah, 혹은 재봉헌)**[71]라고 합니다. 이날의 축제는 B.C. 164년 키스레브(Kislev)월(月) 25일입니다. 이날에 유대인들은 종교의 자유를 쟁취하였고 새로운 제사장이 임명되었습니다. 요한복음 10장 22절에는 이날에 대한 기록이 있습니다. "예루살렘에 수전절(하누카)이 이르니 때는 겨울이라 예수께서 성전 안 솔로몬 행각에서 거니시니"라고 했습니다. 이 축제는 '빛들의 날'로 전해 오고 지금까지 지켜지고 있습니다.

헤롯 성전(The Temple of Herot)

유대 왕 헤롯은 유대인의 환심을 사기 위해 스룹바벨 성전을 40년에 걸쳐 다시 세우고 확장하였습니다. 스룹바벨 성전 터전 위에 B.C. 20년(요 2:20)에 착공하여 외형은 9년 만에 완성되었으나 세부 공사는 A.D. 63년경에야 완성되었습니다.

화려하고 웅장했던 헤롯 성전은 예수님의 예언대로 로마에 의해 파괴됩니다(마 24:2). A.D. 70년 로마의 티투스 장군은 5개월간의 포위 끝에 예루살렘을 함락시켰습니다. 성전은 파괴되고 불탔으며 약탈되어 희생자만 수십만이었습니다. 이후 유대인들은 이스라엘에서 쫓겨나 전 세계로 흩어지게 됩니다.

성전이 없는 유대인들이 예루살렘 통곡의 벽을 향해 기도합니다. 통곡의 벽은 헤롯 성전의 서쪽 벽입니다. 로마의 티투스 장군이 다른 부분은 모두 파괴하고 서쪽 벽만 남긴 이유는 후대에 본보기로 남기기 위해서입니다. 로마시대엔 유대인들이 서쪽 벽에 오는 것이 금지되었지만 비잔틴 시대에는 일 년에 단 한 번 성전 파괴 기념일에 방문할 수 있도록 허용되었습니다. 유대인들은 그날 민족의 분산됨과 성전의 폐허됨을 슬피 울며 기도했기 때문에 '통곡의 벽'이라 불렸습니다. 이러한 관습은 수 세기 동안 지속되었는데 1948년부터 1967년까지 요르단이 점령하면서 방문이 금지되었으나 6일 전쟁 때 이스라엘이 성전 산을 탈환하면서 다시 자유롭게 기도드릴 수 있게 되었습니다.

71) '하누카'라는 말은 '봉헌(dedication)'을 뜻하며, 셀류쿠스 왕조(Selucid Dynasty)의 안티오쿠스 4세(Antichus Ⅳ)에 의하여 더럽혀졌던 성전을 재탈환하여 하나님께 바쳤던, 성전 봉헌을 축하하는 명절이다. 한글개역 요한복음에는 성전을 수리한 명절이라 하여 수전절(修殿節)로, 표준새번역에는 성전 봉헌절로 번역되어 있다. 해마다 하누카가 되면 이스라엘 국회의사당을 위시한 주요 공공건물 앞엔 명절을 축하하기 위한 거대한 촛대가 설치된다. 하누카는 유대력으로 키스레브(Kislev)월 25일에 시작한다. 키스레브(Kislev)월을 양력으로 치면 12월에 해당한다. 따라서 유대인의 하누카 명절은 크리스마스와 같은 날이다.

◈ 말라기 선지자 등장

구약에 마지막으로 등장하는 선지자가 말라기입니다. 말라기 선지지가 활약한 때는 기원전 400년 무렵입니다. 포로에서 귀환한 유다 백성들은 에스라와 느헤미야의 종교개혁으로 인해 나름대로 하나님 중심으로 살아가는 사회가 만들어졌습니다. 그런데 이 두 지도자가 사라진 후 하나님 중심의 생활이 해이해지게 되었습니다.

하나님과 이스라엘의 슬픈 대화(말라기 1:1~5)

이스라엘은 바벨론 포로 생활을 교훈 삼아 제사장 나라답게 거룩하게 살아야 하는데도 그렇지 않았습니다. 오히려 하나님의 사랑에 시큰둥하게 되었습니다. 우리가 창세기 때 아브라함을 선택하신 이후로 줄곧 보았듯이 하나님은 그 언약의 후손들을 1,000년 동안 한결같이 사랑하셨습니다. 그러나 그 언약의 후손인 이스라엘은 하나님을 사랑하는 기간보다 등진 기간이 더 많았습니다. 그토록 하나님의 마음을 아프게 했던 이스라엘에 대해 하나님은 이제 지치신 모습으로 말씀하십니다.

"내가 너희를 사랑하였노라"

그들이 대답합니다. "주께서 어떻게 우리를 사랑하셨나이까."(말 1:2)

이 내용은 하나님과 이스라엘과의 대화인데 참으로 슬픈 대화입니다.

제사장들과 백성들의 범죄(말 1:6~3장)

다윗 왕조 시대에도 하나님의 마음을 아프게 했던 백성들이 포로 귀환 후에도 계속 범죄를 저질렀습니다. 제사장들은 제사를 소홀히 하고, 계약을 파기하고 율법을 행하지 않으므로 제사장들을 꾸짖습니다(말 1:7~8).

백성들의 죄악도 극에 달했습니다. 하나님을 경외하지 않고 완악한 말로 대적했습니다. 이방 여인과 결혼하기 위해 젊었을 때 취한 아내를 버립니다. 하나님께 드리는 제단에 더러운 떡을 놓고, 눈먼 것, 저는 것, 병든 것을 제물로 바치며 제사를 드립니다. 하나님의 것인 십일조와 헌물도 잘못 드렸습니다(말 1:8). 하나님은 그 모습을 보다 못해 호되게 책망했습니다.

> "사람이 어찌 하나님의 것을 도둑질하겠느냐. 그러나 너희는 나의 것을 도둑질하고도 말하기를 우리가 어떻게 주의 것을 도둑질하였나이까 하는도다. 이는 곧 십일조와 봉헌물이라. 너희 곧 온 나라가 나의 것을 도둑질하였으므로 너희가 저주를 받았느니라. 만군의 여호와가 이르노라. 너희의 온전한 십일조를 창고에 들여 나의 집에 양식이 있게 하고 그것으로 나를 시험하여 내가 하늘 문을 열고 너희에게 복을 쌓을 곳이 없도록 붓지 아니하나 보라."(말 3:8~10)

오늘날 우리가 알고 있는 것처럼 '온전한 십일조를 드리면 더 복받고 더 많이 채워 주신다.' 이런 의미가 아닙니다. 마땅히 드려야 하는 십일조와 헌물인데 잘못하니까 책망한 것입니다. 하나님께 드린답시고 가져온 십일조와 헌물들이 죄다 눈먼 것, 저는 것, 병든 것이었습니다. 이러하다 보니 하나님께서 하도 답답하고 속이 타서 하신 책망의 말씀입니다. 원래 십일조에 대한 성경적인 가르침은 오직 "하나님의 절대 주권을 인정하여 감사함으로 드려서 이웃과 나누는 것"(신 15:1~5, 14:22~29)이라고 앞에서 말한 바 있습니다.

하나님의 침묵(말라기 4장)

아무리 외쳐도 들으려고 하지 않으니 더 이상 무슨 말을 하겠습니까? 이제 하나님은 최후의 한마디만 말씀하시고는 말문을 닫아 버립니다.

> "보라. 여호와의 크고 두려운 날이 이르기 전에 내가 선지자 엘리야를 너희에게 보내리니."(말 4:5)

엘리야의 출현이라는 뭔가 새로운 시대를 기다려야 된다는 여운을 남기고 이렇게 구약의 역사는 막을 내립니다. 이 엘리야는 신약의 세례요한을 지칭하는 말입니다. 그가 와서 자식들의 마음을 아버지께로 돌리고, 또 아버지 하나님이 자식을 긍휼히 여기는 마음으로 돌아서실 것을 예언했습니다. 세례요한은 말라기 선지자 이후 400여 년 만에 나타난 선지자입니다. 그의 목적은 주의 길을 예비하는 자로서 이후에 예수님이 오십니다. 이렇게 구약시대는 저물고 신약을 향해 역사가 흐르고 있습니다.

영성탐구

구약시대의 역사를 마치면서 이스라엘을 통한 제사장 나라 사명은 모세 때부터 말라기 때까지 천 년이 지났습니다. 딱 1천 년이 지났는데, 그 전능하신 하나님이 우리나라 강원도만 한 이스라엘을 품으시고 천 년을 교육하심에 할 수 있는 최선을 다했는데 결과적으론 참담했습니다.

우리가 구약성경을 보아서 알겠지만 하나님은 그 선민 이스라엘을 참으로 사랑했습니다. 그런데 천 년이 흐른 후 그 후손들이 하나님께 하는 말들을 들어 보십시오. 말라기 1장 2절에 "여호와께서 가라사대 내가 너희를 사랑하였노라 하나 너희는 이르기를 주께서 어떻게 우리를 사랑하셨나이까"라고 합니다. 하나님께서 천 년 동안 쏟아 부은 사랑의 결과가 이렇게 되고 말았습니다. "세계가 다 내게 속하였나니"(출 19:5)라고 시작한 희망찬 출애굽 여정이 말라기에서 이렇게 비참하게 끝나고 말았습니다.

이뿐이 아닙니다. 하나님을 더욱 화나게 하는 장면도 있습니다. 이 백성하고는 더 이상 말이 통하지 않는 것 같습니다. 말라기 1장 6절에 "내 이름을 멸시하는 제사장들아, 나 만군의 여호와가 너희에게 이르기를 아들은 그 아비를, 종은 그 주인을 공경하나니 내가 아비일진대 나를 공경함이 어디 있느냐. 내가 주인일진대 나를 두려워함이 어디 있느냐 하나 너희는 이르기를 **우리가 어떻게 주의 이름을 멸시하였나이까 하는도다**"라고 했습니다.

이렇게 꼬박꼬박 대드니까 하나님은 더 이상 한 말이 없었습니다. 말로도 안 되고, 천 년을 사랑했는데도 말 같지도 않은 말 하니까 하나님은 최후의 한마디만 하고 말문을 닫아 버리셨습니다. 말라기 4장 5~6절에 "보라, 여호와의 크고 두려운 날이 이르기 전에 내가 선지자 엘리야를 너희에게 보내리니, 그가 아비의 마음을 자녀에게로 돌이키게 하고 자녀들의 마음을 그들의 아비에게로 돌이키게 하리라. 돌이키지 아니하면 두렵건대 내가 와서 저주로 그 땅을 칠까 하노라. 하시니라"라고 하고 구약의 문이 쾅 닫혀 버립니다.

이 정도 심각한 상태에서는 하나님한테 가장 간단한 것은 그냥 세상을 멸절시켜 버리는 것입니다. 그렇게 하는 것이 제일 쉬운 방법입니다.

솔직히 말해 선민 이스라엘은 해도 너무했습니다. 옛날에 요나가 니느웨에 가서 외쳤더니 이방인인 그들은 회개했습니다. 바벨론 왕 느부갓네살도 다니엘의 하나님을 찬양할지로다 하는 것도 보았습니다. 고레스 왕이나 다리우스 왕이나 아닥사스다 왕이나 이방 민족, 이방 나라 왕도 여호와를 멸시하지 않는데 이스라엘 백성들은 하나님을 멸시하고 말았습니다. 그럼에도 불구하고 이스라엘을 보듬고 가시는 하나님의 마음을 말라기에서 보아야 할 것입니다.

잠깐만요, 하나님은 전능하신데 안 되시는 일이 있습니다. 출애굽 때부터 B.C. 586년 예루살렘이 패망할 때까지 하나님은 우리나라 강원도만한 조그만 나라가 마음대로 안 돼 860년을 씨름하셨습니다.

침묵의 시대신구약 중간시대

−B.C. 400년 전후−

바이블 스토리 ⑦

구약성경 마지막 책인 말라기는 '엘리야를 보내리라' 하면서 구약의 문이 닫혀 버립니다. 세례요한이 나타나기까지 400여 년 동안 하나님은 침묵하셨습니다. 하나님이 말씀을 주시지 않으신 400여 년 동안을 '침묵의 시대' 또는 '신구약 중간사'라고 합니다. 이 중간사가 신약성경의 배경이 됩니다. 그럼 하나님은 400여 년 동안 왜 침묵하셨을까요? 하나님은 이 기간 동안 새 언약을 이루시려고 많은 일을 하셨습니다. 복음이 땅끝까지 전파될 수 있도록 인프라를 구축해 놓으셨습니다.

◈ 신구약 중간시대를 알아야 신약이 열린다

침묵의 400여 년 동안 세계 역사는 많은 변화와 사건이 있었습니다. 이에 대해서도 구약성경 다니엘서는 예언되어 있습니다. 다니엘 1~6장은 주로 유대 포로 생활에 대해 말하고 있지만, 7~12장까지는 바벨론 포로 생활 이후의 세계역사 변천사를 자세히 예언하고 있습니다. 그것은 페르시아(바사)에서 헬라로, 헬라에서 로마로, 그리고 예수 그리스도의 탄생으로 이어지는 과정입니다.

먼저 다니엘서 2장에는 느부갓네살 왕이 꾼 꿈에 대해 이야기하고 있습니다.

그 꿈에서 머리는 정금, 가슴과 팔은 은, 허벅지는 동, 종아리와 발은 철과 진흙으로 되어 있습니다. 정금으로 된 머리는 느부갓네살 왕이 통치하는 바벨론입니다. 가슴과 팔이 은으로 된 것은 페르시아제국이 일어나 바벨론을 멸망시킨다는 것입니다. 배와 허벅지가 동으로 된 것은 헬라제국이 일어나서 페르시아제국을 멸망시킨다는 것입니다. 마지막으로 종아리와 발이 철과 진흙으로 되어 있는 것은 큰 나라인 로마가 일어나서 헬라제국을 멸망시킨다는 것입니다. 또한 발의 일부가 진흙으로 된 것은 동로마와 서로마제국으로 분열을 말하고 있습니다.

그러나 결국에는 뜨인 돌(인자, 그리스도)이 날아와 이 네 개 제국들을 무너뜨리고 하나님의 나라가 회복될 것이라는 것입니다(단 2:37~45). 이러한 내용은 다니엘 7장에서도 상세히 설명하고 있습니다.

◈ 때가 차매

신약성경 갈라디아서 4장 4절에 "때가 차매 하나님이 그 아들을 보내사"라는 말씀이 있습니다. 이는 하나님께서 정하신 시간에 예수님을 보내셨다는 것입니다. 여기 '때(kairos, 카이로스: 의미 있는 시간)'라는 표현은 하나님에 의해 결정된 특별한 시기입니다. 하나님이 정한 시기에 드디어 구약에서 예언한 메시아 예수님이 오셨습니다.

예수님이 등장하기 전까지 400여 년 동안은 하나님의 계시가 끊어져서 '침묵시대'또는 '암흑시대'라고도 합니다. 이 기간에 성경은 아무 말도 하지 않지만 세계 역사는 그 기간에 엄청난 변화를 겪고 있었습니다.

세계 역사의 중심지가 동양에서 서양으로 이동하면서 동서양이 하나로 결합되었습니다. 세계 최초 문명의 발상지 세력인 바벨론, 앗수르, 신바벨론, 페르시아로 이어오던 동양의 세계 패권이 서양의 알렉산더의 헬라(그리스)제국으로 넘어갔습니다.

헬라 세력 이후에는 세계사에서 가장 유명한 로마제국이 세계패권을 차지하게 됩니다. 세계 역사에서 전무후무한 거대한 세력을 이룬 제국이 로마제국입니다. 로마제국이 온 세상의 나라 대표로 역사 속에 있을 그때(때가 차매)에 예수님이 오셨는데, 그럴 만한 이유가 있었습니다.

헬라제국 알렉산더의 활동

철학자 아리스토텔레스 제자인 알렉산더는 그리스 지역 여러 도시들을 점령하여 통일합니다. 이후 세상을 헬라화시켜야 한다는 꿈을 가지고 세계를 정복해 나갑니다. 그는 페르시아 제국을 정복하기 위해서 3만의 보병과 5천의 기병을 이끌고 소아시아를 가로질러 갔습니다. 드디어 B.C. 333년 잇수스(Issus)전투에서 알렉산더는 페르시아 다리오 3세의 60만 대군을 패주시킨 후, 지중해 여러 도시인 소아시아와 팔레스타인(유대) 지역과 애굽이 그의 지배하에 놓이게 됩니다.

애굽을 떠난 알렉산더는 동방으로 방향을 틀었습니다. B.C. 331년 10월 1일 앗수르에서 백만의 군대로 포진한 다리오 왕을 맞닥뜨리게 됩니다. 여기서 페르시아군은 막대한 군사를 잃고 패배합니다. 이어서 알렉산더 군대는 바벨론 지역을 공격하여 수사(에스더 궁이 있던 곳)까지 점령했고 멀리 인더스 강까지 건넜습니다.

그의 저돌적인 공격은 동방 지역사에 새로운 획을 그었습니다. 헬라화입니다. 당시로는 온 세계를 완전히 헬라화하는 바탕을 만들어 놓았습니다. 유럽인과 아시아인을 결합시켜 '세계는 하나'라는 야망이 실현되었습니다. 이러한 정책으로 동양과 서양은 헬라의 사상을 받은 하나의 대제국으로 탄생하게 됩니다.

온 세상을 다 얻어 천하 통일을 한 알렉산더는 그 거대한 땅을 정복했지만 갑자기 죽는 바람에 후계자를 정하지 못했습니다. 그러자 그의 부하 장군들 사이에는 서로 권력을 잡으려는 투쟁이 시작됩니다. 결국 프톨레미와 셀류쿠스 두 사람이 권력을 차지합니다. 프톨레미는 이집트와 팔레스타인 지역을 셀류쿠스는 바벨론 땅을 갖게 됩니다.

이제 팔레스타인(유대) 지역은 '헬라인이 다스리는 이집트'의 속국이 됩니다. 이 프톨레미 왕조는 120여 년 동안 팔레스타인을 다스리게 됩니다(그 후에는 셀류쿠스 왕조도 팔레스틴인 지역을 통치함). 이 프톨레미 왕조는 유대인에게 많은 영향을 미칩니다.

그동안 두루마리로 돌아다니던 히브리어의 구약성경을 **세계 공통어인 헬라어**

구약성경을 만들게 됩니다. B.C. 3세기경에, 포톨레미 2세의 명령에 의해 히브리어로 된 구약성경을 헬라어로 번역하는 작업을 하였는데, B.C. 280년경에 완성되었습니다. 이 최초의 번역본을 '칠십인경, 혹은 칠십인역'이라고 합니다.

알렉산더가 세계를 헬라화시켰기 때문에 **구약성경이 헬라어로 번역된 것입니다**. 이는 예수님이 이 땅에 오셨을 때 전 세계로 복음이 퍼져 나갈 수 있도록 언어 통일을 하신 것입니다.[72] 헬라어에 능통했던 바울을 통해 전광석화처럼 전 세계로 복음이 퍼져 나가는 놀라운 역사가 일어나게 하셨습니다.

또한 성경 말씀이 이제 유대인들만의 전유물이 아닌 이방인도 직접 읽을 수 있게 되었습니다. 경건한 이방인이 생기게 된 바탕이 된 것입니다. 예수님이 오시기 위한 준비 작업을 할 수 있습니다.

대로마제국 시대

"로마는 하루아침에 이루어지지 않는다"라는 말이 있습니다. 이 말은 당시 찬란했던 로마제국의 영광과 힘을 칭송하는 데 쓰입니다. 이처럼 로마제국은 세계사에서 유래를 찾을 수 없는 강성한 제국이었습니다. 로마는 B.C. 8세기경 이탈리아반도 중간쯤에서 생겨난 작은 도시국가였습니다. 도시국가 로마는 점점 강해져서 B.C. 270년경에는 이탈리아반도를 통일했습니다. 이어서 이탈리아반도는 전승국 로마를 맹주로 하는 일대 군사동맹체로 완성되고, 드디어 로마는 이탈리아반도를 넘어 세력을 뻗었습니다.

당시 지중해 연안의 여러 헬레니즘 왕국과 싸워 이겨 힘의 우위를 확립하였습니다. 이로써 로마는 해외에 광대한 영토를 차지하였을 뿐만 아니라, 지중해 연안 전체의 패권은 로마를 축으로 하여 전개되기 시작하였습니다.

이 무렵 로마 장군 율리어스 시이저(가이사)는 지중해를 '우리의 바다'로 불렀고, B.C. 2세기에 지중해는 거의 로마인의 바다가 되었습니다. 폼페이 장군 역시 여러 지역에 출정(出定)해서 나라들을 합병합니다. 그는 특별히 동방으로 진출해서 헬라의 셀류쿠스 왕조가 통치하던 소아시아(터키) 지역과 수리아 지역을 정복

72) 로마가 세계를 지배하고 있었지만, 그들은 모국어 라틴어가 아닌 헬라어를 공통어로 사용하도록 했다.

합니다. 또한 그 아래로 눈을 돌려 팔레스타인(유다) 지역과 프톨레미 왕조도 정복합니다. 이리하여 로마제국이 이룩한 지중해 세계와 메소포타미아 지역의 통일은 불멸의 의의를 가지는 것입니다.

이렇게 하여 수백 년의 침묵기간(신구약 중간시대)에 세계역사는 이렇게 변하고 변했습니다. 이때를 맞추어 예수님이 오신 것입니다. 인류 역사상 최강 국가라 할 수 있는 로마시대에 오셨습니다.

◈ 왜 그때, 로마시대일까요

하나님께서 예수님을 왜 로마시대, 팔레스타인 땅에 보내셨을까요? 왜 그 땅인가에 대해선 앞에서 말씀드렸습니다. 이 팔레스타인 땅은 유럽과 아시아와 아프리카 세 대륙을 연결하는 중심지에 있는 교착점이기 때문입니다. 그 어떤 나라도 팔레스타인 지역을 차지하지 않고는 세계를 지배할 수 없습니다. 그럼 왜 그때, 로마시대에 예수님이 오셨을까요?

언어가 통일되었습니다

로마제국은 자신들의 모국어인 라틴어가 아닌 헬라어를 공용어로 해서 전 세계 언어를 통일했습니다. 바벨탑 사건 때에는 언어를 혼잡하게 하여 흩어지게 하셨지만 예수님이 오실 때에는 오시기 전에 언어통일을 해 놓으셨습니다. 그 전에 구약성경을 헬라어로 번역하여 이제 이방인 모두가 성경을 쉽게 접할 수 있도록 하셨습니다. 이처럼 언어를 통일시켜 예루살렘과 유다와 사마리아와 땅 끝까지 복음을 전파하기 위해서입니다.

하나님이 이방인 사도로 선택한 바울은 로마 시민권을 가진 엘리트였습니다. 그는 헬라어를 유창하게 구사할 수 있었고 율법에 능통했습니다. 그래서 그를 전 세계에 복음을 전하게 하셨습니다. 바울은 4차례에 걸쳐 선교활동을 하면서 복음을 전합니다.

행정이 통일되었습니다

로마는 언어만 통일된 것이 아니라 행정구역도 통일했습니다. 지중해를 비롯한 여러 국가의 행정이 통일되었기 때문에 비자가 필요 없게 되었습니다. 오늘날 선교사들이 선교지로 이동할 때 제일 먼저 준비해야 할 것이 비자입니다. 로마시대에는 행정구역이 통일되어 있어 비자가 필요 없었습니다. 사도 바울이 복음을 전할 때 아무 장애도 받지 않고 유럽과 아시아를 두루 왕래할 수 있었던 것은 이 때문입니다.

길이 뚫렸습니다

"모든 길은 로마로 통한다"라는 표현은 반대로 로마에서 모든 곳으로 진출했다는 말이 됩니다. 로마제국은 이탈리아반도를 통일한 뒤 국력을 급격히 밖으로 분출해 나갔습니다. 유럽은 물론 아시아, 아프리카 3개 대륙으로 제국을 넓혀 가는 과정에서, 로마의 도로(길)는 군대의 신속한 이동을 위한 목적을 지닌 군용 도로로 닦였습니다. 또한 보통 점령한 지역에 군대를 주둔시키지 않았기 때문에, 무슨 일이 일어나면 군대를 신속히 출동시키려는 목적도 있었습니다.

이렇게 만들어진 로마의 도로(길)는 현재의 스페인, 이탈리아, 그리스 등 유럽과 아프리카와 아시아지역 곳곳까지 이어져 있습니다. 도로의 너비는 4m이고 그 양옆에 3m 정도의 인도가 있었습니다. 그들이 갈고 닦은 도로의 총길이는 약 15만 킬로미터 정도입니다. 지구의 둘레는 4만 킬로미터인데 지구를 4바퀴 정도 휘감을 도로를 만들었습니다.

또한 로마제국은 해로(海路)를 확보하기 위해 지중해를 지배하고 있던 헬라의 잔류 세력인 해적들을 소탕했습니다. 로마가 해로를 완전히 장악했기 때문에 사도 바울은 지중해 연안을 마음대로 돌아다니며 복음을 전할 수 있었던 것입니다.

이렇게 교통로가 빵빵 뚫려서 복음이 온 세상에 전파하기 쉬운 그때, "때가 차매"에 예수님이 오셨습니다. 헬라어로 언어가 통일되어 세계가 하나로 소통할 수 있는 그때, "때가 차매"에 예수님께서 오셔서 "왕은 나다"라고 하셨습니다. 이처럼 하나님은 침묵시대 400여 년의 기간 동안 복음이 땅 끝까지 전파될 수 있는 인프라(infrastructure)를 완벽하게 준비해 놓고 계셨습니다.

제4장

신약성경 맥 잡기

—업그레이드된 하나님 나라

바이블 스토리 ①_예수 그리스도-4복음서 B.C. 4년~A.D. 30년 전후

바이블 스토리 ②_사도들의 행전-사도행전 살펴보기 A.D. 30년 전후

예수 그리스도–4복음서

–B.C. 4년~A.D. 30년 전후–

바이블 스토리 ①

◈ 새 언약 성취–기쁘다 구주 오셨네

선민 이스라엘은 시내산 계약의 말씀대로 살지 못했습니다. 그래도 하나님은 여러 선지자들을 보내 "그렇게 하지 말아라, 그러면 망한다!, 돌아오라!, 그래도 내 백성이니 구원하겠다"라고 하면서 기회를 주었지만 듣지 않았습니다. 결국 남유다 나라는 B.C 586년 바벨론 침입으로 멸망하였습니다. 유다 마지막 왕 시드기야는 두 눈이 뽑혀 피를 철철 흘리며 쇠사슬에 묶여 바벨론으로 끌려갔습니다.

그렇지만 하나님은 예레미야를 통해 기막힌 소망의 말씀도 주셨습니다. 언약의 백성들이 제사장 나라 사명(많은 사람들을 하나님 품으로 인도)을 감당하지 못하자 '새 언약'을 약속하셨습니다.

> "여호와의 말씀이니라 보라 날이 이르리니 내가 이스라엘 집과 유다 집에 새 언약을 맺으리라. 이 언약은 내가 그들의 조상들의 손을 잡고 애굽 땅에서 인도하여 내던 날에 맺은 것과 같지 아니할 것은 내가 그들의 남편이 되었어도 그들이 내 언약을 깨뜨렸음이라 여호와의 말씀이니라. 그러나 그날 후에 내가 이스라엘 집과 맺을 언약은 이러하니 곧 내가 나의 법을 그들의 속에 두며 그들의 마음에 기록하여 나는 그들의 하나님이 되고 그들은 내 백성이 될 것이라 여호와의 말씀이니라." (렘 31:31~33).

때가 차매, 드디어 하나님의 새 언약, 그 약속을 이루시기위해 그의 아들 예수 그리스도가 이 땅에 오셨습니다. 하나님의 아들이 우리와 함께 계시려고, 하나님이신 그분이 인간이 되어 임마누엘, 하나님이 우리와 함께 하신다는 것입니다. 허물과 죄악으로 죽을 수밖에 없는 우리를 살리려 오신 이날(새 언약의 성취하시려고 오신 날), 수많은 천군천사들도 아기 예수의 나심을 온 천하 선포하며 축하하고 있습니다.

"홀연히 수많은 천군이 그 천사들과 함께 하나님을 찬송하여 이르되, 지극히 높은 곳에서는 하나님께 영광이요, 땅에서는 하나님이 기뻐하신 사람들 중에 평화로다 하니라."(눅 2:13~14).

새 언약은 A.D. 30년경, 예수님의 살과 피를 나누는 성만찬에서 참 의미가 있습니다. 새 언약의 주인공이신 예수님께서 최후 만찬에서 하신 말씀입니다. "이 잔은 내 피로 세우는 새 언약이니 곧 너희를 위하여 붓는 것이라"(눅 22:20, 참조 고전 11:23~26)고 하시면서 영원히 기억(기념)하라고 하셨습니다.

기억한다는 것은 한 번 스쳐지나가듯 머릿속에 떠올랐다가 곧 사라지는 일시적인 기억이 아닙니다. 우리의 머릿속에 새겨지고 가슴에 간직하여 계속적으로 깊이 생각하는 것입니다. 그러므로 성만찬은 하나님의 아들이 인간의 죄를 사하기 위해 십자가에서 피 흘리시고 살을 찢기신 그 고난과 구속의 은혜를 감사하고 기억하는 것입니다.

이러한 성만찬은 오늘날 우리가 생각하는 것 이상으로 중요한 의의가 있으므로, 교회에서 회복되어야 할 것입니다. 구약시대 때 짐승이 인간의 죄 사함을 인해 죽었던 것처럼, 이제 예수님 자신이 인간의 모든 죄를 위해 죽으시고 인간의 죄를 사했기 때문에 그렇습니다.

신약시대를 사는 우리는 이제 돌 판에 새겨진 옛 언약의 말씀(규례, 즉 제사제도)을 지키지 않아도 됩니다. 약속하신 성령을 통한 마음에 깨달음과 영생(구원)에 이르는 새 언약의 시대 속에 있기 때문입니다.

이제 보혜사 성령님이 우리를 보호해 주시고, 하나님의 모든 것을 알게 해주며, 진리의 말씀을 깨달아 믿게 해 주었습니다. 기도할 때, 보이지 않는 하나님의 영이 내 안에서 벅차도록 솟구치게 합니다. 하나님의 영이 우리 안에서 일하시면서 예수님의 성품을 닮아 조금씩 그분의 형상으로 변하게 합니다.

◈ 새 언약의 하나님 나라 개념

400여 년 만에 선지자 세례 요한이 출현하고 드디어 기다리고 기다리던 새 언약의 주인이신 예수님이 오셨습니다. 예수님의 공생애 첫 메시지는 "회개하라. 천국이 가까워 졌느니라"라고 했습니다. 이 말은 이제 '우리 마음 가운데 하나님께서 왕으로 임하신다'는 말입니다(눅 17:20~21 참조). 이는 성령의 능력으로 '예수님은 그리스도요, 살아 계신 하나님의 아들'이라 믿게 되어 하나님이 내 안에 계신 것입니다. 하나님이 내 안에 계시니 죄 사함을 얻는 것이고 하나님 나라 백성이 되는 것입니다.

새 언약의 하나님의 백성들은 옛날처럼(구약시대) 짐승을 태워서 드리는 제사

(예배)와 할례가 필요하지 않습니다. 제사장의 도움도 필요 없게 되었습니다. 대신 내가 왕 같은 제사장이 되어 하나님께 직접 나아가 기도하며 찬양할 수 있습니다.

> "너희는 택하신 족속이요, 왕 같은 제사장들이요, 거룩한 나라요, 그의 소유가 된 백성이니 이는 너희를 어두운 데서 불러 내어 그의 기이한 빛에 들어가게 하신 이의 아름다운 덕을 선포하게 하려 하심이라."(벧전 2:9).

◈ 만왕의 왕 예수 그리스도!

예수 그리스도! 구약의 선지자들이 줄기차게 외쳤던 메시야(그리스도)－왕직, 제사장직, 에언자직－가 마침내 인간의 몸을 입고 이 땅에 오셨습니다(눅 2:1~20). 즉 성육신, 영원하신 하나님이 사람이 되어 오심, 하신 것입니다. 하지만 아브라함의 후손 선민 이스라엘은 이 엄청난 사실을 알지 못했습니다. 구약성경의 예언자들이 줄기차게 외쳤던 메시야가 만왕의 왕으로 이 땅에 오셨는데도 말입니다.

예수님께서 이 땅에 오심으로 '하나님 나라의 복은 유대인들에게만 머물러 있는 것이 아니라 온 세상 온 지역으로 넓혀졌습니다. 그래서 예수님께서 친히 하신 말씀이 있습니다.

> "너희는 온 천하에 다니며 만민에게 복음을 전파하라."(막 16:15), "이 천국 복음이 모든 민족에게 증거 되기 위하여 온 세상에 전파되리니 그제야 끝이 오리라."(마 24:14).

이 말씀에서 '온 천하', '만민', '모든 민족', '온 세상', 그리고 '예루살렘', '온 유대', '사마리아', '땅 끝' 등의 표현은 우주적 복음운동의 지역과 그 대상을 밝히고 있는 단어입니다. 이 복음을 이스라엘 민족만이 아니고 이방인의 각 지역 모든 사람에게 전파하라고 하였습니다. 예수님도 그곳들을 두루 다니시면서 헐벗고 소외된 자들을 위로하시고 병든 자를 고치시고 숱한 이적들을 행하시고 복음을 전파했습니다.

예수님의 이러한 활동내용을 기록해 놓은 것이 4복음(마태, 마가, 누가, 요한)서입니다. 이는 구약의 율법(말씀)이 한층 더 업그레이드 된 말씀들입니다. 4복음서의 내용들은 우리가 익히 잘 알고 있는 내용이고, 이 책의 목적이 성경의 줄기를 잡아가는 과정이기 때문에 다루지 않으려고 합니다.

◈ 찢어진 성전 휘장 의미

성막시대부터 성전시대에 이르기까지 성막과 성전에는 성소와 지성소를 나누는 안쪽 휘장과 성소로부터 안 뜰을 구분하는 바깥쪽 휘장 등 두 가지가 있었습니다. 그런데 예수님이 운명하시므로 양쪽 휘장 모두가 찢어졌습니다.

> "예수께서 큰 소리를 지르시고 숨지시니라. 이에 성소 휘장이 위로부터 아래까지 찢어져 둘이 되니라."(막15:37~38).

이 사건은 신구약성경의 흐름을 가르는 매우 중요한 구속사적 사건입니다. 지성소에는 하나님의 임재의 상징인 법궤와 속죄소가 있고 이곳은 일 년에 단 한 번 속죄일에 대제사장만 들어갈 수 있었던 곳입니다(레 16:1~2). 그런데 그 휘장이 찢어진 것입니다. 지성소에 들어가서 하나님을 만날 수 있는 사람은 대제사장뿐이었으나 그 휘장이 찢어짐으로 이제 지성소의 경계가 없어졌습니다. 인간의 죄로 말미암아 단절되었던 인간과 하나님과의 관계가 성전휘장이 찢어짐으로 예수님으로 말미암아 죄 사함을 받고 영생을 받았습니다. 또한 지성소의 휘장이 상징하는바 예수님의 육체의 찢기심으로 할례와 성전을 중심으로 한 언약의 후손 사명은 끝나고 예수님을 믿는 사람들을 중심으로 한 세계가 새롭게 열렸습니다. 이제는 모든 사람들이 아무런 제약 없이 하나님께 나아가 교제할 수 있는 만인제사장이 되었습니다.

지식탐구

잠깐, 신약시대의 두 인물 예수님께서는 구원의 복음을 땅 끝까지 확장시키기 위해서 중심적인 두 인물을 사용하셨습니다. 그 한 인물은 저 평범한 어부로 갈릴리 사람 베드로입니다. 또 한 사람은 길리기아 다소 사람으로 베냐민지파요, 히브리인 중에 히브리인이요, 열정적인 율법사였던 바울이었습니다. 예수님은 땅 끝까지 새 복음을 전파하기 위해 이 두 사람에게 비전을 주셨습니다.

오순절 날 세계 각국에서 모여든 유대인들은 베드로의 설교에 굴복하게 됩니다. 설교를 듣고 세례를 받은 사람이 그 날 남자만 3천 명(행2 :41)이나 되었습니다. 엄청난 숫자입니다. 이들은 오순절 행사 후 마치 민들레씨처럼 성령의 바람을 타고 온 세계로 흩어졌습니다.

이 씨들은 사도 바울이 이 지역을 돌아다니며 복음을 전할 때 길을 예비한 사람들이 됩니다. 바울은 이들과 더불어 유럽과 아시아 지역에 여러 교회를 개척하게 됩니다. 누가, 디모데, 디도, 브리스길라와 아굴라, 뵈뵈 등 수도 없이 많이 등장하게 될 사도행전의 주인공들은 바로 오순절 때 복음을 접한 사람들이라 추정됩니다.

사도들의 행전–사도행전 살펴보기

–A.D. 30년 전후–

바이블 스토리 ②

◈ 오순절 사건(사도행전 2:1~4)

성령이 임하시면–하나님의 나라가 온 열방으로 확장되다

먼저 새롭게 도래하는 신약 시대는 성령의 사건으로 시작됩니다. 그중 하나는 예수님의 성령 잉태사건이며 다른 하나는 오순절 성령사건입니다. 유월절 후 50일째 되는 오순절에 120명의 성도들이 마가 다락방에서 기도에 힘쓰고 있었는데 약속하셨던 성령이 강하게 임했습니다(행 1:12~1, 2:1). 예수님께서 부활 승천 하신 후, 마가 다락방에서 경험한 오순절 성령사건은 이제 하나님의 나라가 이스라엘이라는 지역적 한계를 초월해 세계만방으로 확장되는 계기가 되었습니다. "오직 성령이 너희에게 임하시면 너희가 권능을 받고 예루살렘과 온 유대와 사마리아 땅 끝까지 이르러 내 증인이 되리라"(행 1:8)라는 말씀대로 새 역사가 시작되었습니다.

이제는 '하나님 백성, 하나님 나라'가 이스라엘 지역의 한정성에서 벗어나 언제 어느 곳이든지 성령님의 지배를 받게 되었습니다. 성령의 충만함을 받은 사람들은 예수님을 전하고, 전함을 받은 사람은 믿게 되고 이렇게 복음은 유대 지역뿐만 아니라 전 세계로 전파되게 되었습니다. 초대교회는 이러한 성령의 도우심을 통해 급속도록 부흥하게 되었고, 복음 전파의 사명을 완수하였습니다. 그들은 원수까지도 사랑하면서 이웃과 지역사회를 복음화했고 그 열정이 땅 끝까지 이르게 된 것입니다.

초대교회 교인들의 하나님 나라 복음에 대한 열정은 대단했습니다. 성령의 충만함을 받은 스데반 집사는 돌에 맞아 피범벅이 되어 만신창이가 된 상태에서도 최후 순간까지 사랑의 메시지를 선포했습니다(행 7:55~60), 빌립은 성령의 인도로 이사야서를 읽고 있던 에디오피아 내시에게 복음을 전하였습니다(행 8:6~8).

핍박받은 초대교회는 뿔뿔이 흩어져 성령의 인도하심을 따라 복음을 전했습니다. 그 결과 초대교회는 급성장하여 유럽세계를 건너서 대제국 로마에까지 이르게 되었습니다. 이처럼 급성장한 초대교회는 지난 수 세기 동안 지구촌 구석구석까지 하나님의 나라 복음을 전했습니다.

◈ 사도 베드로의 활동

베드로의 설교와 교회 탄생(사도행전 2:14~42)

예수님을 3번씩이나 자기와는 전혀 상관없는 사람이라고 부인했던 베드로는 성령의 능력이 임하니까, 목숨을 내어놓고 예수는 '그리스도'임을 전했습니다. 오순절 성령강림사건 후 베드로는 대 군중 앞에서 담대하게 메시지를 선포하였습니다. 그 메시지의 핵심은 요엘 선지자의 예언과 다윗의 예언이었습니다.

먼저 요엘의 예언에서는 요엘서 2장 28~32절을 인용하여, 성령세례와 성령 충만은 그 예언한 대로 성취된 것이라고 했습니다(행 2:16~21).

그리고 다윗의 예언을 설명함에 있어서는 그가 쓴 시편 16편 8~10절[73] 말씀을 인용하여 예수님은 죽지 않고 부활하신다고 하였습니다. 이 사실을 입증하기 위해서 다윗언약을 상기시키면서, 다윗을 '예언자'이기도 했다고 소개합니다. 다윗은 자신의 왕조에서 '메시야'가 오시게 된다는 것과 그분은 죽지 않고 부활하게

---

73) 『쉬운 성경』, 시 16:10, "주께서는 나를 무덤에서 내버려 두지 않으시며, 주님의 거룩한 분을 썩지 않게 하실 것입니다."

되는 것을 알았다고 했습니다.(행 2:30~31).

베드로의 이 말씀은 듣는 유대인들에게 큰 반향(反響)을 불러일으켰습니다. 그 당시 시편 16편은 메시야 사상에 적용하지 않았던 말씀이었는데, 베드로는 시편 16편이 메시야를 예언하는 시(詩)임을 밝혔기 때문입니다. 종전의 가르침을 뒤집는 충격적인 메시지였습니다.

이 메시지로 영적인 충격에 빠져 있는 그들에게 최후의 메시지를 선포합니다. 시편 110편 1절[74] 을 인용하여 지금 그분은 하나님이 계신 보좌 우편에 앉아 계시는데, 그분이 바로 '예수 그리스도'가 되신다고 했습니다. 그분은 승천하시면서 이렇게 성령을 보내 주셨다고 했습니다(행 2:33). 이 사실을 믿어야 하고, 이 사실을 믿을 때 영생이 주어진다고 했습니다. 이러한 베드로의 설교는 듣는 많은 무리들의 마음을 감동시켰고, 회개시켰습니다. 그리하여 이날에 예수님이 그리스도임을 고백하는 사람의 수가 3천 명이나 되었습니다(행 2:41). 이는 갈릴리바다에서 "내 양을 먹이라"라고 하신 말씀이 성취(교회탄생)되는 감격적이고 역사적인 순간입니다.

고넬료의 환상과 사도 베드로와의 만남(사도행전 10:9~16)

팔레스타인의 땅 가이사랴에 고넬료가 지휘하는 이달리야라는 부대가 있었습니다. 고넬료는 이방인이었지만 유대교로 개종하여 온 집으로 더불어 하나님을 경외하는 자였습니다. 그는 어느 날, 제9시쯤의 기도하던 시간에 환상을 보았습니다.

그 환상은 홀연히 나타난 천사가 베드로를 청하라고 하였습니다(행 10:3~5). 베드로는 지금 욥바에 있는 피장 시몬의 집에 있는데, 그 집은 해변에 있다고까지 알려주었습니다(행 10:6). 고넬료는 하인을 보내어 베드로를 자기 집으로 모셔 오도록 급파하였습니다. 실로 그것은 이방인의 구원을 위한 복음전도의 문을 여시는 하나님의 섭리였습니다.

한편 고넬료가 환상을 본 지 이틀 후에 베드로도 욥바에 있는 피장 시몬의 집에서 지붕 위에 올라가 기도하는 시간에 환상을 보게 됩니다. 갑자기 비몽사몽간

74) 『쉬운 성경』. 여호와께서 나의 주께 말씀하셨습니다. "내가 너의 원수들을 너의 발판에 되게 하기까지 너는 내 우편에 앉아 있어라."

에 하늘이 열리고, 한 그릇이 자기에게 내려오는 것이었습니다. 보자기 안에는 유대인들이 부정하게 여기는 흉물들이 보였습니다.

그 순간 하늘에서 음성(소리)이 나서 이르기를, "베드로야 일어나 잡아먹으라"고 하였습니다. 그때 베드로가 즉각적으로 항변하기를 "주여, 그럴 수 없나이다. 속되고 깨끗지 아니한 것을 내가 언제든지 먹지 아니하였습니다"라고 하였습니다. 그러자 하늘에서 그에게 두 번째 소리가 들렸습니다. "하나님께서 깨끗케 하신 것을 네가 속되다 하지 말라"는 음성이었습니다. 이런 일이 세 번 똑같이 반복되었습니다.

"각색 네 발 가진 짐승과 기는 것과 공중에 나는 것들(행 10:12)"은 구약에 불결한 동물로 규정한 것들인데(신 14:3~20), 유대인들에게 먹지 못하도록 금지되어 있는 것들이었습니다. 하늘에서 들려온 소리 "일어나 잡아먹으라(행 10:13)"고 하신 것은 전 세계의 이방인을 향한 구원의 상징입니다. 이것은 이제 하나님 나라의 복음은 예루살렘지역만이 아닌 전 세계로 확대된다는 것입니다.

마침내 베드로가 고넬료 가정에 이르러 구원의 복음을 선포하게 하셨습니다. 참으로 역사적인 사건이 이루어지게 되었습니다. 이 두 사람 고넬료와 베드로는 사실상 서로 상존하거나 상관할 수 없는 사람들이었습니다. 고넬료는 이방인이요, 베드로는 유대인이었습니다.

유대적 혈통의 베드로는 이방인 고넬료를 정치적으로, 종교적으로 속되고 가증하고 불결한 동물처럼 여기고 있었습니다. 그러나 예수님은 환상을 통해 이방인을 향한 구원계획을 보여주었습니다.

◈ 사도 바울의 활약과 이방인 선교

바울 그는 누구인가?

그는 고대 헬라문화로 이름난 길리기아 다소 성 출신이었습니다. 그는 태어날 때부터 로마의 시민권을 가진 자였습니다(행 23:27). 베냐민 지파요, 바리새파였습니다. 태어난 지 팔 일 만에 할례를 받았고, 히브리인 중의 히브리인이요, 율법으로는 바리새인이었습니다(빌 3:4~5). 그는 종교적 소양에 있어서 예루살렘에서 이름 높았던 가말리엘 문하에서 교육을 받고, 엄격한 율법주의자로 자타가 공인한 사람이었습니다. 학문적 소양으로 헬라의 철학과 사상 그리고 당시 헬라 문화의 첨단을 달리던 지성인이었습니다.

그는 기독교인 스데반을 죽일 때 증인노릇을 한 자였습니다(행 7:58). 교회를 박해하던 주동자였습니다. 그는 기독교인들의 집을 무단으로 침입하여 예수 믿는 남녀를 잡아 옥에 가둔 자였습니다(행 8:1~3). 그는 교회의 궁극적 황폐(잔멸)를 목적한 자였습니다. 그는 합법적으로 기독신자 체포령을 손에 쥐고 다메섹으로 가서 예수 믿는 기독신자는 남녀노소를 불문하고 예루살렘으로 끌고 오려고 하였습니다(행 9:2). 그러나 그는 박해의 다메섹 도상에서 예수님으로 말미암아 자기 생의 신기원을 이루게 되었습니다. 마침내 바울은 하나님으로 부터 이방인을 향한 복음 전파 사명을 받았습니다.

> "주께서 가라사대 가라 이 사람은 내 이름을 이방인과 임금들과 이스라엘 자손들 앞에 전하기 위하여 택한 나의 그릇이라."(행 9:15).

이 말씀은 예수님께서 사울을 찾아 안수해야 할 아나니아에게 들려준 음성입니다. 사울이 사흘 동안 다메섹 직가에 있는 유다의 집에서 금식하며 기도할 때 주님이 바울을 소명(召命)하여 사명(使命)을 주셨습니다. 바울은 이 사실을 후일 아그립바 왕 앞에서도 간증했습니다.

> "일어나 네 발로 서라 내가 네게 나타난 것은 곧 네가 나를 본 일과 장차 내가 네게 나타날 일에 너로 사환과 증인을 삼으려 함이니 이스라엘과 이방인들에게서 내가 너를 구원하여 저희에게 보내어 그 눈을 뜨게 하여 어두움에서 빛으로, 사단의 권세에서 하나님께로 돌아가게 하고 죄 사함과 나를 믿어 거룩케 된 무리 가운데서 기업을 얻게 하리라 하더이다." (행 26:16~18).

바울이 하나님으로부터 받은 소명과 사명은 첫째, 세계선교를 위하여 선택되었고, 둘째, 초자연적인 소명을 받아 땅 끝까지 예수 그리스도의 영광(이름)을 선포하는 것이었습니다. 실제로 바울은 하나님의 복음 확장사업에서 로마까지 가서 혁혁한 금자탑을 쌓았습니다.

이런 의미에서 우리 세기의 세계적인 역사가 토인비(Toynbee) 교수는 의미 있는 말을 합니다. "드로아 항구에서 바울을 싣고 가던 배는 구라파를 싣고 가던 배였다"라고 했습니다. 사실상 세계를 싣고 가던 바울의 배였습니다. 그 이유는 바울의 심장 속에는 역사의 주인이신 예수 그리스도가 있었기 때문입니다(갈 2:20). 또한 그는 하나님의 이방선교를 위하여 선택되었고, 그 목적은 예수 그리스도의 영광(이름)이라고 할 수 있습니다.

신약성경의 역사에서 보면 사도 바울은 4차까지 세계 선교사역을 하며 복음을 전파하였습니다. 그리고 로마 대제국에까지 찾아가서 복음의 씨를 뿌렸습니다. 그 결과 로마도 결국 기독교 국가가 되었습니다. 로마 대제국은 서기 313년에 콘스탄티누스 1세(Constantinus I) 황제에 의해 기독교가 공인되고, 392년에 데오도시우스 1세 황제(Flavius Theodosius)에 의해 기독교가 국교로 선포되었습니다. 일시에 수많은 민족과 족속이 하나님의 백성이 되었습니다. 당시 로마제국은 인류 역사상 전무후무한 광활한 영토를 지닌 최강국이어서 수많은 사람들이 하나님 나라 백성이 되었습니다.

제1차 선교 여행(사도행전 13~14장)

이방인이 세운 안디옥교회

사도 바울의 선교여행에는 선교 베이스캠프가 안디옥에 있습니다. 바울의 선교사역은 이 도시에 있는 안디옥교회에서 출발해서 안디옥교회로 돌아오면 1차씩 지나갑니다. 그럼 사도 바울의 선교 베이스캠프인 안디옥은 어떤 곳일까요? 안디옥은 지중해 연안에 자리 잡은 고대 세계의 도시 중에서 로마와 알렉산드리아에 이어 세 번째로 큰 도시였습니다. 당시 인구는 50여만 명이 살고 있었으며 종교적으로 아폴로 신 숭배로 유명했습니다.

안디옥은 여러 나라 여러 지역에서 온 로마인, 헬라인, 유대인 등의 사람들이 모여 사는 국제도시로 동서 무역이 활발한 요충지였습니다. 이곳 안디옥을 주목하는 것은 예루살렘 교회에 대한 극한 박해가 있었을 때 신앙의 자유를 찾아간 곳입니다. 하나님의 세계 선교 계획은 안디옥을 예루살렘 다음 가는 종교 거점도시로 잡으신 것이었습니다. 사도행전 11장 19~20절은 이 사실을 확실히 밝혀주고 있습니다.

> "때에 스데반의 일로 일어난 환난을 인하여 흩어진 자들이 베니게와 구브로와 안디옥까지 이르러 도를 유대인에게만 전하는데 그 중에 구브로와 구레네 몇 사람이 안디옥에 이르러 헬라인에게도 말하여 주 예수를 전파하니 ……."

이 말씀에서 '몇 사람'이란 아마 헬라계 유대인 중에서 개종한 그리스도인으로 생각됩니다. '몇 사람'의 그리스도인들의 입에 의하여 안디옥에 그리스도의 복음이 전하여지기 시작했습니다. 전도의 주제는 '주 예수'였습니다. 예수는 '그리스도'라는 사실입니다. 이것은 오순절 예루살렘 전도의 주제요(행 2:36), 가이사랴 오순절의 전도 주제였습니다(행 10:36).

여기서 중대한 사실은 예루살렘 교회가 환난을 당하여 집사 스데반이 피를 흘리는 극한 핍박을 받을 때, 예수 신앙의 자유를 찾아 여기까지 피난 왔던 몇 사람의 그리스도인들에 의해서 세계적인 안디옥 교회가 탄생했다는 사실입니다. 그러니까 안디옥교회는 유대 예루살렘 교회가 받은 핍박과 환난의 산물로 출생했습니다. 여기에 주의 권능의 손길이 함께하시므로 안디옥 교회는 크게 부흥하고 성장했습니다.

이러한 성장에 힘입은 안디옥 교회는 바울과 바나바를 선교사로 파견했습니다.

안디옥교회의 선교사 파견은 바울의 비전과 베드로의 환상을 통해 이방인을 향한 하나님의 계획이 현실로 나타나게 된 것입니다.

1차 선교여행 처음에는 바나바가 선교여행의 중심인물로 출발하지만 중간에 리더가 바울로 바뀝니다. 이때 파송교회는 안디옥교회(최초의 이방인교회)입니다. 제1차 선교여행은 수리아 실루기아 항구에서 배를 타고 바나바의 고향인 구브로 섬(키프로스)으로 건너가, 살라미에선 유대인 회당에 들어가 전도했고 바보(파포스)에선 서기오 총독을 개종시키는 성과를 거둡니다(행 13:4~12).

엘루마라고 하는 마술사가 총독이 믿지 못하게 방해하므로 바울은 이적으로 그의 눈을 멀게 했습니다. 구브로 선교를 마치고 바보에서 승선하여 소아시아(터키) 남부 항구인 버가에 이르렀을 때 마가 요한은 선교를 포기하고 예루살렘으로 돌아갑니다(행 13:13). 버가에서 바울과 바나바는 소아시아 중부로 올라가다가 비시디아 안디옥에 도착합니다(행 13:14).

그들은 여기서 두 번의 안식일에 회당에 들어가 설교했는데, 대체로 이방인들은 믿었으나 유대인들은 불신하고 사도들을 쫓아냄으로 사도는 발의 먼지를 털어버리고 이고니온으로 갑니다(행 13:51). 이고니온에서도 똑같이 유대인 회당에 들어가 설교하여 유대인과 헬라인 가운데 많은 무리가 믿게 되었는데 믿지 않는 편에서 사도들을 돌로 쳐 죽이려 하자 루스드라로 피해 가서 복음을 전하게 됩니다.

루스드라(디모데고향)에서는 바울이 나면서 앉은뱅이 된 자를 고쳐주었는데 그곳 주민들이 바나바는 제우스신이요, 바울은 헤르메스 신(제우스 신의 아들로 웅변의 신)이라고 하면서 그들에게 제사를 바치려고 했습니다(14:8~18). 그런데 이고니온 등에서 유대인들이 몰려와 군중을 부추겨 바울을 돌로 칩니다. 그가 죽은 줄 알고 도시 밖으로 버렸는데, 제자들의 도움을 받아 이튿날 더베로 향하게 됩니다(행 14:19~20).

더베에서 두 사도들의 주제는 "우리는 마땅히 많은 환난을 거쳐 하나님 나라에 들어가야 한다"는 말을 남깁니다(행 14:22).－이 말씀은 사도 바울의 편지 여러 곳에서 마치 숨겨진 보물처럼 감추어져 있는 십자가의 복음과 상통합니다－더베를 마지막으로 이제까지 선교한 지역들을 거꾸로 가면서 살펴보고 나서 앗달리아 항구에서 여행의 출발지였던 안디옥행 배를 타고 돌아오게 됩니다(행 14:25~26).

예루살렘 종교회의(사도행전 15:1~35)

예루살렘 공회의가 소집된 것은 사도 바울이 바나바와 함께 제1차 선교사역을 마친 뒤 안디옥교회로 돌아와 머물 무렵이었습니다. 이때에 이방인이 주축이 된 안디옥교회에 소수의 유대인 출신 율법주의자들이 들어와 이방인 출신 성도들에게 영생을 얻는 것은 율법에 따라 할례를 받아야 한다고 했습니다.

이러한 주장은 이방인 선교를 담당하고 있는 바울에게 받아들일 수 없는 신학이었습니다. 사도 바울은 예수 그리스도를 믿는 믿음으로, '오직 의인은 믿음으로 살리라'라는 이신칭의 사상이 있었습니다. 이신칭의(以信得義)는 '예수 그리스도를 믿는 믿음을 통해 의인의 신분을 얻는 것'입니다. 그러니까 인간이 영생을 얻는 것은 율법의 행위(할례)가 아니라, 예수님을 신뢰하는 믿음으로 이루어진다는 것입니다. 이것이 훗날 갈라디아서와 로마서의 주제가 되며, 사도 바울의 신학이기도 합니다.

안디옥에서 이들 양자 간에 신학논쟁이 격해지자 안디옥교회는 바울과 바나바와 몇 사람을 예루살렘 교회에 파견합니다. 예루살렘교회에 있는 사도들에게 이 문제를 공식적으로 해결해 줄 것을 요청함으로써 '예루살렘 공회의'가 열리게 되었습니다. 예루살렘 공회의는 사도들과 예루살렘 공회의 장로들을 중심으로 개최되었습니다(행 15:6).

얼마간의 변론 끝에 베드로가 최종 승인하고 야고보가 내용을 발표합니다. "이제 구원을 얻는 것은 유대인과 이방인을 불문하고 율법의 행위가 아니라 오직 믿음으로 영생을 얻는다"라고 하여 바울의 손을 들어주어 신학논쟁은 종지부를 찍습니다. 이어 바울과 바나바는 이방선교 사역의 결과를 보고하고, 야고보는 공회의 결정사항을 공식적으로 발표하여 그 유명한'예루살렘 공회의'는 마치게 됩니다(행 15:13~22).

이러한 예루살렘 공회의 결정은 매우 중요한 신학적 의의를 지닙니다.

첫째, 이방인이나 유대인이 구원을 얻는 것은 율법의 할례가 아니라 예수님의 은혜로 말미암은 것이므로 이방인들에게 율법의 멍에를 메게 해서는 안 된다는 것입니다. 이는 결국 신약시대의 성도들은 율법의 할례와 제사제도를 문자적으로 준수하지 않아도 되는 대원칙이 확정된 셈입니다.

둘째, 신약시대의 이방인 성도는 율법의 할례와 제사법을 준수할 필요는 없지만 유대인 출신 성도에게 현저히 부정하게 보이는 혐오감을 주는 행위, 곧 우상에게 바쳐진 음식을 먹는 것, 목매어 죽인 것과 피째 먹는 행위들은 금할 것을 결의했습니다.

이와 같은 예루살렘 공회의 결정으로 초대교회 이방 선교사역이 더욱 활성화되었습니다. 만약 신약시대에도 이방인들의 개종의 조건으로 할례와 같은 구약의 의식법을 요구했었더라면 그것은 이방인들을 복음화 하는 것이 아니라 단순히 유대인화 하는 셈이 되었을 것입니다.

그러나 신약시대에는 이방인은 물론 전 유대인에게 구약 의식법 및 모든 율법 조항의 문자적 준수를 요구하지 않습니다. 이제 이방인들은 복음을 받아들이기 위해 유대적 종교절차를 따르지 않아도 되었습니다. 이렇게 됨으로써 기독교는 세계적 종교로 발전할 수 있는 여지를 마련하게 되었습니다. 이 모든 것은 세계만민에게 구원을 주시려는 하나님의 계획과 사랑의 결과였습니다.

제2차 선교여행(사도행전 15:36~18:22절)

☞ 데살로니가전서 · 후서, 갈라디아서가 쓰여 짐

유럽 선교사역(사도행전 15:36~17:15)

1차 선교 활동에 함께했던 바울은 바나바와 결별합니다. 대신 바울은 실라를 택하여 길리기아를 통과하고 토러스산을 넘어 소아시아의 서해안 도시지역인 에베소, 서머나, 버가모 등으로 가려 했습니다. 그러나 성령께서 막으십니다(행 16:6~11). 에베소로 가려고 했던 것은 인간 바울의 뜻이었고, 하나님의 계획은 유럽이었습니다. 그래서 할 수 없이 갈라디아와 부루기아 지역 즉 중부 소아시아 지대를 관통합니다. 이때 디모데를 발탁해서 동행합니다(행 16:1~3).

사도 바울 일행은 하나님의 강권적인 인도에 따라 바다를 건너 마게도냐 빌립보성에 도착합니다. 마게도냐 환상에 따라 유럽(마게도냐)으로 건너간 후 곧장 빌립보에 들어가 며칠을 머무르며 복음을 전하게 됩니다. 빌립보에는 유대교 회당이 없었고 안식일에 강가에 모여 예배하였는데, 바울은 이곳 강가에 와서 그리스도의 죽으심과 부활을 알렸고 청중 가운데 루디아 여인이 믿고 세례를 받습니다(행 16:14~15).

이렇게 시작된 빌립보 교회는 사도 바울이 유럽 대륙에 세운 첫 교회로서, 이후 바울의 생계와 전도를 물심양면으로 후원한 유일한 교회입니다(빌 4:10-20).후원을 누가 주도했는지 알 수는 없으나, 루디아 부인이 아닐까 짐작됩니다. 물질의 선한 청지기로 사명을 다하는 참 아름다운 여인입니다.

본래 사도 바울은 원칙적으로 어디서나 교우들의 물질적 도움을 사양했지만(살전 2:9; 고전 9:4~18) 빌립보 교인들의 도움만은 받아들였는데 이는 그들만이 바울의 무사 무욕한 본심을 믿어주었기 때문입니다.

빌립보 교회가 설립되는 과정은 사도행전 16장 11~40절에 나옵니다. 이곳에서 전도할 때 점치는 귀신 들린 여종에게서 귀신이 떠나도록 명했다가 감방에 갇히게 되는데, 그곳에서 일어난 일로 간수가 믿음을 가져 온 가족이 믿게 되었다는 이야기가 사도행전 16장 16~34절에 실려 있습니다. 빌립보를 떠나 바울은 마케도니아 지방의 수도이자 큰 항구도시였던 데살로니가로 가서 복음을 전합니다.

바울은 관례대로 안식일에 유대교 회당에 가서 설교하여 많은 사람들을 믿게 했는데, 일부 유대인들이 방해하는 바람에 베뢰아로 내려갑니다(행 17:1~10; 살전2:13~16). 베뢰아에서도 유대인 회당에 가서 설교했는데, 베뢰아의 유대인들은 점잖고 날마다 성경을 연구했기에 많은 이가 믿게 되었습니다. 그러나 데살로니가 유대인들이 몰려와 훼방하는 바람에 이를 피해 실라와 디모데를 남겨둔 채 바울은 아덴(아테네)으로 내려갑니다(행 17:10~15).

아덴(아테네)선교사역(사도행전 17:16-34절)

아테네는 문화의 요충지이며 여전히 새로운 것에 대한 호기심이 가득 찬 도시이기도 했습니다. 아테네에 도착한 바울은 그 도시에 우상이 가득한 것을 보고 분을 참지 못합니다(16절). 그래서 평소의 자신의 선교 전략대로 동일하게 회당에서 유대인들과 하나님을 경외하는 사람들에게 예수 그리스도의 도를 전함과 동시에

광장에서도 많은 사람들과 토론을 벌이게 됩니다. 이런 과정에서 바울은 에비구레오와 스도이고(스토아 학파) 철학자들에게 복음을 전할 기회를 얻게 됩니다.

바울의 메시지는 "하나님은 만유를 창조하고 천지를 주관하며 만민에게 생명과 호흡을 공급하는 분이시다"라고 했습니다(행 17:24~25절). 우상숭배는 죄를 짓는 것이라 말하면서 유일신 하나님을 경배하라고 촉구했습니다. 그런데 이 부분에 우호적이었던 청중이 예수의 몸의 부활에 대해 전할 때는 비웃었습니다. 그들은 영지주의 사상을 가진 신앙인으로서 육체는 천하고 악하며, 영혼만 선한 것이라고 생각하고 있었습니다. 그러므로 육신의 부활은 역겨운 가르침이었습니다. 바울은 소수의 신자만을 얻고 고린도로 향하게 됩니다.

고린도 선교사역(사도행전 18:1~17절)

바울은 2차 전도의 목표로 아시아(에베소)에 가려고 했는데 결국 이렇게 고린도에 오게 되었습니다. 여기서 1년 6개월을 머물면서 고린도 교회를 개척합니다. 고린도는 유럽이고 에베소는 아시아인데도 신기하게도 아주 가깝게 마주보고 있습니다. 아덴과 데살로니가 도시에 비해 큰 도시는 아니지만, 부유한 항구 상업도시입니다. 인종과 종교의 박람회장 같은 곳으로 빈부격차가 심했고, 흔히 항구도시가 그러하듯 문화적 윤리적으로 천박하고 풍기가 문란했는데, 하나님이 밤에 환상 중에 나타나셔서 "이 성중에 내 백성이 많으니" 머물라고 하여 18개월을 이곳에서 지내게 됩니다(행 18:9~11).

이곳 고린도가 사도 바울의 2차 선교 사역에서 중요한 장소가 됩니다. 이 고린도교회 때문에 많이 울게 되지만, 이 지역에 교회를 개척하는 것이 하나님의 뜻이었습니다. 이곳 고린도교회에서 활동한 시기에 바울은 브리스길라와 아굴라 부부를 처음 만납니다(행 18:1). 그들은 고린도에서 비즈니스를 하며 살고 있었습니다. 이들 부부는 바울에게 숙박과 노동의 기회와 도구를 제공해 주었습니다. 이들은 고린도 교회 개척의 동역자였습니다. 그러다가 바울은 브리스길라와 아굴라와 함께 겐그레아에서 배를 타고 에베소로 가서 이들 부부를 남겨놓습니다. 거기서 목회하라고 한 것입니다. 그 후 바울은 예루살렘을 들러, 수리아 안디옥교회로 되돌아옵니다. 여기까지가 2차 선교사역입니다(행 18:22)

지식탐구

데살로니가 전후서. 갈라디아서가 이때 쓰여 집니다. 베리아에서 선교활동 중 헤어졌던 실라와 디모데는 고린도에서 6개월 만에 만납니다. 바울은 떠나지만 데살로니가 교회를 개척한 지 얼마 되지 않아 걱정이 되어 그들을 그곳에 남겨두 었던 던 것입니다. 다시 만난 그들에게서 교회의 궁금했던 소식을 듣습니다. 그리고 펜을 들어 그들에게 편지를 씁니다. 그 편지가 **데살로니가 전후서**입니다. 또 이즈음에 갈라디아 교회에도 편지를 보낸 것으로 보입니다. (물론 1차 예루살렘 공의회 즈음에 썼다는 견해도 있음).

이렇게 해서 데살로니가 전후서가 쓰여 졌습니다. 우리가 데살로니가전후서를 읽을 때 사도 바울 일행이 고린도에 머물면서 데살로니가 전 · 후서를 쓰고 있다고 상상하며 읽어 봅시다.

3차 선교여행(사도행전 18:23~21:16절)

☞ 고린도전후서, 로마서가 쓰여 짐

바울의 3차 선교여행의 주 활동 장소는 에베소였습니다. 에베소는 소아시아의 수도였기 때문에 2차 선교사역을 이곳에서 하려고 했었습니다. 사도 바울 딴에는 안디옥에서 가까운 소아시아 지방의 수도인 에베소를 점령하는 것이 순서라고 생각했지만 하나님께서는 저 멀리 유럽지역(고린도)을 선교하라고 하셨던 것입니다.

고린도가 유럽선교의 요충지라면 에베소는 아시아 선교의 전초기지가 될 중요한 조건을 갖추고 있었기 때문에 바울은 2차 선교 말기에 에베소에 잠깐 들립니다. 이때 미래를 위해서 브리스길라와 아굴라 부부를 에베소에 남겨 놓았습니다. 그들은 바울의 기대를 저버리지 않았습니다. 이 부부는 이곳에서 알렉산드리아 출신 신학자 아볼로를 잘 가르쳐서 고린도교회에 파견하여 목회하도록 했습니다. 이들 부부가 고린도에서 나와 에베소에 와있으니, 고린도에 사역자가 필요했던 것입니다.

한편 이 즈음에 베드로가 고린도를 방문한 것이 분명합니다. 바울이 2차 전도를 마치고 돌아갈 시점에, 그러니까 아볼로가 고린도교회에서 목회를 하고 있을 그 시점 어느 때에 베드로가 고린도교회를 방문했을 것입니다.[75)]

드디어 바울의 3차 선교여행이 시작되었습니다. 그는 1, 2차 선교여행 때 복음을 전한 갈라디아 지방의 교회들을 돌아본 다음 에베소에 도착했습니다. 이곳 에베소에서 무려 3년 가까이 활동했습니다(행 20:31).

처음 3개월 동안은 바울은 에베소의 회당에서 전도하였습니다. 바울과 유대인들이 물과 기름 같은 사이였다는 사실을 감안할 때, 바울이 회당에서 석 달 동안 사역을 할 수 있었다는 것은 놀라운 일입니다. 시간이 흐르면서 회당에서 전하는 바울의 가르침이 점점 더 핵심을 찌르며 예리해져 갔지만, 유대인들의 마음은 더 강퍅해져서 복음을 순종치 않고 비방했습니다. 결국 바울은 근처에 있는 두란노 서원으로 자리를 옮겼습니다.

'두란노'는 어떤 수사학의 이름입니다. 개인이 쓰던 학교이기도 하지만 그곳은

---

75) 이애실, op. cit., p. 279.

11시부터 4시까지는 siesta(낮잠시간)로 비어 있어 그때를 이용해서 복음을 전했습니다. 많은 사람들이 이 시간에는 일을 하지 않았기 때문에 바울의 강론을 들으러 왔습니다. 이런 집회를 요즘식으로 표현하자면, 구도자들의 전도 집회로 볼 수 있습니다. 이 밖에도 바울의 에베소 선교 사역은 '놀라운 능력'이 동반되었습니다. 악귀가 나가는 것은 물론이고, 소위 원격 치유도 일어났습니다.

> "하나님이 바울의 손으로 놀라운 능력을 행하게 하시니 심지어 사람들이 바울의 몸에서 손수건이나 앞치마를 가져다가 병든 사람에게 얹으면 그 병이 떠나고 악귀도 나가더라."(행 19:11~12).

이렇게 햇수로 3년 동안을 계속해서 사역을 했습니다. 그런데 이무렵 문제가 생긴 것입니다. 전도가 잘 되고 교회(에베소교회)가 안정되고 있던 차에 폭동이 일어나고 말았습니다. 에베소는 풍요의 여신인 아르데미스 신전이 있는데 세계 7경 가운데 하나라는 평판이 있어 소아시아 지역에서 순례객들이 모여들었습니다. 그런데 바울의 전도로 인해 아르데미스 신전 모형을 만드는 은장색들의 수입이 줄어들자 은장색들은 사람들을 선동하여 난동을 피웠던 것입니다(행 19:23-40). 이 폭동 사건으로 바울은 에베소를 떠나게 됩니다.

지식탐구

사도행전에는 없지만 에베소에서 있었던 사건.[76]

☞ 고린도 전서가 쓰여 짐

사도행전만 보면 바울이 에베소의 3년 동안 사역을 어떻게 하며 지냈는지 그 이상은 잘 모릅니다. 사도행전에서는 스게와의 아들 얘기와 에베소에서 일어난 폭동 얘기만 하고는 끝입니다(행 19:13~41). 폭동이야기로 에베소를 왜 떠나게 되었는지만 말해주고 에베소 사역은 막을 내립니다(행 20:1). 그러나 에베소에 있었던 사건을 기록한 고린도전서는 많은 정보를 보여주고 있습니다.

사도 바울이 2차 선교사역 때 개척하여 1년 6개월 동안 가르쳤던 고린도교회에는 아볼로가 목회활동을 하고 있었습니다. 지금 3차 선교지인 에베소에서 사역을 하고 있을 때 고린도교회가 시끄럽다는 정보가 입수되었습니다. 글로에의 집에 사는 어떤 사람이 소식을 전해 왔습니다. 고린도교회에 분쟁이 생겨서 내분이 되었다는 것입니다(고전 1:11~12). 바울파, 아볼로파, 게바파, 그리스도파 하면서 말입니다. 그래서 고린도 교회는 에베소에 있는 사도 바울에게 의견을 들으려고 3명의 대표단(스데바나, 브드 나도, 아가이고)을 파견했습니다. 이들은 구체적인 문제들을 조목조목 질문을 써서 기록으로 만들어(7:1 – 너희 쓴 말에 대해서는 ……, 7:25 – 처녀에 대하여서는 ……, 8:1 – 우상의 제물에 대해서는 ……) 가지고 왔습니다. 그래서 이 질문에 대해서 대답을 글로 써서 보낸 것이 고린도전서입니다. 그러므로 고린도 전서는 바울이 에베소의 회당과 두란노에서 가르치며 장막 짓는 일도 해가면서 쓴 것입니다.

그런데 이 편지를 보낸 이후 또 문제가 생겼습니다. 이번에는 정말 심각한 상황에 직면하게 되었습니다. 고린도교회가 사도 바울 자체를 무시한다는 것입니다. 유대지역에서 온 어떤 사람이 사도 바울은 '거짓 사도'라고 하여 교회를 흔들어 놓은 것입니다. 고린도 교회를 개척한 사도 바울을 '가짜 사도'라고 하여 사도 바울을 배척해 버린 것입니다.

이때가 사도 바울에겐 어떠한 고난보다도 어려웠던 시기였습니다. 자칫하면 고린도 교회가 무너질 위기에 처해 있기 때문입니다. 그래서 사도 바울은 다시 한 번 고린도교회를 방문한 것 같습니다. 바울의 사도권 문제로 심각해진 고린도교회를 찾아갔지만 오히려 "어떤 사람(고후 2:5~7)"이 바울의 면전에서 모욕을 한 것입니다. 그런데 더 큰 수모는 대부분의 성도들이 침묵하므로 그 사람을 동조하고 만 것입니다.

바울은 이 일을 당한 후 에베소로 돌아와서 또 하나의 편지를 씁니다. 이 편지는 "눈물로 쓴 편지"라고 불리우는 서신서입니다. 오늘날에는 전해지지 않는 편지입니다. 이 편지에서 사도 바울은 교인들을 엄중히 꾸짖습니다(고후 2:4). 고린도교회 교인들을 사랑하는 마음에서 사도로써 영적인 아버지로서 엄히 꾸짖습니다. 아주 심하게 경책한 것 같습니다.

그리고는 디도 편에 그 편지를 직접 보냈습니다. 그 편지에 대한 고린도 교인들의 반응과 답장을 기다리고 있을 때 그만 에베소에서 폭동이 일어난 것입니다(행 19:23~41).

76) Ibid., p. 279.

바울 폭동사건으로 마게도냐로 이동(행 20:1~2)

바울이 에베소에서 활동하는데 바울을 잡겠다고 폭동이 일어납니다. 더 이상은 에베소에 머물 수가 없어서 바울은 마게도냐를 향해 북진합니다. 그가 마게도냐로 가는 이유는 2차 선교여행에서 개척한 교회(빌립보, 데살로니가 등)를 돌아보는 일도 있었지만 그 무엇보다는 고린도 교회에 눈물로 쓴 편지를 가지고 간 디도를 만나보고 싶었던 것입니다.

사도행전 20:1절을 보면 에베소에서 마게도냐로 곧바로 간 것처럼 나옵니다. "소요가 그치매 바울은 제자들을 불러 권한 후에 작별하고 떠나 마게도냐로 가니라"라고 했습니다. 그러나 고린도후서 2장 12절에서 보면 바울은 마게도냐에 가기 전에 먼저 드로아(트로이 목마로 유명한 도시)에 들린 것으로 되어 있습니다. 그런데 그곳에서 바울에게 전도의 문이 열려 있었지만 디도를 만나기 위해 전도하지 않고 마게도냐로 갑니다(고후 2:12~13).

영성탐구

사도 바울, 선교사로서 직무유기인가? 고린도 후서 2장 12~13절에 "내가 그리스도의 복음을 위하여 드로아에 이르매 주 안에서 문이 내게 열렸으되, 내가 내 형제 디도를 만나지 못하므로 내 심령이 편하지 못하여 그들을 작별하고 마게도냐로 갔노라"라고 했습니다.

선교사는 때를 얻든지 못 얻든지 복음을 전해야 되는데 그냥 가버렸으니, 오늘날 같으면 당장 송환되고 파면되었을 것입니다. 그럼 왜 바울사도는 그렇게 해야만 했을까요? 표면적으로 보면 디도를 만나지 못해서 마음이 편하지 못하다고 했습니다. 그렇다면 이 시점에서 디도를 만나는 것이 왜 그리 중요합니까? 그 까닭은 디도가 바울이 쓴 '눈물의 편지'를 가지고 고린도 교회로 갔는데 그 편지를 받고 고린도교회가 어떤 반응을 했는지 궁금했습니다.

사도 바울의 꾸짖는 편지를 받아본 고린도교회가 회개하고 다시 사도 바울의 권위를 인정하고 거짓사도들과 반대세력을 물리치고 교회가 견고하게 설지, 아니면 그 편지로 인해 더욱 격분하여 사도 바울을 더 배격하고 잘못된 복음이 교회를 지배하게 될지가 큰 문제였기 때문입니다. 만약 사도 바울의 권위를 인정하지 않는다면 교회를 설립한 것이 수포로 돌아갈 수 있습니다. 그렇게 되면 이후의 사도 바울의 모든 사역은 악영향을 받을 수밖에 없을 것입니다.

이 일이 사도 바울에게는 얼마나 큰 근심이 되었는지는 그 부분을 읽어 보면 근심이란 말이 많이 나옵니다(고린도후서 2:1~8). 그래서 사도 바울은 한시라도 빨리 디도를 만나보고 싶었습니다. 디도가 고린도에서 올라오는 길은 마게도냐이기 때문에 가능한 빨리 마게도냐로 가고 싶었습니다. 그래서 마게도냐로 가는 길에 드로아에 활짝 열린 전도의 기회도 마다하고 바다를 건너 마게도냐로 간 것입니다.

디도를 만나다

☞ 고린도후서 쓰여 짐

마침내 마케도냐에서 바울은 디도를 만납니다(고후 7:5~7). 그러니까 빌립보교회쯤에서일 것입니다. 디도를 만나니 너무나 반가운 소식이 있었습니다. 사도 바울의 눈물로 쓴 편지를 받아 본 고린도교회가 회개하였다는 것입니다. 그뿐만 아니라 사도 바울을 반대했던 자들을 교회에서 치리하고 정리하여 교회가 바로 세워졌다는 것입니다. 교린도 교회는 싸우기도 잘 하지만 화끈하게 해결하는 것을 보면 과연 멋진 교회입니다.

바울은 마게도냐(빌립보교회 또는 데살로니가 교회이거나 베뢰아 교회일 것입니다.)에서 디도를 만나 행복한 시간을 보내며 8개월 동안 이곳에서 전도 활동을 하였습니다(행 20:1~2). 이때 고린도후서를 썼습니다.

로마서 15장 18절~19절에서 보면 일루리곤까지 복음을 전파했다고 했는데 바로 이즈음입니다. 바울은 일루리곤까지 전도한 후 이제는 고린도(헬라)교회로 가야 할 시간이 되었습니다(행전 20:2절 하). 이렇게 바울 서신서는 상황과 연결해서 읽어야 이해가 됩니다. 이런 상황을 배경에 깔고, 고린도전서와 고린도후서를 분리해서 읽으시면 좋습니다.

지식탐구

고린도 후서 읽기 사도 바울이 마게도냐에서 디도를 만나서 교회가 안정되었다는 소식을 듣고 얼마나 기뻐했겠습니까? 이런 기쁨 속에서 쓴 편지가 고린도후서입니다. 마게도냐에서 쓴 편지입니다. 이런 상황을 염두해 두고 읽어야 고린도 후서가 이해됩니다.77)

전에 그냥 읽었을 때와 느낌이 다르게 될 것입니다. 사도 바울의 기쁨의 표현을 많이 발견하게 될 것입니다. 고린도후서 1장을 읽어 보면 '위로받았다'는 말이 여러 번 나오고 기쁨으로 하나님을 찬양하는 사도 바울의 모습을 살펴볼 수 있습니다. 정리하면 고린도 후서는 사도와 고린도교회 사이에 있었던 불편한 관계가 해소되는 극적인 기쁨 속에서 쓴 편지라고 할 수 있습니다.

그런데 지금까지의 이러한 스토리를 모르고 읽으면 도대체 뭐가 어떻게 되는 것인지 이해할 수 없는 게 고린도후서입니다. 이런 구체적인 사연이 쌍방 간에 있었는데, 그 상황을 알고 있으면 이해가 됩니다. 이제 사도 바울과 고린도 교인과의 사연을 알았으니 고린도 후서 2장 1절에서 8절을 읽어보시기 바랍니다. "…… 내가 큰 환난과 애통한 마음이 있어 많은 눈물로 너희에게 썼노니(디도가 갖고 간 편지) …… 이는 너희를 근심하게 하려 함이 아니요 ……"(표준 새 번역으로 읽으면 더 쉽습니다). 그리고 사도 바울의 선교현장에서 있었던 사연들이 고린도후서에 묻어 있는데, 우리들의 가슴을 뭉클하게 합니다(고후 11:23~30),

한편 사도 바울은 고린도후서에서 교회에 한 가지 부탁을 합니다. 그것은 '예루살렘 교회를 위해서 구제헌금'을 모으고 있으라는 말입니다. 바울은 구제헌금을 매우 중요시했습니다. 이방인 교회가 영적인 복음을 나누어 가졌으면 고난당하는 예루살렘 교회와 물질적인 것을 나누는 것은 옳다고 하였습니다.

77) 이애실, op. cit., p. 282.

바울 석 달 동안 고린도교회에 머물다(행 20:2절하, 3절 상)

참으로 감개무량한 순간입니다. 바울은 마게도냐에서 성도들의 환송을 받으며 고린도 교회로 출발한 후에 고린도교회에 도착했습니다. 세 번째 방문입니다(고후 13:1). 지중해는 겨울에 항해하기가 어렵기 때문에 이 고린도에서 석 달 동안 체류하게 되었습니다. 겨울을 지내면서 그동안 보고 싶었던 고린도교회 성도들과 좋은 시간을 가졌을 것입니다. 그러면서 여기서 로마로 보내는 한 통의 편지를 쓰는데, 로마서입니다(행 20:3).

이쯤 되면 사도 바울의 3차 선교여행의 뒷부분쯤 왔습니다. 이제는 예루살렘으로 가야 할 시일이 가까워지고 있습니다. 예루살렘교회에 보낼 헌금을 가지고 가서 전달한 후 스페인(서버나)까지 전도하려는 계획을 하고 있습니다. 그것을 어떻게 알 수 있을까요? 로마서 15장 22~26절에 힌트가 있습니다.

> "그러므로 또한 내가 너희에게 가려 하던 것이 여러 번 막혔더니 이제는 이 지방에 일할 곳이 없고 또 여러 해 전부터 언제든지 서바나로 갈 때에 너희에게 가기를 바라고 있었으니 이는 지나가는 길에 너희를 보고 먼저 너희와 사귐으로 얼마간 기쁨을 가진 후에 너희가 그리로 보내주기를 바람이라 그러나 이제는 내가 성도를 섬기는 일로 예루살렘에 가노니 이는 마게도냐와 아가야 사람들이 예루살렘 성도 중 가난한 자들을 위하여 기쁘게 얼마를 연보하였음이라" 라고 했습니다.

여기서 우리는 중요한 정보를 얻습니다. "이제는 이 지방에 일할 곳이 없으니 ……"라고 했습니다. 더 이상 이곳에 선교할 곳이 없으니 고린도 지역의 선교활동을 마치겠다는 것입니다. 그러면서 지금까지 해온 3차에 걸친 선교활동을 이렇게 평가합니다.

> "그리스도께서 이방인들을 순종하게 하기 위하여 나를 통하여 역사하신 것 외에는 내가 감히 말하지 아니하노라. 그 일은 말과 행위로 표적과 기사의 능력으로 성령의 능력으로 이루어졌으며 그리하여 내가 예루살렘으로부터 두루 행하여 일루리곤까지 그리스도의 복음을 편만하게 전하였노라."(행 15:8~9)

여기서 바울은 선교사역을 마무리하면서 '예루살렘으로부터 일루리곤까지 다 전도했다'고 했습니다. '일루리곤까지'라고 했는데, 이때는 바울이 고린도교회에 고린도 후서를 보내놓고 8개월 동안 여러 지역으로 전도하러 다닌 것 같습니다.

사도 바울이 이렇게 고린도에서 로마서를 쓰면서 "여기서는 할 일이 없어 보인다. 이제 내 목표는 로마를 지나 스페인이다"라고 하면서 3차 선교활동을 마무리 짓습니다.

이제부터 바울은 새 계획을 펼쳐야 할 시점에 온 것입니다. 새 계획은 로마를 거쳐 스페인으로 가는 것입니다. 지금까지 일해 온 소아시아와 유럽 일대에서는 할 만큼 했으니 새 영역을 넓히려는 계획입니다.

지식탐구

3차 선교여행 중 고린도에서 쓰여 진 로마서

이렇게 여기 3차 선교여행 중 고린도에서 머무는 시간이 로마서가 끼어들어 가는 자리입니다. 우리가 이제부터 성경을 읽을 때 고린도에서 겨울 동안 머물면서, 바울이 쓴 로마서 편지를 이런 무드 속에서 읽어 봅시다. 멀리 지중해를 바라보면서 말입니다. 로마서는 갈라디아서와 고린도전서에서 다루었던 문제들, 또 율법으로부터 자유 하는 내용을 한층 더 심화시켜 다루고 있는 책입니다.

예루살렘을 향하여

고린도에서 바울 일행은 예루살렘으로 떠납니다. 이때 동행했던 사람은 베뢰아, 데살로니가, 더베, 에베소에서 온 동역자들과 누가, 디모데도 함께했습니다.(행 20:4절) 돈을 다루는 문제라서 증인들과 함께 간 것입니다. 사도 바울은 예루살렘으로 가는 길에 에베소에 들리고 싶었지만 그렇게 하지 못합니다. 시간이 너무 촉박해서 들리지는 못하고 가는 길에 에베소 장로들을 보고 싶어 밀레도에서 잠깐 만나자고 전갈을 합니다.

이곳에서 장로들과 서로 부둥켜안고 "이제 가면 언제 오냐"면서 울었습니다. 배 타는 데까지 전송하며 흐느낍니다(행 20:36~38). 이런 순간에도 사도 바울은 설교합니다.

> "내가 달려갈 길과 주 예수께 받은 사명 곧 하나님의 은혜의 복음을 증언하는 일을 마치려 함에는 나의 생명조차 조금도 귀한 것으로 여기지 아니하노라."(행 20:24).

이런 구절을 그냥 읽는 것하고 이 절박한 헤어지는 상황에서 이 말씀을 했다고 생각하며 읽으면 정말 다른 감동을 줍니다. 본래 사도행전은 실제로 있었던 사건이므로 그 맥을 잡아가면서 읽으면 영화스토리 이상으로 재미있습니다.

바울 일행이 밀레도에서 장로들과 헤어진 후 가이샤랴에 도착하였을 때 예루살렘에 가면 위험하다는 예언을 듣습니다. 이 말을 들은 형제들이 바울에게 예루살렘에 가지 말라고 권합니다. 바울은 예루살렘에서 묶이고 죽을 각오가 되어 있다고 하면서(행 21:2~14), 예루살렘행을 강행합니다. 물론 이때 이방인들이 마련해준 헌금을 가지고 갔습니다.

사도 바울 예루살렘 귀환과 체포, 로마행(행 21:17~끝)

3차에 걸친 이방인 선교사역으로 아시아와 유럽까지 복음 전파를 마친 바울은(행 13:1~21:16) 최종적으로 예루살렘을 방문합니다. 결국 이곳에서 체포되고 이를 계기로 세계의 중심지인 로마에까지 이송되어, 복음을 전하게 되는 계기가 됩니다(행 21:17~28장 끝). 드디어 예루살렘에 도착한 바울은 야고보와 장로들을 찾아가 인사한 다음 자신의 선교활동을 통해 하나님께서 이방인 가운데서 하신 일들을 낱낱이 이야기하고(행 21:19), 마게도냐와 아가야 지방의 교회에서 모금한 헌금을 전달하였습니다(롬 15:25~27). 이에 야고보와 장로들은 이방인을 위한 하나님의 뜻을 깊이 인식하고 하나님께 영광을 돌립니다.

그리고 야고보와 장로들의 제안에 따라 결례를 위한 비용을 내고 함께 일주일간 성전에서 금식에 동참합니다(행 21:23~24). 이는 가능한 한 화평을 위해 양보한다는 신념에 따른 것입니다. 유대인들은 바울 일행에게 오해가 있었습니다. 그와 동역자들이 유대인의 전통적인 규례인 결례를 행하여 그가 모세의 율법과 유대인의 전통을 무시하지 않았다는 모습을 보여주고 싶었습니다.

그런데 결례의 기간이 끝나갈 즈음에 아시아에서 온 어떤 유대인이 무리를 충동질하여 바울이 이방인 드로비모를 성전의 뜰 안에 데리고 들어감으로써 성전을 더럽혔다고 모함을 합니다(행 21:27~29).

유대인들에게 있어 성전오염 죄는 심각한 죄였습니다. 로마당국이 유대인들에게 자체적으로 심문하고 처벌할 수 있도록 허용한 몇 가지 안 되는 범죄항목 중 하나였습니다. 당시 성전 문 위에는 경고문이 붙어 있었습니다. 이 경고문은 헬라어, 라틴어. 히브리어, 아람어로 쓰여 있습니다. "이방인은 성전과 그 구내에 둘러친 경계를 넘어올 수 없음. 위반자는 반드시 극형에 처함. 그 책임은 본인에게 있음"이라고 적혀 있습니다.

성전에서 바울을 목격한 유대인들은 법정 판결도 없이 현장에서 죽이려 했습니다. 흥분한 유대인들에 의해 바울은 성전 밖으로 끌려 나가 죽음의 위기에 놓이게 되었습니다(행 21:30~31).

다행히 성전 북부에 주둔한 로마 군인들 덕분에 목숨을 건집니다. 유대인들은 산헤드린 공회에서 합법적인 재판으로 처벌하는 것이 불가능하다는 것을 알자 40여 명의 암살단을 조직해서 바울을 살해하기 위한 음모를 꾸미게 되었습니다. 그들은 대제사장과 장로들과 결탁해서 산헤드린 공회를 소집시킨다는 명목으로 바울이 로마군인 보호에서 나오게 한 다음 길에 매복해 있다가 암살한다는 간악한 음모를 꾸민 것입니다.

그러나 사도 바울을 암살하려는 계획이 바울의 생질에게 발각되었고 바울의 생질은 그것을 바울과 천부장에게 알려주게 됩니다. 결국 천부장은 바울을 보호하기 위해 가이사랴 총독부로 이송하려는 계획을 세웁니다. 천부장은 유대인의 살해 음모가 드러나자 로마시민권을 가진 바울에게 무슨 해라도 미치면 그 책임을 면치 못할 것이라는 것을 알고 부리나케 야밤을 이용하여 이송했습니다. 바울은 로마시민에 대한 재판권이 있는 로마총독의 재판을 받으려고 했습니다.

한편 천부장은 바울을 이송하는 데 470명의 군사를 동원하여 호위합니다(행 23:23~24). 당시 예루살렘에 거주하던 병력이 600여 명이었음을 감안해 볼 때 실로 대단한 경호인 것입니다. 이러한 보호는 결국 세계의 중심지인 로마에서도 복음이 전파되도록 사도 바울을 지키시는 하나님의 손길이었습니다.

이로써 사도 바울은 자신이 원하든 원치 않든 간에 5년간의 옥중생활을 하게 됩니다. 이후의 사도행전 기록은 바울이 미결수 몸으로 로마에 가기까지 모두 그의 옥중 생활과 관련된 내용입니다. 바울은 이렇게 사악한 자들의 궤계 때문에 옥에 갇히는 신세가 되지만 하나님은 이를 오히려 로마에 가는 계기로 만들었습니다. 이와 같이 하나님 나라 복음은 사악한 자들의 어떠한 방해와 훼방에도 불구하고 전파되어 온 세계로 하나님 나라 복음은 전파되는 것입니다.

가이사랴로 이동

바울은 총독의 공관이 있는 가이사랴로 후송되어 미결수로 감옥에 갇힙니다. 사도 바울의 체포당시에는 총독이 벨릭스였는데 그가 바울을 심문합니다.(행 24:10~24) 유대인들이 성전오염, 사회혼란 죄까지 붙여 바울을 고소하였기 때문입니다. 벨릭스는 바울의 무죄를 확신했지만 뇌물을 받을 흑심에서, 또는 바울을 방면하면 유대인들이 다시 말썽을 피울까봐 소송을 연기했습니다. 그러나 벨릭스는 그 후에 자신과 관련된 여러 사건들을 해명하라는 출두명령을 받고 로마로 불려갑니다. 후임총독으로 베스도가 옵니다.

후임 베스도는 바울의 기소 이유를 듣고 예루살렘에 가서 심문하자고 제안했습니다. 그러나 바울은 예루살렘에 암살위험이 있었기에 로마 황제 앞에서의 재판을 요구했습니다. 베스도는 바울의 정당한 요구를 받아들여 허락하였습니다. 여기서도 유대인들은 복음을 전하지 못하게 바울을 죽이려는 음모를 꾸미지만 오히려 성령의 역사로 인해 하나님 나라 복음은 로마까지 전하는 기회가 되었습니다. 이렇게 로마전도를 위한 하나님의 계획은 계속 성취돼 가고 있었습니다(행 23:11).

드디어 로마를 향하여

사도행전 25장의 가이사랴 법정에서는 사도 바울에게 유죄를 입증하지 못했습니다. 베스도 총독은 당장 무죄결정을 내리고 석방해야 하는데도 '유대인의 환심을 얻고자' 바울에게 예루살렘에 가서 재판을 받겠느냐고 묻습니다. 이는 정의보다 지위에 연연하는 비열한 태도입니다. 총독이 유대인의 눈치를 살피느라 정단한 판결을 내리지 못하자, 사도 바울은 로마 시민에게 주어진 권리를 사용해 로마 황제 가이사에게 상소하니 로마행이 결정됩니다. 이 모든 과정은 인간의 계획을 초월하시는 하나님의 섭리 아래 있습니다. 사도 바울을 로마에 세우고자 하는 하나님의 계획이 계셨습니다.

> "그날 밤에 주께서 바울 곁에 서서 이르시되 담대하라 네가 예루살렘에서 나의 일을 증언한 것 같이 로마에서도 증언하여야 하리라 하시니라."(행 23:11)

사도 바울은 죄수의 신분이지만 로마군대의 보호 아래 그는 동역자 누가와 아리스다고와 함께 가는 특별대우를 받았습니다. 그는 이것을 꿈에도 생각지 못했을 것입니다. 불의한 세력의 한 복판에서도 사도 바울을 보호하시는 하나님의 섭리를 말입니다. 결국 사도 바울은 로마의 고위 관리들에게 복음을 전파하셨고, 궁극적으로 로마 제국 복음화의 기초를 닦았습니다.

한편 배를 타고 로마로 가는 도중에 유라굴로라는 광풍을 만나 지중해에서 14일간 표류하게 됩니다(행 27:14~44). 절체절명의 위기에 짐과 배의 기구들은 바다에 내어 던졌으나 276인의 모든 사람들은 무사하였고, 그때 하나님의 사자가 바울에게 나타나 두려워하지 말라고 격려하게 됩니다.

"바울아 두려워하지 말라 네가 가이사 앞에 서야 하겠고 또 하나님께서 너와 함께 항해하는 자를 다 네게 주셨다 하였으니."(행 27:24)

파선과 동시에 멜리데 섬에 도착한 바울은 독사에게 물렸으나 이상이 없었고, 이곳에서도 이적을 행해 많은 사람들의 질병을 낫게 하여 후한 대접을 받았습니다. 이곳에서 석 달을 머문 뒤에 그곳에서 겨울을 난 알렉산드리아 배를 타고 로마로 향해했습니다(행 28:11).

드디어 사도 바울은 로마에 도착합니다. 여기서 또 2년 동안 구금되지만 유대인 중 높은 사람들을 청하여 강론하였고 2년 동안 담대히 자기에게 오는 자에게 예수 그리스도를 전하였으나 금하는 자가 없었습니다. 사도행전 28장 30~31절에서 보면 비교적 자유로운 옥중생활을 합니다. 이렇게 사도행전은 끝납니다.

바울의 선교여행 거리

사도 바울은 이곳 로마에 오기까지 3차에 걸친 선교여행을 했습니다. 이 선교여행의 길이는 몇 마일쯤 될까요? 바이젤(Beizel)은 13,400항공마일(뉴욕, 한국 왕복 거리)이라고 합니다. 항공마일은 직선거리를 계산할 때 사용되는 단위입니다. 이 수치는 사도행전을 중심으로 하여 계산한 사도 바울의 선교여행 거리입니다. 실상은 더 될 것으로 봅니다. 왜냐하면 사도행전에 기록되지 않은 여행도 있기 때문입니다. 이를테면 2차 고린도 방문(고후 12:14, 13:1), 난파의 경험(고후 11:25), 스페인 선교여행을 했다면(롬 15:24~28) 훨씬 더 긴 거리입니다.

◈ 사도행전이 끝난 후 사도 바울의 활동[78)]

우리는 일반적으로 사도행전이 끝나면 사도 바울의 사역이 끝난 것으로 알고 있으나 그렇지 않습니다. 사도행전은 끝났지만 사도 바울의 활동은 계속됩니다.

---

78) 이애실, op. cit., p. 292.

다른 서신들과 초대교부들의 증언을 연구해 보면 그 후의 행적을 찾아 볼 수 있는데, 그걸 살펴보겠습니다.

그렇지 않으면 사도 바울의 서신서 13권이 어떻게 해서 나온 것인지 정리가 되지 않고 사도행전과 몽땅 연결도 되지 않습니다. 지금까지 우리는 바울 서신서를 사도행전과 연결하는 작업을 하였는데 막상 해보니까 모든 바울 서신서를 사도행전과 연결할 수 없다는 것을 알았습니다. 모두가 연결되면 서신서들의 이해가 훨씬 쉬웠을 것입니다.

지금까지 우리는 사도행전을 살펴보면서 데살로니가전후서, 갈라디아서, 고린도전후서 로마서만 사도행전 여행경로 속에서 6권을 끼워 넣었습니다. 아직도 7권의 바울 서신이 있습니다. 어디에 끼워야 할까요? 그걸 찾아야 되는 것입니다.

사도 바울의 행적이 사도행전 28장에서 끝나지만, 나머지 7권의 바울서신이 어떻게 연결되고 있는지 요약해 봅니다. 아래 내용은 굉장히 중요한 부분이니까 꽝꽝 외워두시기 바랍니다.

1차 구금상태 2년간(A.D. 60~62년): 사도행전 마지막 28장의 상태
4차 선교사역이라고 부를 수 있는 기간(A.D 62~66): 디모데 디도 등과 활동
2차 구금상태(A.D 66~67년경): 4차 선교여행 후 바울의 임종이 가까운 때

1차 감옥(구금)생활(행 28장 끝)

☞ 옥중서신(골로새서, 빌레몬서, 에베소서, 빌립보서)이 쓰여 짐

사도행전 28장 끝에 가면 사도 바울은 1차 구금상태에 있습니다(행 28:30~31). 이때는 아직 재판이 끝나지 않은 미결수 상태였으므로, 약간의 자유가 있어서 자기 집을 얻어서 살 수 있었습니다. 그래서 바울도 '셋집'에 살면서(2년 동안 재판을 기다리며) 자유롭게 사람들을 만나고 복음을 전할 수 있었습니다. 그토록 오고 싶었던 로마에 오긴 했지만 죄수로 온 것입니다. 죄수이지만 이런 자유로운 생활 때문에 모든 사람들을 만날 수 있었습니다.

바로 이때 사도 바울은 에베소교회, 빌립보교회, 그리고 골로새교회에 편지를

보냅니다. 또 빌레몬에게 보내는 빌레몬서를 썼습니다. 바울이 1차 구금을 지내고 있는 동안 자신을 도왔던 오네시모가 공교롭게도 바울이 알고 있는 골로새교회 지도자 빌레몬의 도망친 종이었던 것입니다. 바울은 그를 용서해 주고, 자기와 함께 있게 허락해 달라고 빌레몬에게 편지를 쓴 것입니다. 이러한 상황을 알고 옥중서신을 읽어 보시기 바랍니다.

그러니까 골로새서와 빌레몬서는 전달 장소가 같습니다. 골로새 교회와 에베소 교회는 그리 멀지 않은 거리에 있기 때문에 두기고(편지를 들고 간 사람)는 에베소서, 골로새서, 빌레몬서를 한꺼번에 가지고 갔을 것입니다. 이때 빌레몬의 종 오네시모도 함께 갑니다(골 4:9). 그러니까 에베소서, 골로새서, 빌레몬서는 한 묶음이고, 빌립보서(마게도냐)는 좀 후에 쓴 것입니다. 빌립보서는 에바브로디도(빌 2:25)를 통해 빌립보에 전달됩니다.

지식탐구

빌레몬서를 다시 본다

빌레몬서는 신약의 여러 서신서 중에서 짧은 서신서들 중에 하나입니다. 그러나 그 내용은 매우 중요한 교훈을 담고 있는 서신서입니다. 미국 16대 링컨 대통령이 이 책을 읽고 크게 감동을 받아서 노예해방운동을 일으켰다고 합니다.

이 작은 서신이 신약성경에서 독특한 위치를 차지하고 있습니다. 일반적으로 바울의 다른 서신들은 사도의 권위를 가지는 공적인 메시지를 전합니다. 그러나 빌레몬서는 그 성질이 공적인 편지가 아니라 사적인 편지입니다. 이 편지를 쓰면서 누구에게 무엇을 가르치거나 명령하려고 하는 것이 아니라 오히려 호소하고 청원하려고 하는 것이었습니다.

이 서신의 발신자는 바울이고 수신자는 빌레몬입니다. 그러나 주인공은 오네시모(유익한 사람)라는 사람이었습니다. 오네시모는 골로새지방의 가정교회를 지도하는 빌레몬이라는 사람의 종이었는데 도망을 갔던 것 같습니다.

바울은 그를 곁에 두고 싶은 생각이 있었으나, 엄연히 주인이 빌레몬이기 때문에 돌려보낸다는 것입니다. 그러나 문제는 그를 받아들이는 빌레몬이 오네시모를 어떻게 받아 들이냐 하는 것이 큰 문제이기 때문에 바울이 이 편지를 쓰고 있는 것입니다.

당시의 노예제도에서 노예는 주인의 도구에 불과했습니다. 주인이 노예를 소유하게 된 후로는 그 노예의 생명이 주인의 손에 있었습니다. 심한 경우에는 노예를 십자가에 달아 죽일 수도 있었습니다. 거기에 재판의 절차가 필요 없었습니다. 그리고 변명의 기회도 주어지지 않았습니다. 그래서 바울은 큰 위험에 처한 오네시모를 위하여 빌레몬에게 명령이라도 할 수 있는 일이지만 간절한 마음으로 호소하며 몇 가지 부탁하고 있는 것입니다. 첫째, 오네시모는 전에는 무익한 종이었으나 이제는 유익한 사람이 되었다는 것입니다. 둘째, 바울 자신이 낳은 아들이 되었다는 것입니다, 셋째, 그리스도께서 오네시모를 받으셨다는 것입니다. 넷째, 오네시모가 잠시 도망쳤지만 이제 선을 이루고 있다고 용서하라고 부탁합니다.

이 편지를 두기고가 가지고 오네시모와 함께 빌레몬을 찾아갔을 것입니다. 그리고 그 자리에서 바울의 안부와 함께 이 편지를 전달했을 것입니다. 빌레몬은 그 자리에서 간곡한 편지를 읽었을 것입니다. 바울의 감옥생활과 거기서 오네시모를 유익한 사람으로 만들어 돌려보낸 일이며 거기 담긴 복음의 진리를 뜨겁게 읽으면서 눈물을 흘렸을 것입니다. 그리고 종 오네시모는 두기고의 등 뒤에서 머리를 수그리고 있었을 것입니다. 어떤 문서에 의하면 빌레몬이 오네시모를 용서하고, 바울을 섬기도록 돌려보내주었다고 합니다. 바울을 다시 모시고 배워서 훌륭한 주의 일꾼이 되어서 후에 예베소교회의 감독이 되었다고 합니다.[79] 노예출신 감독이 당시 세계교회의 선교적 중심교회에서 훌륭한 일을 많이 한 것으로 기록되고 있습니다. 이것이 사실이라면 빌레몬과 오네시모는 참으로 위대한 사람으로 기록되어야 할 것입니다.

79) 노우호, 『성경통독집』(서울 : 도서출판 하나, 1993), p. 231.

4차 선교여행(A.D. 62~66년)

☞ 디모데전서 디도서(목회서신)가 들어가는 자리

사도 바울은 옥중서신을 다 쓴 후 2년의 감옥생활에서 풀려납니다. 1차 구금에서 해방된 것입니다. 사도 바울은 4~5년 동안 자유의 몸이 되었는데, 이 동안에는 디모데와 디도와 함께 계속 전도 활동을 하였습니다. 로마를 비롯하여 마게도냐와 지중해 연안으로 돌아다니며 4차 선교활동을 한 것입니다.

그는 이 선교활동에서 디도를 그레데에 남겨 두었고(딛 1:5), 마케도냐로 가는 도중 디모데는 에베소에 떨어 뜨려 놓습니다(딤전 1:3). 거기 남아서 목회하도록 했습니다. 여기서 목회를 위한 권면으로 가득 찬 편지를 디모데와 디도에게 씁니다. 이것이 디모데 전서와 디도서이며 '목회서신'이라 합니다(디모데 후서는 나중에 2차 감옥에서 쓴 편지입니다).

그리고 보니 디모데와 디도는 바울에게 마지막까지 함께하는 참 충성스러운 동역자이였습니다. 특히 디도는 그렇게 어려운 고린도교회 문제를 시원스럽게 해결하고, 그 이후로도 계속 함께하다가 바울을 도와 그레데 섬까지 따라가서 목회를 한 것입니다. 그러다가 바울은 다시 로마 감옥(2차 감옥 생활)에 투옥되었습니다. 이때 바울은 자신의 죽음이 가까이 다가옴을 느끼고 있었습니다.

> "전제와 같이 내가 벌써 부어지고 나의 떠날 시각이 가까웠도다, 나는 선한 싸움을 싸우고 나의 달려갈 길을 마치고 믿음을 지켰으니, 이제 후로는 나를 위하여 의의 면류관이 예비되었으므로 주 곧 의로우신 재판장이 그날에 내게 주실 것이며 ……." (딤후 4:6~7)

2차 감옥생활(A.D. 66~67년)

☞ 디모데후서가 들어가는 자리

A.D. 64년에 그 유명한 네로 황제가 새 로마를 건설하고 싶다고 하여 로마에 불을 질러놓고, 그 화재의 원인을 기독교인의 소행이라고 발표합니다. 이렇게 되어 기독교인을 향한 박해가 시작됩니다. 이때 사도 바울도 다시 투옥된 것으로 보입니다. 이번의 지하 감옥생활은 1차 셋집에서의 감옥생활과는 비교가 되지 않습니다.

바울이 갇힌 두 평 남짓한 지하 감옥은 차가운 습기가 뼛속까지 스며들고, 그 추위를 견딜 수 없었고 고독했습니다. 그가 이 토굴 감옥에서 쓴 그의 마지막 편지 디모데후서를 보면 그때의 상황을 짐작 할 수 있습니다. 디모데후서 4장 9~10절에 "너는 속히 내게로 오라 데마는 이 세상을 사랑하여 나를 버리고 데살로니가로 갔고", 데마(다스리는 자의 의미)는 한때 열심 있는 제자였습니다. 그래서 바울의 1차, 2차, 전도여행에도 동행했습니다. 그런 데마를 바울도 신임하였기에 골로새서 4장 14절에서는 "사랑을 받는 의원 누가와 또 '데마'가 너희에게 문안 하느니라"고 했습니다. 바울이 동역자라고 칭한 것은 아무에게나 할 수 있는 말이 아닙니다. 그런 믿음직스런 제자 데마인데 결정적인 순간에 주님과 바울을 배신하고 말았습니다.

오늘날 우리는 그렇지 않은지 옷깃을 여미고 내 신앙의 현 상태를 깊이 되새겨 보아야 할 것입니다. 지금 우리는 너무나 많은 신앙의 자유를 누리며 살고 있어, 신앙생활도 마음대로 하는 경향이 있습니다. 우리의 영적 선배들은 우매했기에 편안한 길을 외면하고 고난의 길을 걸어간 것이 아니기 때문입니다.

지하 감옥의 차가운 습기를 견디면서 2차 감옥생활에서 쓴 바울의 편지(디모데후서)에는 영적인 아들 디모데를 간절히 보고 싶어 자기를 면회와 달라고 하는 내용도 담고 있습니다. 이 편지에서 노 스승 바울은 디모데에게 목회에 대해서도 권면합니다. 공식예배는 어떻게 해야 하는지, 감독이나 집사에 대한 목회, 노인과 과부들, 장로들에 대한 태도를 꼼꼼히 가르쳐 줍니다. 그리고 네 연소함을 업신여김 받지 말고 권위를 잃지 말라고 말합니다. 사도 바울이 가장 마지막으로 디모데에게 보낸 편지를 이런 무드 속에서 헤아려 보셨으면 합니다. 디모데 후서를 끝으로 사도 바울의 채취는 성경에서 사라집니다.

사도 바울 참수되다!(A.D. 67년) - 순교자의 길

로마황제 네로는 바울이 순교자의 죽음을 맞이하도록 사형을 선고했습니다. 로마 시민은 고문 형(십자가 못 박힘)으로 죽일 수 없기 때문에 참수형을 선고받았습니다. 사도 바울의 목을 내리칠 때, 피가 용솟음쳤을 것이고 그 흘러내린 피는 대지를 빨갛게 적셨을 겁니다. 그 거룩한 생명의 피로 말입니다. 그 피는 죄악 많은 땅을 거룩하게 회복시키는 역할을 합니다. 그 피로 인해 우리는 신앙의 자유를 누리며 살고 있는데, 이 사실을 깊이 깨닫는 사람이 얼마나 될까요? 그는 순교의 이슬로 사라지는 순간에도 영원한 하나님 나라 보좌를 바라보았을 것입니다.

> "내가 달려갈 길과 주 예수께 받은 사명 곧 하나님의 은혜의 복음을 증언하는 일을 마치려 함에는 나의 생명조차 조금도 귀한 것으로 여기지 아니하노라."(행 20:24)

이방인을 위한 사도로써 사명을 다한 그는 예수님의 약속을 붙잡고 모든 생각과 소망을 주님께 두었습니다.

> "전제[80]와 같이 내가 벌써 부어지고 나의 떠날 시각이 가까웠도다. 나는 선한 싸움을 싸우고 나의 달려갈 길을 마치고 믿음을 지켰으니, 이제 후로는 나를 위하여 의의 면류관이 예비되었으므로 주 곧 의로우신 재판장이 그 날에 내게 주실 것이며 내게만 아니라 주의 나타나심을 사모하는 모든 자에게 도니라."(딤후 4:6~8).

◈ 사도행전을 마치면서

지금까지 사도행전과 사도 바울의 모든 서신서들을 읽어야 할 순서대로 정리해 보았습니다. 그 순서는 갈라디아서, 데살로니가전후서, 고린도전후서, 로마서, 옥중서신(골로새서, 빌레몬서, 에베소서, 빌립보서) 디모데전서, 디도서, 디모데후서입니다. 이렇게 서신서를 사도행전과 연결해서 읽으면 좋습니다. 한 번 읽었다고 이해가 다 되지 않을 수 있지만 이렇게 읽을 수만 있으면 정말 좋습니다.

이 내용들을 읽으면서 놓치지 말아야 할 것이 있습니다. 구약에서 출발하고 있는 하나님의 나라가 이렇게 세계만방으로 퍼져나갔다는 사실입니다. 그동안 등장했던 수많은 신실한 하나님의 나라 백성들이 목숨 걸고 지켜온 하나님 나라를 이제 우리

80) 전제(Drink offering) 전제는 제물을 제단에 올려 놓고 불사르기 전에 그 제물 위에 포도주나 피를 붓는 의식이었다(출 30:9, 레23:13)

가 지켜야 합니다. 그러기에 사도행전 29장부터는 우리가 써야 할 것입니다.

이제 성경통독학교 강좌를 마치려 하니 사도 바울이 쓴 편지 한 구절이 생생히 살아납니다.

> "내가 나 된 것은 하나님의 은혜로 된 것이니 내게 주신 그의 은혜가 헛되지 아니하여 내가 모든 사도보다 더 많이 수고하였으나 내가 한 것이 아니요 오직 나와 함께하신 하나님의 은혜로라"(고전 15:10)

이 책을 쓰게 된 동기도 여기에 있었습니다. 어떻게 하면 성도를 성경말씀 속으로 이끌고 들어가서 그 속에서 하나님과 인격적 만남(하나님의 은혜로)을 갖게 할 수 있을까? 하는 바람이 있었습니다. 이것이야말로 성도가 '잘 되고 복을 받아 누리는 삶'이 되기 때문입니다.

참고문헌

강용조, 『창세기 강해설교』, 서울: 예수선교연구원, 1990.
남병식, 『바이블 문화코드』, 서울: 생명의 말씀사, 2006.
노우호, 『성경통독집』, 서울: 도서출판 하나, 1993.
_____, 『쉽게 이해되는 요한 계시록』, 서울: 도서출판 하나, 1995.
문봉주, 『성경의 맥을 잡아라』, 서울: 두란노, 2007.
신현주, 『딱 50일 만에 끝내는 성경통독』, 서울: 도서출판 넥서스, 2009.
이대희, 『성경탐험 1』, 서울: 엔크리스토, 2002.
이애실, 『어? 성경이 읽어지네!』, 서울: 두란노, 2003.
이연길, 『에덴에서 가나안으로』, 서울: 쿰란출판사, 2009.
_____, 『사사들과 다윗왕국시대』, 서울: 쿰란출판사, 2009.
이윤재, 『광야의 영성』, 서울: 쿰란출판사, 2002.
오병세, 『구약성경신학』, 서울: 개혁주의신행협회, 1999.
조병호, 『쉬운 성경통독』, 서울: 통독원, 2007.
차동엽, 『무지개 원리』, 서울: 위즈앤 비즈, 2008.
홍성환, 『구약의 숲』, 서울: 도서출판 넥서스, 2009.
베그너 켈러, 권정달 옮김, 『역사로서의 성경』, 서울: 보이스사, 1991.
레온 우드, 김의원 옮김, 『이스라엘의 역사』, 서울: 기독교문서선교회, 1985.
레이몬드 설버그, 김의원 옮김, 『신구약 중간사』, 서울: 기독교문서선교회, 1999.
윌리암 다이어네스, 김지찬 옮김, 『주제별로 본 구약 신학』, 1984.
제임스 패커, 노광우 옮김, 『구약성서시대의 세계』, 서울: 성광문화사, 1993.
__________, 『그랜드주석 제2권』, 서울: 성서교제간행사, 1993.
__________, 『성서지명 강해대전 제7권』, 서울: 도서출판 성지서원, 1997.
__________, 『톰슨 성경』, 서울: 생명의 말씀사, 1984.
__________, 『셀프 성경』, 서울: 아가페출판사, 1990.
신성종, "성에 대한 이해", 『빛과 소금』, 1986년 7월호.
노우호, "에스라 하우스의 성경의 힘"에 대한 강의안.
_____, "138회 에스라 창세기 강좌"에 대한 강의안.
이광주, "5대 제사에 대한 신학적 영적 의미에 대한 교훈"에 대한 강의안.

에스라하우스 홈페이지 http://www.ezrahouse.or.kr
김성 교수 홈페이지 http://www.aspire7.org/belief-1-4-a.html

김효영

서울성경신학대학원(Th. M)
레마성경통독선교회 대표
백마장중앙교회 협동목사
여주대학 푸드코디네이션 출강(라이프코디네이션)
하이닉스반도체 산학협동대학 출강(인간관계론)

『아름다운 결혼으로의 초대』
『기독청년들을 위한 결혼예비교육』
『아름다운 결혼을 위한 준비』

개인홈페이지(크리스천 청년 커플매칭) http://www.ok123.pe.kr
wawa00@hitel.net
070-7743-2022

맥으로 읽는
이야기 통성경

초판인쇄 | 2011년 2월 28일
초판발행 | 2011년 2월 28일

지 은 이 | 김효영
펴 낸 이 | 채종준
펴 낸 곳 | 한국학술정보(주)
주 소 | 경기도 파주시 교하읍 문발리 파주출판문화정보산업단지 513-5
전 화 | 031) 908-3181(대표)
팩 스 | 031) 908-3189
홈페이지 | http://ebook.kstudy.com
E-mail | 출판사업부 publish@kstudy.com
등 록 | 제일산-115호(2000. 6. 19)

ISBN 978-89-268-2005-6 03230 (Paper Book)
978-89-268-2006-3 08230 (e-Book)

이담 Books 는 한국학술정보(주)의 지식실용서 브랜드입니다.